火樹入洛城

文化人类学视域下的
洛阳遗产考古与丝绸之路人文交流

Sparkling Tree Entering Luoyang
Luoyang Heritage Archaeology and Cultural Exchange
along the Silk Road- A View from Cultural Anthropology

张成渝　张乃翥 著

上海古籍出版社

图书在版编目（CIP）数据

火树入洛城：文化人类学视域下的洛阳遗产考古与丝
绸之路人文交流/张成渝,张乃翥著. —上海：上海
古籍出版社,2024.5
ISBN 978-7-5732-1131-6

Ⅰ.①火… Ⅱ.①张… ②张… Ⅲ.①考古发现—研
究—洛阳 Ⅳ.①K872.613

中国国家版本馆CIP数据核字（2024）第077955号

封面题字：武弘麟

火树入洛城
—— 文化人类学视域下的洛阳遗产考古与丝绸之路人文交流

张成渝 张乃翥 著

上海古籍出版社出版发行

（上海市闵行区号景路 159 弄 1-5 号 A 座 5F 邮政编码 201101）

（1）网址：www.guji.com.cn

（2）E-mail：guji1 @ guji.com.cn

（3）易文网网址：www.ewen.co

上海雅昌艺术印刷有限公司印刷

开本 787 × 1092 1/16 印张 20.75 插页 4 字数 354,000

2024 年 5 月第 1 版 2024 年 5 月第 1 次印刷

ISBN 978-7-5732-1131-6

K·3582 定价：198.00 元

如有质量问题，请与承印公司联系

－ 献 给 －

金婚相携
不辞而别
发妻珍重
来生再聚

乃嵩

二〇二三年五月十六日

岁次癸卯三月廿七日

洛阳·洛汭草堂

张乃翥、林润娥夫妇于云南石林（2003 年 3 月 25 日摄）

本研究受

国家自然科学基金项目资助
（批准号：40901074）

洛汭草堂荣观瑞芝基金

资助出版

张乃翥，1946.6.16–2023.5.16，河南洛阳人，洛阳龙门石窟研究院副研究员。曾任中国敦煌吐鲁番学会理事，曾为中国考古学会会员、中国海外交通史学会会员。丝绸之路沿线的文化交流及西域文明的东方传播，是 1981 年至今的主要研究方向。

参与国家社会科学基金重大项目、国家自然科学基金项目各 1 项。

出版《洛阳出土历代墓志辑绳》（合编）、《龙门佛教造像》《龙门石窟与西域文明》《洛阳与丝绸之路》《龙门区系石刻文萃》《龙门地区佛教寺院史料辑绎》《佛教石窟与丝绸之路》《丝路纪影——洛沭草堂藏拓撷英》《丝绸之路视域中的洛阳石刻》《丝从东方来——隋唐洛阳城东运河两岸的胡人部落与丝绸之路的东方起点》等学术著作 13 部，海内外发表学术论文 120 余篇。其中，《龙门石窟与西域文明》为国家"十五"规划重点图书出版项目、河南省重点图书出版项目，并获得 2007 年"全国优秀古籍图书奖"二等奖。

张成渝，1976 年 2 月生，河南洛阳人。理学博士，北京大学考古文博学院副教授。比利时根特大学（Ghent University）博士后，比利时艾兰姆公众考古与遗产展示中心（The Ename Center for Public Archaeology and Heritage Presentation）访问学者（受国家留学基金委、北京大学高级人文访问学者基金资助）。曾受意大利外交部资助，赴罗马第二大学（Tor Vergata）进行学术交流。

主持国家自然科学基金项目 1 项，参与国家社会科学基金重大项目、国家社会科学基金项目、国家自然科学基金项目各 1 项。

主要研究方向为遗产保护、遗产展示，洛阳与丝绸之路及中外文化交流史。公开发表遗产研究方向学术论文 50 余篇，逾半数见于全国中文核心期刊。与张乃翥合编《丝路纪影》，合著《洛阳与丝绸之路》《丝绸之路视域中的洛阳石刻》《丝从东方来——隋唐洛阳城东运河两岸的胡人部落与丝绸之路的东方起点》。

目　录

序

徐嵩龄

　　本书是已故的著名洛阳文化遗产研究专家张乃翥先生"丝绸之路视域下的古代洛阳与中外文化交流"书系的第六部。

　　张先生是洛城遗产的研究者，同时也是发现者和管理者。他的研究并非纯粹书斋型，而是具有遗产保护的坚实的操作和实践经验。张先生既勤于田野，又精于案头。他撰著的这套书系不仅凝聚着倾心的研究成果，同时折射着孜孜不倦的治学求索历程。

　　张先生一生所系在洛阳，在洛阳的文化遗产，尤在洛阳的丝绸之路遗产，即与丝绸之路（以下简称"丝路"）有关的古迹、古遗址，出土文物。洛阳是与中华文明起源和发展齐肩的古都，又是丝绸之路中国侧历史上极为重要的城市，并在盛唐时立居丝路发展的峰巅。张先生生于斯，长于斯，业于斯，成于斯，故于斯。洛阳孕育了张先生，并给予张先生位居中华文明核心的遗产资源和研究平台。张先生则以其一生对丝路遗产的研究和探索——已出版并仍在继续出版的"丝绸之路视域下的古代洛阳与中外文化交流"书系及相关著作，奉献于洛阳在中华文明史上永光。

　　已经出版的书系包括一系列专题：洛阳与丝绸之路；洛阳龙门石窟与丝绸之路；洛阳石刻与丝绸之路；洛阳胡人部落与丝绸之路。本书主题是洛阳出土文物与丝绸之路，继续丰富着书系的专题。

本书选择作为典型样例研究的洛阳出土文物包括：汉代的"匈奴归汉君印"；北魏石刻的域外美术组分（佛像背光、金翅鸟、翼兽、畏兽）；北魏永宁寺遗址的雕塑遗物（佛像与供养人群像）；魏唐墓葬的镇墓明器（镇墓兽、武士俑）；隋突厥彻墓志；唐粟特豪酋安菩萨与夫人墓葬文物；唐祆教、景教墓葬文物和墓志；唐宫殿遗址的铺地方砖及其雕饰；唐墓中具有西域元素的陶俑；唐魏氏墓的"马球"俑；隋唐酒具文物；丝路商旅文物。可见，本书的出土文物历史由汉至唐；文物出处包括宫殿、寺庙、遗址与墓葬；所涉人物包括归化的西域政治贵胄、宗教和商务首领；文物类型包括印信、石刻、墓志、陶俑、器物；所涉事务包括中原皇朝与西域邦国之间的政治交往，商旅，宗教、生活方式和文化娱乐方式的传播。可见，这些文物基本做到对丝路所涉人、物、事的全覆盖。

本书的研究方法，既是传统的考据式的。它对文献资料广征博引，注重实物与文献比对，不同时间和地点的文物比对、国内文物与国外文物比对，并在比对中进行文物鉴识，以及对其内涵、价值和意义的阐释。本文考据式研究的一个醒目特点是它的引文相当长且完整，而不是常见的词-句式的。这样的引文，增强了信息系统性和关联性。其系统性有助于深化对所论文物及其价值的认知；其关联性有助于研究效益外溢——给读者创造更广阔和丰富的思维空间，并产生新的学术兴趣点。

同时，本书的研究又引入新视角、新思路。它们可以称为是对遗产研究范式的一种探索。这一探索体现于以下方面。

1. 将"文化人类学"引入出土文物研究。传统的出土文物研究是考古学的，进一步则引入历史学。本书引入文化人类学非常有意义。考古学识"物"，历史学加上与"物"有关的事与人，文化人类学则将物、事、人的整个活动与它所处的社会环境联系起来。这样会更有利于全面、准确地解读文物的价值和意义。

2. 对"文物价值"概念的认识。这一认识是沿用世界遗产的价值框架，即"历史，科学，美学"。争议多出在"历史"上。传统上对"历史"价值的解读多是人文性的，这显然有些狭隘。文物既是人类社会的产物，其功能作用又与人类社会紧密相连。因此，它除了具有人文价值外，还有其他方面的价值和意义。如本书研讨的文物："匈奴归汉君印"有国家或民族间的政治意义，丝路商旅文物有社会经济意义，酒具、马球文物有社会生活方式意义。只有加上以上方面，这些文物的价值和意义才会丰满和完整。北魏名著《洛阳伽蓝记》一般被归类为历史。由于它的内容超越单纯对寺庙的描述，并旁及当时的政治、经济、市井，因而不妨将它也视为一份政治、经济、社会调查报告。当需要研究南北朝的社会政治经济时，它不是很有用吗？对于文物，亦当如是观。

3. 解读文物价值的方法。本书引入国外的两个概念"context"与"cultural complex"，以深化遗产研究，这是极有意义的。事实上，一件文物的价值并非单一由自身决定，它还取决于所处的环境，即"语境"（context）。比如北魏永宁寺遗址出土的泥塑佛像，如果孤立地看，它是一个艺术品；将它置于寺院看，它具有宗教价值；将它置于宗教界看，与同教或异教同类物比较，会发现宗教价值的差异；将它置于当时社会看，或可发现导致其模糊或缺损的社会、政治、经济、文化原因；将它置于丝绸之路看，其传播历程当可与丝路挂钩。由此可见，不同语境下的文物价值是有变化的。这样，可以将这一语境称为"文化复合体"（cultural complex，本书称"文化丛"）。这些文化复合体，具有"整合层次"（integrative level）性质。一件文物的某种价值必须在相应整合层次的文化复合体中才能辨识和阐释；它的完整价值则是它在所有层次的文化复合体中的价值之和。综上，文物-文化复合体-价值，是文物价值的辨识之道。

4. 文物原真性问题。本书写作使我对文物原真性的认识获得新的启示。书的论文中相当多"名、动、形、副、介、助"词，是遵从中华典籍。它们从文言而非白话，有古风但不古奥，在讨论文物问题时，能够与中华典籍一致，保持一种叙事论物的语风语境原真性，文章简古而准确，不像用白话文表述时啰嗦且辞不达意。当然，提倡语风语境原真性是需要规范的，不能将现在的文物论著写成古文。希望这能成为文物界学术机构的一项任务。本书亦存在我国文物界论著中的一个通病，即在表达文物的度量衡数值时，多采用国际米制，而非中国传统的计量单位。在古代中国社会，具有一定政治、经济、社会、文化功能的物体制作或建造，其度量衡数值的确定均有着一定的命运思考，从而使这些数值具有文化内涵。这就是中华传统文化中的术数。改用米制表述，意味着泯灭文物的术数内涵。因此，在论及中国文物和文化遗产原真性时，应增补一项"术数原真性"。

以上讨论实质也是对文物或遗产研究范式的思考。对文物信息的考据式处理是本体论性质的；引入文化人类学、辨析文物价值概念、对原真性概念的再思考，是认识论性质的；文物价值的认知途径是方法论性质的。由此可以获得对遗产研究范式的启示。

是为序。

2024 年 4 月 22 日

自 序

张乃翥

　　自仰韶文化以来数千年的华夏文明发展史，使洛阳这座文化名城的地上地下储备了无比丰富的文化遗产。对于这些珍贵的历史遗产，几十年来当地的文物工作者，每以配合城市基本建设为宗旨、以被动田野考古发掘为主要手段，进行了文物遗迹的揭露和馆藏陈列的展示。与此同时，当地文博机构的科研队伍，也对上述丰富的文物遗存进行了广泛的报道和发掘简报、发掘报告的编写与出版。文物工作者以上筚路蓝缕的劳动，已对这座历史文化名城的域值定位，作出了不可磨灭的贡献。

　　当然，相对于这座华夏故都的历史文化积淀来说，已有的文物内涵的揭示，由于体制传统、学术观念、理论意识、文化视野的诸多原因，大抵尚局限于遗址报道、器物公布的专业层面上。对于广大踏访遗址、走进博物馆的众多文物探寻者和希冀获得更多理性教益的文化学人来说，其期待当事者深入科研、披析幽壤的愿望，会从他们注目凝视、疑念殷殷的眼神中，折射出洛阳文物工作有待继续陶冶的景深。

　　令人欣慰的是，三十年来的改革开放，让我们有可能把文物科研的视域，拓宽到国际文化集群的前沿层面——以揭示历史遗产综合人文信息和强调文化整体观念为主旨的"文化人类学（cultural anthropology）"研究方法，遂亦进入我们的科研视野。

按照人们业已形成的经验共识，采用文化人类学的研究方法，较之国内文物界长期以来形成的田野发掘及其馆藏文物通行的研究方法，最为突出的层级跨越在于它不仅需要回答文物本身"是什么"的问题，且它更为关注和需要回答的是文物作为一种人文遗产，究竟包含着哪些带有语境（context）意义的"为什么"的问题，从而通过文物遗迹的内涵解构（deconstruction）为这类人类遗存赖以产生的历史背景（context historique）作出一个符合情理的场域构建（construction）。

显而易见，这种注重深层次文物信息解读的方法，必将延伸文物器件信息化含量的价值，从而提升文物受众阅读历史遗迹的认知灵感——使看似普通的历史文物体现出它固有的文化遗产的深层寓意和多维度的信息价值。凡如诸般，毫无疑义应该列入我们文物科研的议事日程上来。

基于这样的学论观念，本书采集洛阳地区历年以来业已公布的遗迹报道和馆藏陈列的既有案例，努力运用跨文化比较研究（cross-cultural comparison）的方法，从历时态研究（diachronic approach）和共时态研究（synchronic approach）两个方面入手，对洛阳遗址、遗物的文化信息进行再认知解读。作者之游弋文海的初衷，在于为洛阳文物遗迹内在质量向文化遗产的域度转化，奉献力所能及的心力。

我们相信，随着洛阳地区大遗址文化遗产科研质量的提高，久已享誉海内外的洛阳文物，必将更好地焕发出它以物证史（proving history through cultural relics）的卓越魅力。

当此世界有关国家倡议建立"丝绸之路经济带"的国际背景下，作为丝路沿线著名历史文化名城和大运河枢纽城市的洛阳，无疑应该珍惜并发扬其在东方文明中的突出城市地位。由此我们期待，雄踞"双遗"重镇的古都洛阳，其所包蕴的数以万计的出土文物和举世无双的大遗址资源，能以学林同道继往开来的纵深科研，昭示其与丝绸之路因缘悠远的人文端绪。

2015 年 9 月 26 日
序于洛汭草堂砺谨书屋

洛阳后营汉墓出土"匈奴归汉君印"与丝路民族之往来

2001 年 4 月，考古工作者在洛阳市洛龙区辛店乡后营村发掘东汉早、中期墓葬一座。墓中出土遗物中有陶壶、陶仓、规矩纹铜镜各一件，五铢铜钱三枚。无比值得珍视的是，与上述遗物同时出土的，还有一枚重达 96.5 克的驼纽铜印（图 1、图 2）。该印通高 3.1 厘米，印面长、宽各 2.9 厘米，印面阴刻篆文"匈奴归汉君印"六字[1]。这是洛阳地区近代田野考古工作中一项重大的收获，从而为我们了解东汉时代中原王朝与周边民族的政治关系增添了一项极为重要的文物资料。

尤其是，当我们将墓中虽然有限，但却包含有珍贵文化价值的陶壶、陶仓、铜镜、五铢钱与这枚官印置于文化生态学（cultural ecology）视域下加以综合思考的时候，无疑能够从更加微观的层面上感受到这一匈奴内徙族群当年在中原地区的生活形态中带有原真意义的信息。

不仅如此，当我们将这一墓葬遗迹与两汉以来东、西方民族关系史联系在一起予以审视的时候，我们可以看出，它已经从当年民族交往史的角度，透露出洛阳与丝绸之路地域政治关系的开放势态。

图 1　2001 年洛阳后营村东汉墓出土的"匈奴归汉君"驼纽铜印

图 2　2001 年洛阳后营村东汉墓出土的"匈奴归汉君"驼纽铜印（线图、印文）

[1] 洛阳市第二文物工作队、中国科学技术大学科技史与科技考古系：《洛阳辛店东汉墓发现"匈奴归汉君"铜印》，《文物》2003 年第 9 期，页 94—95，图 1 见本期封底，图 2 见页 95。

一

　　这一墓葬遗迹的出土，从中外文化交流和民族往来两个方面折射了东汉时期洛阳人文环境的真实境况。回溯两汉以来有关中原王朝与方外世界的联系，古籍文献曾经给人们留下了诸多有迹可循的历史信息。

　　大夏在大宛西南二千余里妫水南。……其东南有身毒国。（张）骞曰：'臣在大夏时，见邛竹杖、蜀布。问曰："安得此？"大夏国人曰："吾贾人往市之身毒。身毒在大夏东南可数千里，其俗土著，大与大夏同，而卑湿暑热云。其人民乘象以战。其国临大水焉。"以骞度之，大夏去汉万二千里，居汉西南。今身毒国又居大夏东南数千里，有蜀物，此其去蜀不远矣。今使大夏，从羌中，险，羌人恶之；少北，则为匈奴所得；从蜀宜径，又无寇。'天子既闻大宛及大夏、安息之属皆大国，多奇物，土著，颇与中国同业，而兵弱，贵汉财物；其北有大月氏、康居之属，兵强，可以赂遗设利朝也。且诚得而以义属之，则广地万里，重九译，致殊俗，威德遍于四海。天子欣然，以骞言为然，乃令骞因蜀犍为发间使，四道并出：出駹，出冉，出徙，出邛、僰，皆各行一二千里。其北方闭氐、筰，南方闭巂、昆明。昆明之属无君长，善寇盗，辄杀略汉使，终莫得通。然闻其西可千余里有乘象国，名曰滇越。……骞因分遣副使使大宛、康居、大月氏、大夏、安息、身毒、于阗、扜罙及诸旁国。乌孙发导译送骞还，骞与乌孙遣使数十人，马数十匹报谢，因令窥汉，知其广大。……乌孙使既见汉人众富厚，归报其国，其国乃益重汉。其后岁余，骞所遣使通大夏之属者皆颇与其人俱来，于是西北国始通于汉矣。……初置酒泉郡以通西北国。因益发使抵安息、奄蔡、黎轩、条枝、身毒国。……是时汉既灭越，而蜀、西南夷皆震，请吏入朝。于是置益州、越巂、牂柯、沈黎、汶山郡，欲地接以前通大夏。乃遣使柏始昌、吕越人等岁十余辈，出此初郡抵大夏，皆复闭昆明，为所杀，夺币财，终莫能通至大夏焉。[1]

---

[1]　（汉）司马迁：《史记》卷一二三《大宛列传》，北京：中华书局，1959年9月，页3164—3171。

时"自玉门、阳关出西域有两道。从鄯善傍南山北，波河西行至莎车，为南道；南道西逾葱岭则出大月氏、安息。自车师前王廷随北山，波河西行至疏勒，为北道；北道西逾葱岭则出大宛、康居、奄蔡焉。……汉兴至于孝武，事征四夷，广威德，而张骞始开西域之迹。其后骠骑将军击破匈奴右地，降浑邪、休屠王，遂空其地，始筑令居以西，初置酒泉郡，后稍发徙民充实之，分置武威、张掖、敦煌，列四郡，据两关焉。自贰师将军伐大宛之后，西域震惧，多遣使来贡献，汉使西域者益得职。于是自敦煌西至盐泽，往往起亭，而轮台、渠犁皆有田卒数百人，置使者校尉领护，以给使外国者"[1]。

至元封年（前110—前105）后，汉遣细君公主、解忧公主远嫁称雄阿尔泰地区的乌孙，以民族政治联姻促进了与西域的通好。中外民族之间这种血缘婚姻的交流，推动了当时中原地区与漠北汗庭对对方传统文化、社会习俗的相互接触和了解，增进了民族感情的和睦融洽，维护了东西方交通往来的畅达，为后来西域、漠北各国交通中原奠定了基础。

史载元康元年（前65），龟兹王绛宾偕夫人入朝长安，汉赐印绶，且以绮绣杂缯琦珍凡数千万厚赠送之。史载绛宾"后数来朝贺，乐汉衣服制度，归其国，治宫室，作徼道周卫，出入传呼，撞钟鼓，如汉家仪"[2]，内中颇已显示西域城郭诸国对汉家风仪制度的倾慕与效仿。

大宛国，王治贵山城，去长安万二千五百五十里。户六万，口三十万，胜兵六万人。副王、辅国王各一人。东至都护治所四千三十一里，北至康居卑阗城千五百一十里，西南至大月氏六百九十里。北与康居、南与大月氏接，土地风气物类民俗与大月氏、安息同。大宛左右以葡萄为酒，富人藏酒至万余石，久者至数十岁不败。俗嗜酒，马嗜目宿。宛别邑七十余城，多善马。马汗血，言其先天马子也。张骞始为武帝言之，上遣使者持千金及金马，以请宛善马。宛王以汉绝远，大兵不能至，爱其宝马不肯与。汉使妄言，宛遂攻杀汉使，取其财物。于是天子遣贰师将军李广利将兵前后十余万人伐宛，连四年。宛人斩其王毋寡首，献马三千匹，汉军

---

[1] （汉）班固：《汉书》卷九六《西域传》，北京：中华书局，1962年6月，页3872—3873。

[2] （汉）班固：《汉书》卷九六《西域传》，北京：中华书局，1962年6月，页3916—2917。

乃还……贰师既斩宛王，更立贵人素与汉善者名昧蔡为宛王。……又发使十余辈，抵宛西诸国求奇物，因风谕以伐宛之威。宛王蝉封与汉约，岁献天马二匹。汉使采葡萄、目宿种归。天子以天马多，又外国使来众，益种葡萄、目宿离宫馆旁，极望焉。自宛以西至安息国，虽颇异言，然大同，自相晓知也。其人皆深目，多须髯。善贾市，争分铢。贵女子；女子所言，丈夫乃决正。其地无丝漆，不知铸铁器。及汉使亡卒降，教铸作它兵器。得汉黄白金，辄以为器，不用为币。[1]

武帝时代，"汉始筑令居以西，初置酒泉郡，以通西北国。因益发使抵安息、奄蔡、犛靬、条支、身毒国。而天子好宛马，使者相望于道，一辈大者数百，少者百余人，所赍操，大放博望侯时。其后益习而衰少焉。汉率一岁中使者多者十余，少者五六辈，远者八九岁，近者数岁而反"[2]。

至于西汉时代中原与印度之间的陆路交往，史籍载曰："武帝时，身毒国献连环羁，皆以白玉作之。玛瑙石为勒，白光琉璃为鞍，鞍在暗室中，常照十余丈如昼日。自是长安始盛饰鞍马，竞加雕镂。或一马之饰直百金，皆以南海白蜃为珂，紫金为华，以饰其上。犹以不鸣为患，或加以铃镊，饰以流苏，走则如撞钟磬，动（则）若飞幡葆。后得贰师天马，帝以玫瑰石为鞍，镂以金银鍮石，以绿地五色锦为蔽泥。后稍以熊罴皮为之，熊罴毛有绿光，皆长二尺者，直百金。卓王孙有百余双，诏使献二十枚。"[3]

史籍有关东汉时期中外交通的记事，则上承长安时期，代有纪文，络绎不绝。

洎"王莽篡位，贬易侯王，由是西域怨叛，与中国遂绝，并复役属匈奴。匈奴敛税重刻，诸国不堪命，建武（25—55）中，皆遣使求内属，愿请都护。光武以天下初定，未遑外事，竟不许之。……（永平）十六年（73），明帝乃命将帅，北征匈奴，取伊吾卢地，置宜禾都尉以屯田，遂通西域，于阗诸国皆遣子入侍。西域自绝六十五载，乃复通焉。明年（74），始置都护、戊己校尉。……和帝永元元年（89），大将军窦宪大破匈奴。二年（90），宪因遣副校尉阎磐将二千余骑掩击伊吾，破之。三年（91），班超遂定西域，因以

[1]（汉）班固：《汉书》卷九六《西域传》，北京：中华书局，1962 年 6 月，页 3894—3896。

[2]（汉）班固：《汉书》卷六一《张骞传》，北京：中华书局，1962 年 6 月，页 2694。

[3]（汉）刘歆撰、（晋）葛洪辑：《西京杂记》卷二，见（清）永瑢、纪昀等纂修：《景印文渊阁四库全书》第 1035 册，台北：台湾商务印书馆股份有限公司，1986 年 3 月，页 1035-8。

超为都护，居龟兹。……六年（94），班超复击破焉耆，于是五十余国悉纳质内属"[1]。

自建武至于延光（25—125），西域三绝三通。顺帝永建二年（127），（班）勇复击降焉耆，于是龟兹、疏勒、于阗、莎车等十七国皆来服从。[2]

史载"灵帝好胡服、胡帐、胡床、胡坐、胡饭、胡箜篌、胡笛、胡舞，京都贵戚皆竞为之。此服妖也。其后董卓多拥胡兵，填塞街衢，掳掠宫掖，发掘园陵"[3]。这从一个侧面透露出诸胡习俗风行中原的真实时态。

不仅如此，两汉时代中外人文接与中如此斑斓的社会事象，出土文物亦有相应的反映。

1906 年 12 月，英国探险家奥莱尔·斯坦因（Marc Aurel Stein, 1862—1943）在我国新疆楼兰遗址一座编号为 L. A. I 的汉代遗址中，发掘了一座佛塔的墙基。其中出土一捆属于汉晋时期的束卷整齐的黄色丝绸，幅宽 18.75 英寸 [4]。这一丝绸文物的出土，印证了古代中国外销丝绸经由塔里木盆地瀚海绿洲向西输出的客观存在。

1907 年 3 月左右，斯坦因又在敦煌西北汉代烽燧遗址中，发掘到一些未曾染色的丝绸。其中一件 30.5 厘米长的丝绸上，有汉字墨书题记："任城国亢父缣一匹，幅广二尺二寸，长四丈，重廿五两，直钱六百一十八。"[5] 斯坦因考证后认为，"任城国，建于公元 84 年，位于山东，乃是中国的主要丝绸产地之一，证明此丝绸生产年代在公元 1 世纪末或 2 世纪初"[6]。这一带有地域指示意义的文物实例，详细记载了东汉时期中国丝绸销售过程中计量核算的要素内容。

另 1995 年，中日尼雅遗址学术考察队在新疆民丰尼雅遗址进行考古勘察与发掘。在

---

[1]（南朝）范晔：《后汉书》卷八八《西域传》，北京：中华书局，1965 年 5 月，页 2909—2910。

[2]（南朝）范晔：《后汉书》卷八八《西域传》，北京：中华书局，1965 年 5 月，页 2912。

[3]（晋）司马彪：《续汉书》志一三《五行志》，（南朝）范晔：《后汉书》，北京：中华书局，1965 年 5 月，页 3272。

[4]［英］A. 斯坦因著、肖小勇译：《西域考古图记·路经楼兰》，桂林：广西师范大学出版社，2000 年 9 月，页 41—42。

[5] 陈直：《居延汉简研究》，北京：中华书局，2009 年 6 月，页 376。

[6]［英］A. 斯坦因著、肖小勇译：《西域考古图记·路经楼兰》，桂林：广西师范大学出版社，2000 年 9 月，页 43。

业已清理的八座墓葬中，于 M3 和 M8 中发掘到织有"王侯合昏千秋万岁宜子孙""世毋极锦宜二亲传子孙"及"安乐如意长寿无极""安乐绣文大宜子孙""大明光受右承福""延年益寿长葆子孙""五星出东方利中国"等字样的丝锦遗物 [1]。

值得人们注意的是，这件"五星出东方利中国"织锦的绣花纹样中，见有安息帕提亚风格的"格立芬（Griffin）"带翼怪兽的图案。从中不仅可以看到汉地文明通过丝绸生产、转输对西域一带的社会生活发生着深刻的影响，更能够让人们体会到当时中原地区对西域文化有着兼容并蓄的心态取向 [2]。

在西域文物发现史上，叙利亚东部沙漠绿洲国家的帕尔米拉（Palmyra）境内，曾出土有公元 1 世纪的汉字纹织锦，其纹样及织入的汉字与 20 世纪初斯坦因在新疆楼兰等地发现的丝织品类似或相同，都是汉代的绫锦、彩缯 [3]。"这是中国与塞姆语系民族地区早有物质文化交流的物证。与丝绸西传之同时，沿'丝路'东传的物品有装饰用玻璃串珠、玻璃器皿、地中海西岸推罗城（Tyre）等地特产的牡蛎紫染成的毡罽，等等" [4]。

文献、文物如此不绝如缕的纪实，为我们展示出东汉时代中外文化交流和社会往来的广阔画卷。由此可以看出，洛阳后营匈奴王族墓葬的发现，正是当年陆上丝绸之路——尤其是"草原丝绸之路"——人际演绎的确凿一证。

这次后营汉墓中出土的"匈奴归汉君"铜印，是这一墓葬遗物中最具文化属性的历

---

[1] 王炳华：《尼雅 95 一号墓地三号墓发掘报告》，《新疆文物》1999 年第 2 期，页 1—26。吕恩国：《尼雅 95 一号墓地四号墓发掘报告》，《新疆文物》1999 年第 2 期，页 27—32。

[2] 李零：《"五星出东方利中国"织锦上的文字和动物图案》，《文物天地》1996 年第 6 期，页 26—30。

[3] ［法］斐斯特（R. Pfister）：《帕尔米拉的汉代丝织品》，《亚洲艺术杂志》（Revue des Arts Asiatiques）第 13 卷，1939—1942 年，页 67—77。同作者：《帕尔米拉的织物》（Textiles de Palmyre）第 3 卷，巴黎，1940 年，汉字纹锦见图版 XV。转引自张广达：《海舶来天方，丝路通大食——中国与阿拉伯世界的历史联系的回顾》，见氏著：《西域史地丛稿初编》，上海：上海古籍出版社，1995 年 5 月，页 420，页 470/ 注八。张广达：《文本、图像与文化流传》，桂林：广西师范大学出版社，2008 年 9 月，页 135—136。

[4] 詹森（I. B. Jensen）：《推罗的深紫颜料》（Royal Purple of Tyre），《近东研究杂志》（Journal of Near Eastern Studies）第 22 卷，1963 年，页 104—118。转引自张广达：《海舶来天方，丝路通大食——中国与阿拉伯世界的历史联系的回顾》，见氏著：《西域史地丛稿初编》，上海：上海古籍出版社，1995 年 5 月，页 420，页 470/ 注九。张广达：《文本、图像与文化流传》，桂林：广西师范大学出版社，2008 年 9 月，页 136。

史文物，应为中原王朝颁赐内附匈奴酋长的印信，这是汉魏以来内地王庭经常做出的政治事态。所以，它为我们认识东汉时代的民族关系提供了一例典型的信息资料。

考东汉时期中原王朝颁赐域外诸部印信的例子，史书亦有侧重不等的记载。

史载和帝永元六年（94），"西域都护班超大破焉耆、尉犁，斩其王。自是西域降服，纳质者五十余国"[1]。

又永元十二年（100）"冬十一月，西域蒙奇、兜勒二国遣使内附，赐其王金印紫绶"[2]。

十三年（101）"冬十一月，安息国遣使献狮子及条支大爵"[3]。

据我国西域史学者林梅村先生的研究，蒙奇、兜勒这批于公元100年来抵我国的"遣使"，实际上正是当时罗马帝国安敦尼王朝（Antonines）统治时期罗马皇帝图拉真（Trajan，98—117）治下远届洛阳的一批"罗马商团"。他们的充使来华，必为受到甘英西行地中海的直接影响[4]。

安帝"永宁元年（120），掸国王雍由调复遣使者诣阙朝贺，献乐及幻人，能变化吐火，自支解，易牛马头。又善跳丸，数乃至千。自言我海西人。海西即大秦也，掸国西南通大秦。明年元会，安帝作乐于庭，封雍由调为汉大都尉，赐印绶、金银、彩缯各有差"[5]。

与上述文献记事相表里，出土文物中亦有中原王朝颁予周边胡部印信的案例。这类印信著名者如：日本福冈市美术馆藏1784年福冈糟屋郡志贺町出土的东汉"汉倭奴国王"金印（图3）。1953年新疆维吾尔自治区沙雅县于什格提出土、现藏中国国家博物

图3　1784年日本福冈出土东汉"汉倭奴国王"金印（福冈市美术馆藏）

[1]　（南朝）范晔：《后汉书》卷四《和帝纪》，北京：中华书局，1965年5月，页179。

[2]　（南朝）范晔：《后汉书》卷四《和帝纪》，北京：中华书局，1965年5月，页188。

[3]　（南朝）范晔：《后汉书》卷四《和帝纪》，北京：中华书局，1965年5月，页189。

[4]　林梅村：《公元100年罗马商团的中国之行》，载氏著：《西域文明——考古、民族、语言和宗教新论》，北京：东方出版社，1995年12月，页11—32。

[5]　（南朝）范晔：《后汉书》卷八六《西南夷传》，北京：中华书局，1965年5月，页2851。

馆的"汉归义羌长"铜印（图4）。此印方形，卧羊印纽，印高3.5厘米、印面每边长2.3厘米，阴刻"汉归义羌长"五字[1]。再如中国国家博物馆藏光绪十六年（1890）前后四川奉节县长江南岸甲高坝双河口出土的东汉"汉归义賨邑侯"金印（图5）等，即是汉朝政府授予四方夷胡首领的官方印信。

其中"汉倭奴国王"金印的授予，《后汉书》曾有具体的记载：东汉光武帝建武中元"二年（57）春正月辛未，初立北郊，祀后土。东夷倭奴国王遣使奉献"[2]。同书又载："建武中元二年（57），倭奴国奉贡朝贺，使人自称大夫，倭国之极南界也。光武赐以印绶。"[3]

仅据以上列举的实例，我们不难理解洛阳西郊这次出土的"匈奴归汉君"铜印，已从文物角度透视出东汉王朝在内地接与归化匈奴君长的睦邻行为。因此，这种塞北部落首领的内附中原，应该首先与东汉以降中外友好往来的社会潮流有着内在的联系。

二

让我们对东汉时代绵延在丝绸之路上的社会往来与文化交流作一景深的回溯。

东汉时期，汉地丝绸大量以中转贸易的形式行化于西方，此已为西域考古发现所揭示，这可从意大利庞贝古城遗址出土的美术遗迹感受其一斑。

庞贝古城（Pompeii），位于"地中海的灯塔"——维苏威火山（Mount Vesuvius）的东南方，它与毗邻的赫库兰尼姆（Herculaneaum）/埃尔科拉诺（Ercolano）古城遗址，均为因公元79年8月24日维苏威火山喷发而被掩埋的城市遗骸。

在专门收藏这些城市遗存的那不勒斯国立考古博物馆（Museo Archeologico Nazionale di Napoli）中，保藏着以往考古发掘的丰富的古代遗物。

在上述馆藏文物中，有一件出土于庞贝室内的壁画，画面中是一位风姿绰约的女神，一袭透露酮体的衣物，鲜明地显示出这种衣饰的丝绸质地（图6）。

---

[1] 新疆维吾尔自治区社会科学院考古研究所编：《新疆古代民族文物》，北京：文物出版社，1985年10月，页10。图4采自阿迪力·阿布力孜：《汉王朝统辖西域的重要物证——汉归义羌长印小记》，《中国民族》2023年第5期，页78。

[2] （南朝）范晔：《后汉书》卷一下《光武帝纪》，北京：中华书局，1965年5月，页84。

[3] （南朝）范晔：《后汉书》卷八五《东夷列传》，北京：中华书局，1965年5月，页2821。

图4　新疆沙雅县于什提格出土汉代"汉归义羌长"铜印（中国国家博物馆藏）

图5-1　"汉归义賨邑侯"金印　　　　　　　　图5-2　"汉归义賨邑侯"金印

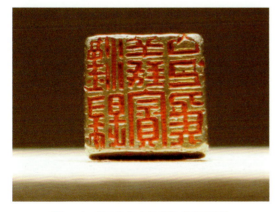

图5-3　"汉归义賨邑侯"金印印面　　　　图5-4　"汉归义賨邑侯"印面阴刻文字

图5　四川奉节县长江南岸甲高坝双河口出土"汉归义賨邑侯"金印（中国国家博物馆藏）

图 6　庞贝涉丝壁画（那不勒斯　　　　　　图 7　意大利赫库兰尼姆遗址出土的
　　　国立考古博物馆藏）　　　　　　　　　　　　《玩小骨图》石板单色线条画

反映同类丝绸衣料的美术遗迹，赫库兰尼姆同期遗址的美术绘画中，亦有另外的实例——那不勒斯国立考古博物馆藏该遗址出土一幅公元 1 世纪被称为《玩小骨图》的石板单色线条画（图 7）。画面中描绘着五个希腊女神的形象，三位站立者"自左至右分别为宙斯的妻子、阿波罗与阿耳忒弥斯的母亲勒托，忒拜国王的妻子尼俄柏，勒托的母亲福柏（Phoebe）"[1]。

正像庞贝遗址上一幅美术作品的艺术风格一样，这一画面中所有人物的衣着，无一不呈现出空蒙透体的丝织品质地。

相埒于东汉初叶的意大利美术创作中这种明显含有人文背景的视觉形象，实际已一再显示出当年地中海沿岸与东方世界交通往来、传输丝绸的必然存在。

让我们再来关注帕米尔以东塔里木盆地的一系列考古发现。

20 世纪 90 年代前后，日本学者樋口隆康等人于塔里木遗址两处（A、C 处）遗存中

---

[1]　朱伯雄主编：《世界美术史》（第三卷），济南：山东美术出版社，1988 年 10 月，页 490，图 7 采自页 491/ 图 327。

进行了考古发掘，并在 C 处一座公元 109 年的墓葬中，发现不少带有汉字的汉代绢片 [1]。

此外，20 世纪下半叶，苏联考古工作者在中亚费尔干纳（Ferghana）一带发掘了数以百计约公元 1 世纪以前的古代墓葬。在这些中亚古墓中，出土了数量众多的两汉中原的铜镜。苏联学者 Ю. А. 扎德涅普罗夫斯基、Е. И. 鲁沃＝莱斯尼琴科研究后指出，这些铜镜的出土，与墓葬中同出的大量五铢钱币一样，都反映了公元前后中原与中亚地区"存在着活跃的交流"。他们的研究发现，这些中原汉式铜镜的西传，"曾被当地居民所仿制。而以费尔干纳为中心的洞室墓文化地区，则是汉式镜同地方镜相互影响而产生出复合型式铜镜的三个地区中的一个。……所谓复合型式的铜镜，是指镜钮周围和镜缘内侧有凸带的铜镜，即所谓的'西伯利亚·中国镜'。这种铜镜在 3—4 世纪间广至法国边境附近的萨尔马泰世界占有支配性地位" [2]。

大约与上述考古发掘同期，苏联乌兹别克共和国考古学者发掘了位于费尔干那附近的萨帕利台培遗址（Sapally Tepe[3]）。在一座女性屈肢葬的墓内，发现墓主头部有丝绸的残片。学者们判断这些丝绸当为公元 2—3 世纪中国所生产 [4]。

1978 年，苏联与阿富汗联合调查队发掘了位于阿富汗北部的提利亚台培遗迹（Tillya Tepe[5]）中大约公元 1 世纪时期的 6 座墓葬。其中四号墓尸骨踝部发现鞋袜扣饰，其装饰图案正中为一车舆。舆内乘坐一人，舆前有拉车的二兽。其"整体构图与东汉画像石中的车马图案非常相象。而车舆的立柱表现出竹节，更有中国风格。以竹为舆柱的车的形象是非常中国化的构图" [6]。

这一遗址中的二号墓出土有带汉字铭文的铜镜。"铭文曰：'君忘忘而先志兮，爱使心臾者臾不可尽行，心沄结而独愁，明知非可久已。'三号墓出土的清白镜铭文曰：'不泄，洁而清而白而事君，愬而沄之弇明，光玄锡之流而泽，恐而日忘，美。'四号墓出土

[1] ［日］樋口隆康著、张静译：《出土中国文物的西域遗迹》，《考古》1992 年第 12 期，页 1134—1138。

[2] ［苏联］Ю. А. 扎德涅普罗夫斯基、Е. И. 鲁沃＝莱斯尼琴科著、白云翔译：《中亚费尔干纳出土的汉式镜》，《考古与文物》1998 年第 3 期，页 84—93。

[3] tepe 为土耳其词源，意译"山丘"，业界通常音译为"台培"，并无"遗迹"之意。据此本著对引文处"萨帕利遗址（Sapally Tepe）"做了相应调整。感谢上海社会科学院宗教研究所吴赟培助理研究员赐告。顺及，本著页 28 段 1 另外引文处 tepe 音译为"切佩"，仍从引文。

[4] ［日］樋口隆康著、张静译：《出土中国文物的西域遗迹》，《考古》1992 年第 12 期，页 1137。

[5] 参本页注［3］。

[6] ［日］樋口隆康著、张静译：《出土中国文物的西域遗迹》，《考古》1992 年第 12 期，页 1135。

的清白镜铭文曰：'洁白而事君，窓泛之弇明，侭玄锡之泽，恐疏远而日忘，美。'"[1]

1938 年，一支法国考古调查队，在阿富汗喀布尔北 60 公里的贝格拉姆（Begram）古大夏、贵霜时代的都城遗址中，发现了一座密封的房间。其中出土了包括希腊石膏雕像、叙利亚青铜器、罗马玻璃器、印度象牙雕刻、中国漆器等在内的不同地区的多种古代器物。学者们根据漆器残片上的花纹判定，出土的上述漆器是汉代的漆盘。现在，这些漆器残片陈列在喀布尔博物馆[2]。

此外，在苏联境内罗斯托夫附近的维诺格拉德奈（Vinogradnyi）一带，考古工作者发现了属于古代萨尔马泰族的墓葬（Sarmatian Tombs），这是顿河流域古代骑马民族的遗迹，时代大约为公元前 1 世纪至公元 1 世纪。墓葬的木棺中，出土有铜器、陶器和其他装饰品。这些遗物中，有中国西汉时代的日光镜，清晰可见的铭文为："见日之光，长勿相忘。"附近出土的另一汉镜铭文则为"天下大明"。这一遗址可能是出土中国铜镜最西的地点[3]。

1959 年，在新疆尼雅地区，我国考古人员曾于民丰县征集到一枚煤玉刻制的东汉印模（图 8）。这枚印章为桥形印纽，通高 1.57 厘米。印面正方形，边长 2 厘米，阴刻篆文"司禾府印"[4]。

图 8 新疆塔里木盆地出土"司禾府印"

[1] ［日］樋口隆康著、张静译：《出土中国文物的西域遗迹》，《考古》1992 年第 12 期，页 1135。铭文转引自张乃翥、张成渝：《洛阳与丝绸之路》，北京：国家图书馆出版社，2009 年 8 月，页 27—28。

[2] ［日］樋口隆康著、张静译：《出土中国文物的西域遗迹》，《考古》1992 年第 12 期，页 1135。

[3] ［日］樋口隆康著、张静译：《出土中国文物的西域遗迹》，《考古》1992 年第 12 期，页 1137。铭文转引自张乃翥、张成渝：《洛阳与丝绸之路》，北京：国家图书馆出版社，2009 年 8 月，页 27—28。

[4] 贾应逸：《新疆尼雅遗址出土"司禾府印"》，《文物》1984 年第 9 期，页 87。史树青：《新疆文物调查随笔》，《文物》1960 年第 6 期，页 27。图版采自岳峰、宝世宜主编：《丝路聚珍》，北京：新时代出版社，1999 年 6 月，图版 19。

此外，古代新疆有"宜禾都尉"的设置，从而一再透露出古代中原王朝对西域地区军事屯田的重视。

徵诸史乘，知我国西汉时代已在西陲边远地区设有专司垦殖的机构。《汉书·地理志·敦煌郡》颜师古注广至县曰："宜禾都尉治昆仑障。"[1] 而史载神爵三年（59）后，西汉王朝于西域设都护，因之匈奴"不得近西域。于是徙屯田，田于北胥鞬，披莎车之地，屯田校尉始属都护"[2]。

其次，东汉史乘亦载：永平"十六年（73），明帝乃命将帅北征匈奴，取伊吾卢地（今新疆哈密境内），置宜禾都尉以屯田，遂通西域，于阗诸国皆遣子入侍。西域自绝六十五载，乃复通焉。明年，始置都护、戊己校尉"[3]。

此后，东汉王朝对天山南北的西域各部，持续地行使着有效的行政管理，在相关沙海绿洲及交通孔道上设置了众多戍守城垒和烽燧亭障。今库车县西北天山南麓的克孜尔尕哈古道旁，仍然耸立着一座巍峨壮观的汉代烽燧遗址（图9）。它那历经沧桑、傲视天穹的身姿，向人们叙说着丝绸之路天山廊道上中外行人长途跋涉的往昔岁月。

与上述域外文化遗产相映照，中原地区出土的历史文物亦能折射出东汉时期中外社会往来的畅通。

清代末叶，西方学人在山西灵石县境内掘得十六枚古罗马铜币。据考证，这批铜币系罗马皇帝梯拜流斯（Tiberius）至麻诃斯忝雷斯安拖尼诺斯（Marcus Aurelius Antoninus，即大秦王安敦）皇帝时代所铸者也。报道详见布歇尔：《山西之罗马古钱》（Bushell，Ancient Roman Coins from Shansi，Peking Oriental Society）[4]。

图9　新疆库车克孜尔尕哈古道旁一座汉代烽燧遗址

[1]　（汉）班固：《汉书》卷二八《地理志》，北京：中华书局，1962年6月，页1614。

[2]　（汉）班固：《汉书》卷九六《西域传》，北京：中华书局，1962年6月，页3874。

[3]　（南朝）范晔：《后汉书》卷八八《西域传》，北京：中华书局，1965年5月，页2909。

[4]　引见张星烺编注、朱杰勤校订：《中西交通史料汇编》，第一册，北京：中华书局，1977年7月，页27—28。

图 10　洛阳西郊孙旗屯一带出土的带翼神兽
（洛阳博物馆藏）

图 11　洛阳伊川彭婆镇东高屯村出土的带翼神兽
（洛阳博物馆藏）

1955 年，洛阳西郊孙旗屯一带修筑秦岭防洪渠时，于地下出土石刻神兽一对，其中一件调拨外地陈列，另一件展览于洛阳博物馆展厅内（图 10）。这件石刻，身高 109 厘米，体长 166 厘米。其外观形态颇类一只咆哮怒吼的狮子。而其造型的细节特征，是头顶有两角，膊间生双翼，在造型风格上显示出域外神话翼兽的美术意致。这一石刻动物颈部的后面，有阴刻隶书"緱氏蒿聚成奴作"字样，可知这件作品为洛阳当地工匠所创作。

另在该馆同一陈列中，还有一件 1963 年洛阳伊川彭婆镇东高屯村出土的带翼神兽（图 11）。这件石刻身高 114 厘米、体长 172 厘米，其外观构造与上件石刻多有仿佛之处。从美术史角度考察它们的制作年代，大约应在东汉的中晚期左右。

在西方文化史上，翼兽曾经被人们称之为"格里芬（Griffin）"。据祆教的传说，格里芬是太阳的象征即日神的化身，具有西域祆教艺术题材的强烈色彩。

研究表明，这种带翼神兽在西域几乎为各地人民所喜爱。其中著名的实例，如巴黎卢浮宫藏西亚克沙巴城萨尔贡宫殿遗址出土的公元前 721—前 705 年、高约 396 厘米的亚述翼兽数尊（图 12），翼兽牛身、人面，头顶着冠，肩膊生翼，雕饰诡异，气势宏伟，显示出亚述文化艺术特有的气质[1]。

---

[1]　图版采自［英］劳伦斯·高文（Sir Lawrence Gowing）等编：《大英视觉艺术百科全书》（中文版）
　　（THE ENCYCLOPEDIA OF VISUAL ART），第一卷，台北：台湾大英百科股份有限公司，南宁：
　　广西出版总社、广西美术出版社，1994 年 9 月，页 87。

图 12　西亚克沙巴城萨尔贡宫殿遗址　　图 13　地中海沿岸出土的古代格里芬雕刻（梵蒂冈博物馆藏）
　　　　出土公元前 721—前 705 年的　　　　　　　（张乃翥 2005 年 11 月 27 日摄）
　　　　亚述翼兽（卢浮宫藏）

而梵蒂冈博物馆（The Vatican Museums）收藏的一组出土于地中海沿岸的古代格里芬雕刻，更以美轮美奂的艺术形象为广大游人所称颂（图 13）。

如此看来，中原石刻艺术中所见的这些翼兽，无疑受到西域美术题材的影响。这与东汉以来中原、西域之间的文化传播与人文交流有着密切的关联。

此外，20 世纪 30 年代，洛阳汉魏故城遗址出土了一件佉卢文井阑题记石刻（图 14-1、图 14-2）。经过对这一石刻断裂残块的缀合，可以见到"唯……年……月十五日，此地寺院……祈愿人们向四方僧团敬奉一切"的文字内容。据此有学者认为，这件石刻题记的出现，与灵帝年间自犍陀罗地区内徙洛阳的贵霜僧团有着密切的关联 [1]。

文献典籍与文物遗迹如此生动鲜活的历史信息，透露出东汉时期中外社会沟通的真实存在。由此我们可以推断，洛阳后营汉墓匈奴官印的出现，首先应与当年丝绸之路沿

[1]　林梅村：《洛阳所出佉卢文井栏题记——兼论东汉洛阳的僧团与佛寺》，《中国历史博物馆馆刊》1989
　　　年第 13—14 期，页 240—249。图 14-1 采自林梅村：《汉唐西域与中国文明》，北京：文物出版社，
　　　1998 年 5 月，图版 4。林梅村：《洛阳所出佉卢文井栏题记》，载氏著：《西域文明——考古、民族、
　　　语言和宗教新论》，北京：东方出版社，1995 年 12 月，页 387—404，图 14-2 采自页 392/ 插图 13。

 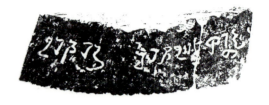

图 14-1　刻石　　　　　　　　　　　　　　　　图 14-2　拓本

图 14　洛阳汉魏故城遗址出土的佉卢文井阑刻石

线各族人民不辞艰辛的互动往来有着内在的关联。我们倾向于认为，"匈奴归汉君"铜印的核心语境信息，在于其中的"归汉"一词。这表明了这位匈奴首领，是一位自漠北迁附中原的民族上层人物，其迁附之举极有可能即出于上述历史背景的促成。

三

然而，人类历史的发展，从来不会只有风花雪月、莺歌燕舞的一面。如从另一史学视域来考察，洛阳后营汉墓"匈奴归汉君"铜印的出现，除了缘于当年中外社会友好往来的促成之外，极可能民族之间的利益争夺亦曾导致了这一游牧部落举落内徙的结局。

循此而反思，我们或许应对当年匈奴这一内徙部落君长的政治来历作出另一方向的探索，这使我们回忆起前文关于汉、匈之间一次带有重大意义的历史纠葛。

史载"和帝永元元年（89），大将军窦宪大破匈奴。二年（90），宪因遣副校尉阎槃将二千余骑掩击伊吾，破之。三年（91），班超遂定西域，因以超为都护，居龟兹。……六年（94），班超复击破焉耆，于是五十余国悉纳质内属"[1]。

此外，近代新疆地区出土的裴岑纪功碑，对揭示东汉时期中原王朝在西域边疆政治的生态走向，有着弥足珍贵的史料价值。

文献记载，东汉自安帝之后，北匈奴呼衍王时常率部驰骋于蒲类、秦海之间。其风卷西域、横槊漠北的行径，危及了丝绸之路的正常运转，这就导致了东汉帝国对西域形势的介入。裴岑纪功碑，正为人们透露了当年汉、匈之间政治交割的若干细节。

---

[1]　（南朝）范晔：《后汉书》卷八八《西域传》，北京：中华书局，1965 年 5 月，页 2909—2910。

敦煌太守裴岑纪功碑（图 15），立于东汉顺帝永
和二年（137）八月，又称"裴岑碑""镇海碑"。此
碑为不规则青条石，表面并未打磨平整。上锐下方，
高 142 厘米、宽 59.4 厘米[1]，镌刻汉隶 6 行，每行 10
字，清晰可辨。雍正七年（1729）宁远将军岳钟琪
驻军新疆时，意外发现于今新疆巴里坤哈萨克自治
县境内。20 世纪 50 年代，碑石转藏于乌鲁木齐的新
疆维吾尔自治区博物馆。碑文记述了汉敦煌太守裴
岑率军攘御北匈奴呼衍王的功绩，其文载云：

> 惟汉永和二年（137）八月，敦煌
> 太守云中裴岑，将郡兵三
> 千人，诛呼衍王寿，斩馘部
> 众，克敌全师，除西域之灾，
> 蠲四郡之害，边竟义安。振
> 威到此，立海祠以表万世。

碑中所记的"呼衍王寿"，是匈奴右部的最高统
治者。据《汉书·匈奴传》记载，呼衍氏代袭高位，
是匈奴王族三大豪门之一。因其牧地邻近西域及河西
走廊一带，所以经常侵扰河西四郡与蒲类海地区，给

图 15　新疆巴里坤哈萨克自治县境内
出土的东汉裴岑纪功碑（新疆
维吾尔自治区博物馆藏）

西域各族及河西居民的社会生活造成诸多的危害。早在延光二年（123），呼衍王就联合
车师，袭击敦煌、酒泉、武威、张掖。当时的敦煌太守张珰[2] 曾上书朝廷，请求反击。
朝廷任命班勇为西域长史，带兵屯田于柳中城。永建元年（126）、二年（127），班勇征
集西域诸军，与匈奴决战于天山东部，呼衍王败绩，远溃漠北，降者两万余人。后因班

[1]　梁和瑄：《〈裴岑纪功碑〉对清代以来书家的影响》，《艺术家》2023 年第 5 期，页 136。图版采自
　　《东汉裴岑纪功碑》，《西泠艺丛》2021 年第 1 期，页 81。

[2]　渝按：此处"张珰"据转引处吴其昌原文，本著页 23 段 5 引《后汉书》，作"张朗"。

勇蒙冤入狱，朝廷因循苟安，所以呼衍王得以重整旗鼓，卷土重来，终于酿就永和二年（137）此役的发生[1]。

另在 1877 年，新疆拜城县东北喀拉达格山麓崖壁上，发现了一篇东汉桓帝延熹元年（158）的被称作《刘平国作亭诵》的石刻碑文（图 16）。其文如次：

> 龟兹左将军刘平国，以七月廿六日发家，
> 从秦人孟伯山、狄虎贲、赵当卑、万阿羌、
> 石当卑、程阿羌等六人，共来作列亭。从
> □□关八月一日始，斲岩作孔，至十日
> □毕，坚固万岁，人民喜，长寿年，宜
> 子孙。永寿四年（158）八月甲戌朔十二日
> 乙酉，直建纪此东乌累关城，皆
> 将军所作也。俱披山□。

碑文近旁，另有题刻文曰：

> 敦煌长□
> 淳于伯隗
> 作此诵

图 16　新疆拜城县东北喀拉达格山麓崖壁上的东汉《刘平国作亭诵》碑

据我国西域史学者马雍先生研究，这件石刻文物系东汉晚期驻扎龟兹地区的军政人士在丝路交通干道上奉命修建的"列亭"之一的记事，它体现了东汉时期中原王朝与西域当地人民共同对边疆建设付出的劳动[2]。富有史学旨趣的是，刘平国碑刻表明，当年天

[1] 吴其昌：《汉敦煌太守裴岑破北匈奴纪功碑跋尾》，原载 1929 年 12 月《国学季刊》第 2 卷第 2 号，转引自林幹编：《匈奴史论文选集（1919—1979）》，北京：中华书局，1983 年 8 月，页 355—360。

[2] 孟池（马雍）：《从新疆历史文物看汉代在西域的政治措施和经济建设》，《文物》1975 年第 7 期，页 27—34+7。又见新疆社会科学院考古研究所编：《新疆考古三十年》，乌鲁木齐：新疆人民出版社，1983 年 6 月，页 188—194。

山沿线包括西域都护府治所乌垒城建设的边政工程，曾与祁连山西端的敦煌，保持有密切的人众役使关系——桓帝时代坐御洛阳的中原王朝，始终是以丝绸之路远近传输逐步推进的政策观念，来运筹西域边疆建设的人口支配的[1]。

据此我们判断，埋葬洛阳的这一匈奴君长，或许亦为公元 1 世纪末叶因汉将窦宪、班超平定西域而"纳质内属"于洛阳的塞外部落首领。这由史籍有关当年漠北、西域纳质内地及"遣子"入侍的诸多梗概记事，可以窥见其一斑。

东汉初年，驰骋漠北的乌孙，继西汉宣帝时代之后，更与中原王朝有过政治示好的联系。

史载永平十七年（74）西域戊己校尉耿恭屯后王部金蒲城，"至部，移檄乌孙，示汉威德，（乌孙）大昆弥已下皆欢喜，遣使献名马，及奉宣帝时所赐公主博具，愿遣子入侍。恭乃发使赍金帛迎其侍子"[2]。

顺帝永建二年（127）三月，"疏勒国遣使奉献"。夏六月，"西域长史班勇、敦煌太守张朗讨焉耆、尉犁、危须三国，破之；并遣子贡献"[3]。

永建"五年（130）春正月，疏勒王遣侍子，及大宛、莎车王皆奉使贡献"[4]。

"永建六年（131），于阗王放前遣侍子诣阙贡献"[5]。

而今，当我们对洛阳后营汉墓出土文物进行解构（deconstruction）的时候，与之相关的历史文献和文化遗迹的信息内涵，无疑给我们提供了带有文化互动寓意的认识依据。这一墓葬中陶壶、陶仓、规矩纹铜镜和五铢铜钱的信息集群所体现出来的民族认同（national identity）赋存特征，从文化濡化（enculturation）的层位向人们展示了具有深厚农耕世俗特征的现实场域，已对这一落籍中原的墓葬主人产生了有意识变迁（voluntary change）的文化渗透。这些看似数量不多的随葬遗物的共生信息，以鲜明的文化类型让我们看到了墓主民族认同心理的存在。这些，正是这一文化遗存提示给我们的最具史学认知价值的信息。

---

[1] 此引张乃翥、张成渝：《洛阳与丝绸之路》，北京：国家图书馆出版社，2009 年 8 月，页 3。

[2] （南朝）范晔：《后汉书》卷一九《耿恭传》，北京：中华书局，1965 年 5 月，页 720。

[3] （南朝）范晔：《后汉书》卷六《顺帝纪》，北京：中华书局，1965 年 5 月，页 254。

[4] （南朝）范晔：《后汉书》卷六《顺帝纪》，北京：中华书局，1965 年 5 月，页 257。

[5] （南朝）范晔：《后汉书》卷八八《西域传》，北京：中华书局，1965 年 5 月，页 2916。

四

　　洛阳后营这一墓葬遗迹的考古发掘，以典型的文化丛（culture complex[1]）信息，展示了东汉时期中原王朝与周边兄弟民族文化交流、人际往来的人文生态。这些带有强烈文化互动色彩的考古资料，以无可置疑的可视实物读本，从"文化相关"理论角度昭示了古代丝绸之路沿线各族人民难以割裂的生存依赖，从而为我们从"宏大叙事"（wide narrative perspective）的理性域度认识丝绸之路的历史价值，提供了一例值得继续深入研究的考古学案例。

---

[1]　渝按：徐嵩龄先生在本著"序"中，将 culture complex 译为"文化复合体"，特此说明。

洛阳北魏石刻中的域外美术元素

北魏晚期的洛阳，是一座享誉中外的国际都会，近年来出土了众多这一时期的石刻遗存。这些散见于北魏洛阳城内外的文化遗存，展示着古都曾经的辉煌，它们包含着当年中外文化交流的诸多信息。本文搜罗北魏时代洛阳地区石刻艺术中带有鲜明域外文化特征的历史遗物，借以揭示当年丝路文明对一座东方都会的意识浸染、物象嫁接。

一、龙门石窟北魏雕刻中的火焰纹装饰图样

龙门石窟西山南段紧邻路面的交脚弥勒像龛（图1），是龙门石窟建造年代最早的佛教石刻艺术遗迹。其本尊交脚弥勒身后火焰熠熠的背光图案，从美术题材视域和艺术技巧处理角度，都能看出西域文化影响的迹象。

阅藏得知，《观无量寿经记》《佛说观佛三昧海经·观相品》《大智度论》等多种佛典均有描绘佛陀背光的内容。敦煌学界前辈贺世哲先生在《敦煌莫高窟北朝石窟与禅观》一文中，曾节引《禅秘要法经》论述了僧人坐禅观像时，种种观想佛像身光、圆光、顶光的仪象感受[1]，从中可以看出佛教信仰体系已将佛陀身后背光的存在，视为童话般的奇异瑞相。

时至今日，包括龟兹石窟在内的众多中亚佛教造像艺术中，亦有数量庞大的伴有身光的佛像。可见这一美术题材在广大佛教信众中有着普遍的信仰价值。

1971—1977年，苏联考古学家斯塔维斯基（Б. Я. СтависКий）主持发掘了地处西域的卡拉

图1　龙门石窟西山北魏交脚弥勒像龛的背光雕饰

[1]　贺世哲：《敦煌莫高窟北朝石窟与禅观》，《兰州大学学报》（哲学社会科学版）1980年第2期，页44—45。

切佩[1]（Kara-Tepe）佛寺遗址。在其 B 组寺院回廊南墙的壁画中，发现了一幅被称为"佛与比丘图"的壁画[2]（图 2）。

考古研究表明，这幅描绘于迦腻色迦时代前后的寺院壁画，其中的佛陀背光装饰图案，是迄今所见的最早的佛像背光美术样品。考虑到这件美术作品在研究佛教艺术方面具有重大的意义，斯塔维斯基就此图像的出现，在考古学领域提出了一个产生于贵霜的"图像学类型"的问题[3]。实际上，这种出于考古类型学的归纳，与中国考古界前辈提出的"模式"学说，有着相似义理的意义[4]。出于这样的认识，我们将斯塔维斯基提出的贵

图 2　卡拉切佩壁画局部有头光及背光的"佛与比丘图"

---

[1]　业界通常音译为"台培"，引见本著页 15 脚注 [3]。

[2]　图版采自姜伯勤：《论呾密石窟寺与西域佛教美术中的乌浒河流派》，见敦煌研究院编：《段文杰敦煌研究五十年纪念文集》，北京：世界图书出版公司，1996 年 8 月，页 38。

[3]　Б. Я. Ставиский，Кущаская Бактрця: Проблеми истории и культуры, Москва, 1977, c.c.231—232.

[4]　宿白：《凉州石窟遗迹与"凉州模式"》，《考古学报》1986 年第 4 期，页 435—446。又见氏著：《中国石窟寺研究》，北京：文物出版社，1996 年 8 月，页 39—51。宿白：《平城实力的集聚和"云冈模式"的形成与发展》，见氏著：《中国石窟寺研究》，北京：文物出版社，1996 年 8 月，页 114—144。

霜"图像学类型"称之为"贵霜模式"，或许更加符合佛教艺术发展史的整体流程轨迹。

随着佛教艺术的东传，大约东汉晚期，佛像背光这一美术题材遂又行化于东方。后及4—5世纪，克孜尔石窟第17窟菩萨说法图中，菩萨身后即有头光、背光的描绘。敦煌莫高窟北凉（421—439）时代的第268、272等窟中，亦有头光和背光的彩绘。至于平城时代的云冈石窟，佛像背光更是光彩照人、琳琅满目，从而形成中国北方佛教艺术遗产中一道令人赏心悦目的靓丽风景。而龙门石窟此类造像题材的出现，无疑正是中外这一美术传统的继承和延伸[1]。

不仅如此，通过对以上火焰纹乃至联珠纹、卷草纹等美术装饰题材的考察，我们可以发现凡此种种源于西域地区的美术题材，在东方佛教造型艺术中的构图运用，往往显示出与其他美术题材——如七佛、供养天人、伎乐天人乃至佛传故事等——交互叠加、集于一炉的画面设计意趣。如龙门石窟火烧洞、古阳洞、莲花洞、石窟寺等众多佛龛造像的背光装饰图案中（图3、图4），即反复显示出这一美术创作的程式性套路，从中传达出古代艺术家通过这些美术题材的剪裁组合、视像搭配，力图以密集的视觉载体为教门信士提供审美愉悦的创作理念——古代艺术家的创作实践，具有鲜明的主导意识的支配，从而传达出东方佛教艺术在视觉形象的选取上充分汲取了西方造型艺术的强烈意识，由此形成中古东方装饰美术享誉一时的"密体意致"。

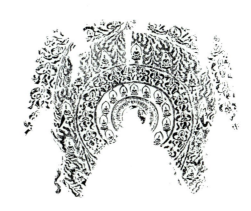

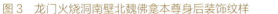

图3 龙门火烧洞南壁北魏佛龛本尊身后装饰纹样　　图4 龙门古阳洞南壁北魏佛龛本尊身后装饰纹样

---

[1] 以上两引及介绍，采自张乃翥、张成渝：《洛阳与丝绸之路》，北京：国家图书馆出版社，2009年8月，页244。

二、龙门石窟北魏雕刻中的金翅鸟形象

在龙门石窟西山的石窟寺、唐字洞、汴州洞等几座北魏洞窟中，可以见到这些洞窟窟檐的汉式屋形建筑装饰雕刻中，各有一尊振翮欲飞的频迦陵鸟的形象（图5、图6、图7），由此美术形象形成一种颇见域外审美情调的视像景观。尤其是唐字洞屋形窟檐正脊间所雕的这一美术形象，鸟头且被刻画为人头的模样，从而显示出浓郁的域外美术风尚和格调。

徵诸佛教典籍文献，我们知道所谓频迦陵鸟者，即"迦楼罗""迦罗频伽"或"迦陵频迦"之略称，亦即"妙音鸟"之音译。该鸟又称"金翅鸟"，源自古代印度神话传说，为佛教天龙八部之一的护法形象。传说中是天地间的凶禽猛兽，威力无穷，以龙为食，

图5	图6
图7	

图5 龙门石窟皇甫集造石窟寺窟檐所见金翅鸟造型
图6 龙门石窟西山唐字洞窟檐所见金翅鸟造型
图7 龙门石窟汴州洞窟檐所见金翅鸟造型

两翼相去三十六万里，居于须弥山的北方。频迦陵鸟的形象多为人面、鸟嘴、羽冠、腰部以上为人身，以下为鸟身。中国最早的频迦陵鸟形象出现在敦煌石窟的壁画中。

按佛教经典的说法，此鸟常住极乐净土，每于佛前聆听说法，享诸妙音。更因能够降伏诸种恶龙而宏通佛法有益于信众。

如《长阿含经》卷十九，谓佛告比丘，言金翅鸟有卵生、胎生、湿生、化生等四种。卵生之金翅鸟可食卵生之龙；胎生之金翅鸟可食胎生、卵生之龙；湿生之金翅鸟可食湿生、卵生、胎生之龙；化生之金翅鸟可食化生及其余诸种之龙。"若卵生金翅鸟欲搏食龙时，从究罗睒摩罗树东枝飞下，以翅搏大海水。海水两披二百由旬，取卵生龙食之。随意自在。……若胎生金翅鸟欲搏食卵生龙时，从树东枝飞下，以翅搏大海水。海水两披二百由旬，取卵生龙食之。自在随意。若胎生金翅鸟欲食胎生龙时，从树南枝飞下，以翅搏大海水。海水两披四百由旬，取胎生龙食之。随意自在。……湿生金翅鸟欲食卵生龙时，从树东枝飞下，以翅搏大海水。海水两披二百由旬，取卵生龙食之。自在随意。湿生金翅鸟欲食胎生龙时，于树南枝飞下，以翅搏大海水。海水两披四百由旬，取胎生龙食之。自在随意。湿生金翅鸟欲食湿生龙时，于树西枝飞下，以翅搏大海水。海水两披八百由旬，取湿生龙食之。自在随意。化生金翅鸟欲食卵生龙时，从树东枝飞下，以翅搏大海水。海水两披二百由旬，取卵生龙食之。自在随意。化生金翅鸟欲食胎生龙时，从树南枝飞下，以翅搏大海水。海水两披四百由旬，取胎生龙食之。随意自在。化生金翅鸟欲食湿生龙时，从树西枝飞下，以翅搏大海水。海水两披八百由旬，取湿生龙食之。化生金翅鸟欲食化生龙时，从树北枝飞下，以翅搏大海水。海水两披千六百由旬，取化生龙食之。随意自在。是为金翅鸟所食诸龙"[1]。

《佛说观佛三昧海经》卷一，亦载此鸟以业报之故，得以诸龙为食，于阎浮提一日之间可食一龙王及五百小龙。"复次父王，阎浮提中及四天下有金翅鸟，名正音迦楼罗王，于诸鸟中快得自在。此鸟业报应食诸龙，于阎浮提日食一龙王及五百小龙。明日复于弗婆提，食一龙王及五百小龙。第三日复于瞿耶尼，食一龙王及五百小龙。第四日复于郁单越，食一龙王及五百小龙。周而复始，经八千岁。……佛告大王，诸善男子及善女人，

---

[1] （后秦）佛陀耶舍共竺佛念译：《长阿含经》卷十九第四分《世记经·龙鸟品》第五，《大正藏》，第1册，台北：新文丰出版公司，1983年1月，页127。

正念思惟诸佛境界，亦复如是"[1]。

《大智度论》中说："憍人多慢、瞋心布施，堕金翅鸟中，常得自在。有如意宝珠以为璎珞，种种所须，皆得自恣，无不如意，变化万端，无事不办。"[2]

在大乘诸经典中，金翅鸟列属八大部众之一，与天、龙、阿修罗等共列位于佛陀说法之会座。

从早期佛教遗迹考察，名为迦楼罗的金翅鸟形象有多种，印度山奇窣堵坡遗迹中之迦楼罗神鸟，仅为单纯之鸟形而已。此鸟传于后世之形象，则大多为头翼爪嘴如鹫，身体及四肢如人类，面白翼赤，身体金色。可见早期佛教雕刻艺术，已有金翅鸟的崇拜。

龙门石窟之有频迦陵鸟驻足于屋形窟檐的正脊，从其在窟龛建筑结构上所处的显要地位来考察，明显与所在窟龛的内在主题含有重要的联系。我们感到，金翅鸟在这些佛教文化遗产中的出现，显然示意着上述洞窟赋有慰藉人心的净土道场的含义。

其次，在龙门石窟以上所见的三处金翅鸟雕刻遗迹中，最值得人们留意的当属龙门西山南段的石窟寺佛龛。该窟是北魏孝昌三年（527）胡灵太后舅氏"太尉公"皇甫度所施的功德窟，在龙门北魏石窟中是仅次于宾阳中洞的大型佛教艺术工程。该窟不仅内部雕刻极尽华奢、繁缛之状貌，更在窟口立面设计中采用庑殿顶窟檐雕饰显示其文化元素的多元与交汇——雕有"七佛"和伎乐天人的尖拱形佛窟窟楣，与硕大鸱吻烘托下的庑殿顶窟檐融汇于一炉，本身就体现出东西方建筑文明的交流，加之窟檐正脊振翻欲飞的金翅鸟突兀形象的展示，愈发突显了这一佛教艺术遗迹兼容中外艺术创作的审美价值。

造型体量与石窟寺相近的同类石窟遗迹，是龙门大卢舍那像龛北侧崖壁底层的唐字洞窟檐。唐字洞屋形窟檐正脊的中央，圆雕一躯头部饰为人面的金翅鸟，这较石窟寺同一造像题材更加显示出西域文明的浓郁。

相对于以上两例窟檐雕刻，地处龙门西山老龙窝北侧的汴州洞，因体量偏小常不为人们所留意。值得人们思考的是，这一铺造像与以上两窟同类题材俱为北魏时期的遗迹，

[1] （东晋）佛陀跋陀罗译：《佛说观佛三昧海经》卷一，《大正藏》，第15册，台北：新文丰出版公司，1983年1月，页646。

[2] 龙树菩萨造、（后秦）鸠摩罗什译：《大智度论》卷十二，《大正藏》，第25册，台北：新文丰出版公司，1983年1月，页152。

与隋唐期间龙门石窟未见同类艺术题材形成强烈的对比。龙门魏唐石窟的分野，金翅鸟题材的有无，似乎可属一项值得人们思考的命题。

三、洛阳地区北魏石刻艺术中的翼兽形象

1992年底，洛阳市孟津县油坊街村出土石刻翼兽一躯（图8）。翼兽连底板通高192厘米、身长295厘米。这件石刻总体的造型特征类似一尊行走的狮子。其口中带有夸张含义的长舌，反卷下垂，贴于胸际。这一石刻动物头部的两侧，鬃毛翻卷，意气风发，极具绘形绘色、生动传神的艺术张力。从其躯体造型的弹性韵律及琢磨圆润的表面修饰技法上考察，这件美术作品与江苏省丹阳市南朝陵墓的神道翼兽（图9）[1]具有极其相似的艺术意致，故其制作年代应属北魏建都洛阳的时期。

图8　洛阳市孟津县油坊街村出土的北魏翼兽（通高192厘米、身长295厘米）

图9　江苏省丹阳市前艾镇四家村南朝齐武帝景安陵的带翼神兽（通高280厘米、身长315厘米）

美术史研究表明，我国自两汉伊始即有带翼神兽的出现，这与此间东西方文化交流有着密切的联系。在洛阳地区，除了东汉墓葬神道见有带翼神兽外，北魏石刻文物中此类艺术图像已为习习常见的美术题材。

---

[1]　图版采自江苏省美术馆编：《六朝艺术》，南京：江苏美术出版社，1996年12月，页148。

如早年洛阳邙山出土北魏神龟三年（520）的元晖墓志（图10），志石四周装饰线刻中，即有带翼神兽的刻画。

又邙山出土正光三年（522）冯邕妻元氏墓志（图11-1），志石左、右两侧的立面上，在畏兽形象的两端，亦镌刻有驼首鸟足的翼兽（图11-2、图11-3）。

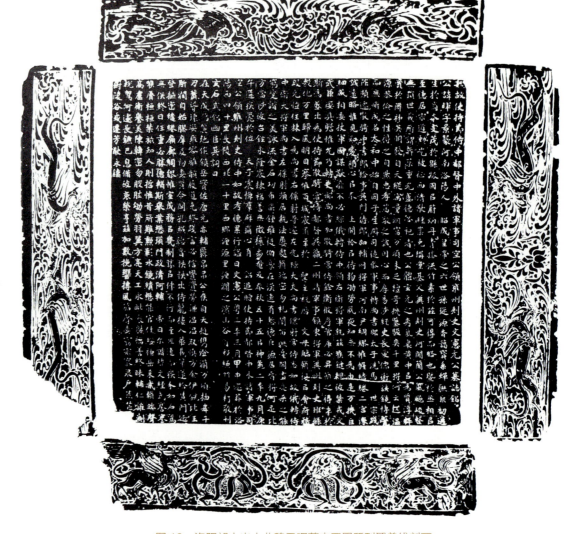

图10　洛阳邙山出土北魏元晖墓志四周所刊翼兽线刻画

图 11-1

图 11-2　左侧立面

图 11-3　右侧立面

图 11　洛阳邙山出土北魏冯邕妻元氏墓志及左右两侧立面所见翼兽线刻画

图 12 龙门石窟宾阳中洞本尊座前两侧的翼兽雕刻

另外，在龙门石窟北魏时代的造像遗迹中，多有护法动物的雕刻。如竣工于正光四年（523）的宾阳中洞，其西壁本尊座前的两侧，即有一对高达146厘米、155厘米的护法翼兽（图12），这在龙门石窟的同类艺术雕刻中，属于仅有的一例。

其次，洛阳出土北魏正光五年（524）元谧石棺的左、右两椁，其线刻装饰图画中，亦见有精美的衔环铺首、翼虎、驼首翼兽、焰肩畏兽、乘鹤仙人、飞仙、天莲花、化生童子、频迦陵鸟等多种装饰图案[1]（图13）。

洛阳邙山出土北魏永安二年（529）筍景墓志，志盖顶面题额的四周，除有浮雕莲花、摩尼宝珠、焰肩畏兽形象之外，其上下两面另有人首鸟身、驼首鸟身、鹿首鸟身的神异动物形象（图14）。

除此之外，洛阳博物馆近代收藏的一些北魏墓葬石刻中，更有不少的翼兽美术形象的出现（图15、图16）[2]，从中折射出北魏时代西方美术题材浸染华夏的种种迹象。

洛阳地区以上见有翼膊神兽的文物遗存，大体反映了公元1—6世纪伊洛平原上这类文化遗产迤逦延续的历史轨迹。

考世界文化史上有翼神兽美术题材的策源地，据业已发现的考古学信息显示，原在公元前三千纪后半叶两河流域苏美尔文明的故乡。自此而后，随着西亚地区各民族文化交流的日益增进，这类美术题材遂又传播至埃及、波斯、中亚七河流域（Semirech'e）及漠北斯基泰部落和阿尔泰部落。

---

[1] 志文拓本图版引见赵万里：《汉魏南北朝墓志集释》（上），台北：鼎文书局，1975年6月再版，页204/图版171。

[2] 图版采自黄明兰：《洛阳北魏世俗石刻线画集》，北京：北京人民美术出版社，1987年2月，页42、44、71、92。

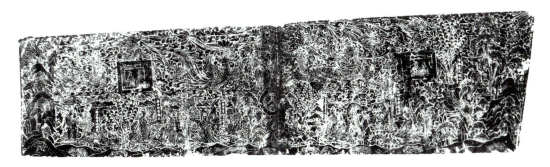

图 13　洛阳出土北魏元谧石棺左椁所见翼兽雕刻

图 14　洛阳邙山出土北魏筍景
墓志盖所见翼兽雕刻

图 15-1　洛阳出土北魏石棺所见翼兽
（洛阳博物馆藏）

图 15-2　洛阳出土北魏石棺所见翼兽
（洛阳博物馆藏）

图 15-3　洛阳出土北魏石棺所见翼兽
（洛阳博物馆藏）

图16　洛阳出土北魏墓志盖所见翼兽（洛阳博物馆藏）

在世界美术史上，这种刻画有翼膊的神兽——尤其是被刻画为鹰首、兽足的有翼神兽，尝被西方人称之为"格里芬（Griffin）"。这种艺术题材的早期文化含意及其在西方各地、各时期的文化联系，迄今学术界尚不十分的清晰。其中，自阿契美尼德王朝以来流行于中亚及其周围地区的"格里芬"，尝被视为太阳的象征或日神的化身，具有古波斯祆教美术题材的突出含意[1]。

但是，无论如何，这种带翼的、由各种动物原型组合在一起的美术题材，属于西域古国带有地域传统的文化遗产，则是毫无疑义的，这从西方早期美术遗迹的考察中可以获得确切的印证。

从文物资料方面考察，自两河流域的巴比伦延至埃及乃至伊朗高原的波斯古代美术遗存中，已不乏各式翼兽雕刻的发现。

如现藏于牛津阿什莫林博物馆（The Ashmolean Museum）的一件出土于埃及的公元前3000年的片岩雕板（图17）[2]，其正、反两面均以浮雕手法镌刊着包括狮子、牛、羊、羚羊、盘羊、鹿、长颈鹿、狗及鹰首翼兽、长吻怪兽等动物形象。在这一极具装饰风格的造型板块上，上古艺术家以娴熟的刻画技巧将如此众多的美术素材，通过高超的空间穿插手段，安排得错综复杂、井然有序！其画面题材布局之密集、构图意境之繁复，给人留下强烈的视觉冲击和感染。

---

[1]　S. J. Rudenko, "The Mythological Eagle, the Gryphon, the Winged Lion, and the Wolf in the Art of Northern Nomads," *Artibus Asiae*,1958, vol.21, pp.101-122; Guitty Azarpay, "Some Classical and Near Eastern Motifs in the Art of Pazyryk," *Artibus Asiae*, 1959, vol.22, pp.313-339; Michelle Chiu Wang, "Variations on a Wing: The Transmission of the Griffin Motif from the Ancient Near East to China," *Art History* M262A, April 16, 2000（未刊）。转引自李零：《论中国的有翼神兽》，见氏著：《入山与出塞》，北京：文物出版社，2004年6月，页119。

[2]　图版采自李建群：《古代埃及和美索不达米亚美术》，北京：中国人民大学出版社，2004年10月，页48。

图 17　出土于埃及公元前 3000 年的片岩雕板
上所见翼兽（牛津阿什莫林博物馆藏）

图 18　公元前 3000 年晚期伊朗席莫斯基王朝
时代生产的鹫首英雄斧头上所见翼龙浮雕

　　另如公元前 3000 年晚期的伊朗席莫斯
基王朝（Shimashki Dynasty）时代，那里
生产的鹫首英雄斧头上，便有一尊"翼龙"
的浮雕（图 18）[1]，由此可见上古时代的西亚
人民，对翼兽艺术形象有着一种发自本心的
热爱。

　　在古代美索不达米亚（Mesopotamia）的
亚述（Assyria）时代，更有发达的翼兽石刻
出现于亚述、巴比伦帝国的历史文物中，如
巴黎卢浮宫藏西亚克沙巴城萨尔贡宫殿遗
址出土的数尊前 721—前 705 年的亚述翼兽
（winged bull）（图 19）[2]。这类翼兽，牛身、
人面，头顶着冠，肩膊生翼，周身张驰着亚
述文化艺术特有的雄浑气质。

图 19　克沙巴城萨尔贡宫殿遗址前 721—705 年
的亚述翼兽（卢浮宫藏）（高 396 厘米）

---

[1]　图版采自施安昌：《圣火祆神图像考》，《故宫博物院院刊》2001 年第 1 期，页 68。

[2]　图版采自［英］劳伦斯·高文（Sir Lawrence Gowing）等编：《大英视觉艺术百科全书》（中文版）
　　　（THE ENCYCLOPEDIA OF VISUAL ART），第一卷，台北：台湾大英百科股份有限公司，南宁：
　　　广西出版总社、广西美术出版社，1994 年 9 月，页 87。

而继亚述帝国衰落之后崛起于西亚的波斯阿契美尼德王朝（Achaemenid Period，前550—前330），其遗存至今的宫殿遗址中，也有带翼神兽的诸多刻画。

如在波斯大流士大帝（Darius，前521—前485）首都波斯波利斯（Persepolis）都城遗址中，在一处被称为"万国门"的墙体的正面，即雕刻有一铺神采四溢的人面翼兽像（图20）。同一遗址上大流士一世创建的"谒见殿"台基浮雕中，也可以看到公元前6—前5世纪的同类艺术题材（图21）。此外，在这一"谒见殿"遗址台基东侧的浮雕中，一幅翼狮扑食牡牛的画面（图22）[1]，更带有叙事意义的艺术构思，从而反映出当年这一美术题材在波斯地区的深入人心和无处不在的刻画。

除此之外，在南亚印度早期的佛教石刻艺术中，也有同类美术题材的出现。如建于前期安达罗（Andhra）时代（公元前35年前后）的桑奇大塔（Great Stupa at Sanchi）塔门建筑中，其北门、东门的砂岩装饰雕饰内即有诸多带翼狮子的雕刻（图23）[2]。这种具有佛典叙事含意的装饰美术，随着佛教艺术的传播，渐次落植于中原地区的文化遗迹中。

实际上，古代艺术家在创作这类有翼神兽的时候，其创作意识恰恰处于一种开放、畅想的状态，他们根据各自熟悉的题材赋予它新的造型和变化，从而造成同类艺术题材呈现出艺术面貌的局部差异，进而这类美术作品又因形态各异被人们赋予了"司芬克斯（Sphinx，人面狮身）""格里芬（Griffin，鹰首狮身）""飞马（Pegasus，人首马身）""齐美拉（Chimera，狮首，背起羊头，蛇尾）""拉马苏（Lamassu，人首牛身或人首狮身）""森莫夫/森木鲁（Senmurv，兽首鸟身）"等等称呼不一的概念名称。

世界文化史上诸如此类的美术图像，早已引起了近代学界的广泛关注。迄今为止，一些留心文化动态传播的学者，对此已经作了带有开拓意义的研究[3]。

---

[1] 图版20、21、22采自罗世平、齐东方：《波斯和伊斯兰美术》，北京：中国人民大学出版社，2004年10月，页37、40、46。

[2] 图版采自王镛：《印度美术》，北京：人民大学出版社，2004年10月，页71。

[3] 参见 S. J. Rudenko, "The Mythological Eagle, the Gryphon, the Winged Lion, and the Wolf in the Art of Northen Nomads", *Artibus Asiae*, 1958, vol.21, pp.101–122; Guitty Azarpay, "Some Classical and Near Eastern Motifs in the Art of Pazyryk," *Artibus Asiae*, 1959, vol.22, pp.313–339；王鲁豫：《河北内丘石雕神兽考察小记》，《美术研究》1987年第4期，页86—87；李学勤：《考古学随笔》，香港：中华书局，1991年，页117—125；林俊雄：《スキタイ时代におけけるリフイン图像の传播》，《创价大学人文论集》10（1998），页219—249；氏著：《グリフインンの役割と图像の发展（转下页）

图20 波斯波利斯"万国门"遗址所见翼兽　　　图21 波斯波利斯"谒见殿"遗址所见翼兽

图22 波斯波利斯宫殿遗址所见翼兽　　　图23 印度桑奇大塔东门过梁上所见翼兽

（接上页）（前五世纪）まで》，《西嶋定生博士頌寿纪念：东アヅアの展开と日本》，东京：山川出版
社，1999年；氏著：《东アヅアのグリフイン》，《シルクロード研究》创刊号（1998年3月），页13—
25；李零：《论中国的有翼神兽》，氏著：《入山与出塞》，北京：文物出版社，2004年6月，页87—
135；李零：《再论中国的有翼神兽》，氏著：《入山与出塞》，北京：文物出版社，2004年6月，页
136—144；乌恩岳斯图：《北方草原考古学文化研究——青铜时代至早期铁器时代》，北京：科学出
版社，2007年1月，页313—314。

学者们的研究表明，在我国的中原地区，这类文物的出现最早可以追溯到公元前 6
世纪的春秋中叶。如河南新郑李家楼郑国大墓出土、河南博物院收藏的一件当时的立鹤
方壶（图 24）[1]，壶身爬兽的背部即见有翼尖翘起的膊翼。从而可以看出这类艺术作品的
样本模式在东方传衍生息的源远流长。

另如据传 1930 年河南新乡地区出土、现藏日本泉屋博古馆的一组春秋晚期的青铜器
铸件（图 25），其中壶盖顶部的兽钮同有翼兽的造型[2]。

又甘肃省博物馆藏 1962 年泾川战国中期遗址出土青铜提梁盉（图 26）[3]，兽首充器
流，兽身充盉身，兽足充器足。兽身两侧有凸起的阳刻翼脊和密集的阴刻羽毛。器底兽

图 24　新郑出土壶身爬兽背部见有膊翼的　　　　图 25　传新乡地区出土顶部兽钮见有翼兽造型的
　　　　春秋中期立鹤方壶（河南博物院藏）　　　　　　　青铜器铸件（日本泉屋博古馆藏）

[1]　图版采自中国青铜器全集编辑委员会编：《中国青铜器全集》第 7 卷，北京：文物出版社，1998 年
　　　6 月，页 22。

[2]　梅原末治有器物复原图，见《泉屋清赏新编》，京都：便利堂，1962 年，页 11—13/ 图版 12—15
　　　之一。转引自李零：《入山与出塞》，北京：文物出版社，2004 年 6 月，彩版 4。

[3]　中国青铜器全集编辑委员会编：《中国青铜器全集》第 7 卷，北京：文物出版社，1998 年 6 月，页
　　　18，图版采自页 52/ 图版五〇。

足作鸟爪状，并有距朝向后方。年代与之接近、形制与之相似的器物，尚有伦敦戴迪野
行、故宫博物院、广东省博物馆收藏的几件青铜盉（图27[1]、图28[2]、图29[3]）。

图26　泾川战国中期遗址出土异兽形青铜提梁盉
（甘肃省博物馆藏）
（高30.2厘米、长20.8厘米、宽22.5厘米）

图27　战国早期错金银异兽形盉
（伦敦戴迪野行藏）
（高27厘米、长29厘米）

图28　战国前期鸟形盉（故宫博物院藏）
（高26.3厘米、宽30.4厘米，重
3.39千克，1946年入藏）

图29　西汉虎提梁异兽形铜盉
（广东省博物馆藏）
（高27厘米、口径10厘米）

---

[1]　图版采自李学勤、艾兰编：《欧洲所藏中国青铜器遗珠》，北京：文物出版社，1995年12月，图版
　　135-A-B，文物尺寸采自页355。

[2]　图版采自故宫博物院编：《故宫青铜器》，北京：紫禁城出版社，1999年9月，页288/图286。

[3]　图版采自广东省博物馆编：《广东省博物馆藏品选》，北京：文物出版社，1999年10月，页188/图17。

由此可见，这类带有鲜明西域色彩的美术范例，至迟在春秋时代已经在内地得到了有效的传播。

不仅如此，北魏时期的洛阳，在拓跋鲜卑统治者的开放理念下，亦有诸多接与域外文化的机遇，从而促成西域文明的络绎东来。

《洛阳伽蓝记》卷四《城西》条记载，"法云寺，西域乌场国胡沙门僧摩罗所立也。在宝光寺西，隔墙并门。摩罗聪慧利根，学穷释氏。至中国，即晓魏言隶书。凡闻见，无不通解，是以道俗贵贱同归仰之。作祇洹寺一所，工制甚精。佛殿僧房，皆为胡饰。丹素炫彩，金玉垂辉。摹写真容，似丈六之见鹿苑；神光壮丽，若金刚之在双林。伽蓝之内，花果蔚茂。芳草蔓合，嘉木被庭。京师沙门好胡法者，皆就摩罗受持之。……西域所赍舍利骨及佛牙、经像皆在此寺"[1]。

同书又载，洛阳"自退酤里以西，张方沟以东，南临洛水，北达芒山。其间东西二里，南北十五里，并名为寿丘里，皇宗所居也。民间号为王子坊。……而河间王琛最为豪首，常与高阳争衡，造文柏堂，形如徽音殿。置玉井金罐，以金五色绩为绳。妓女三百人，尽皆国色。有婢朝云善吹篪，能为《团扇歌》《陇上声》。琛为秦州刺史，诸羌外叛，屡讨之不降。琛令朝云假为贫妪，吹篪而乞。诸羌闻之，悉皆流涕，迭相谓曰：'何为弃坟井，在山谷为寇也。'即相率归降。秦民语曰：'快马健儿，不如老妪吹篪。'琛在秦州，多无政绩，遣使向西域求名马，远至波斯国，得千里马，号曰'追风赤骥'。次有七百里者十余匹，皆有名字。以银为槽，金为锁环。诸王服其豪富。……琛常会宗室，陈诸宝器，金瓶银瓮百余口，瓯檠盘盒称是。自余酒器，有水晶钵、玛瑙盃、琉璃碗、赤玉卮数十枚，作工奇妙，中土所无，皆从西域而来。又陈女乐及诸名马，复引诸王按行府库，锦罽珠玑，冰罗雾縠，充积其内。绣、缬、绸、绫、丝、彩、越、葛、钱、绢等不可数计"[2]。

又据同书记载，北魏晚季的洛阳，曾有遣使西行从事文化传输的事例。如神龟元年（518），胡灵太后派遣敦煌人宋云与崇立寺比丘惠生西行取经。宋云一行远逾流沙，进抵

---

[1] （北魏）杨衒之：《洛阳伽蓝记》卷四《城西》条，上海：上海古籍出版社，1978年12月第1版，1982年第2次印刷，页201。

[2] （北魏）杨衒之：《洛阳伽蓝记》卷四《城西》条，上海：上海古籍出版社，1978年12月第1版，1982年第2次印刷，页206—208。

中亚，后于正光三年（522）二月返回洛阳，期间"自西域取经，凡得一百七十部，皆是大乘妙典"[1]。惠生此行有《行记》一篇，详细记载了经历诸国的道里物产、风土人情，对北魏社会各界了解西域风俗做出了有益的贡献。

采自佛教文化史籍的上述风俗记事，以一管之豹透露出北魏时期洛阳与西域文化交流的多彩行踪，由此为人们诠释当地视像美术世界的种种天方异讯提供了史料参照。

人所共知，中原地区北魏文化遗产中上述带有膊翼的哺乳类动物的文物形象，与黄河流域彩陶文化以降当地艺术传统中的美术题材有着明显的区别——其造型创意之富于浪漫，形象刻画之极具写实，均与汉地传统美术风尚形成明显的对比。我们认为，这一文化现象的产生，不仅是当年丝路畅通催化东西方文化交流的必然，更是文化交流过程中汉地艺术领域采撷域外创作题材和审美风尚的结果。洛阳北魏文物遗迹中的潜含信息和意象表达，无疑已从审美情趣层面印证了丝绸之路对东西方世界的精神沟通发挥了积极的作用。

四、洛阳地区北魏石刻艺术中的畏兽形象

史载天兴"六年（403）冬，诏太乐、总章、鼓吹增修杂技，造五兵、角觝、麒麟、凤皇、仙人、长蛇、白象、白虎及诸畏兽、鱼龙、辟邪、鹿马仙车、高絙百尺、长趫、缘橦、跳丸、五案以备百戏。大飨设之于殿庭，如汉晋之旧也"[2]。其中"跳丸、五案"等百戏形式均源自胡俗，从中可见这种渊源于西方胡风民俗中的文艺题材，随着丝绸之路沿线社会文化交流的畅开，已为北魏上层社会所击赏并纳入宫廷礼乐的范畴。

"畏兽""辟邪"作为宫廷"杂技"载及上述音乐史志的文献，可知这类艺术题材因其充满个性化视听寓意而具有极高的演艺价值——这就很有必要让我们将其置于动态化艺术视域，给予其形象背景的考察。

---

[1]（北魏）杨衒之：《洛阳伽蓝记》卷五《城北》条，上海：上海古籍出版社，1978年12月第1版，1982年第2次印刷，页252。

[2]（北齐）魏收：《魏书》卷一百九《乐志》，北京：中华书局，1974年6月，页2828。

　　1969 年，日本学者长广敏雄研究了洛阳北魏墓志中的"畏兽"装饰雕刻。作者注意到这些美术题材中含有东、西方文化元素相互融合的现象：包括若干畏兽图像的榜题命名，可能属于汉地传统文化有意移植域外词语概念的范畴。

　　如正光三年（522）冯邕妻元氏墓志盖，中央为一莲花图案，其周围双龙交蟠，四隅各一神兽，且有榜题曰"拓远""蛤蟆""拓仰""擭天"。四侧上层为莲花盘托摩尼珠、神兽异禽，下层为二方连续装饰云纹图案。志石四侧亦刊刻神兽异禽。榜题前侧为"挟石""发走""获天""啮石"；后侧为"挠撮""掣电""懂憘""寿福"；左侧为"回光""捔远""长舌"；右侧为"乌获""礔电""擭撮"（图 30-1、图 30-2、图 30-3）。这是中原北魏石刻遗迹中，一组附有详细榜题标识的美术样本。

　　北魏石刻文物中与元氏墓志美术形制仿佛、雷同的作品，另有正光五年（524）元昭墓志（图 31）、孝昌二年（526）侯刚墓志（图 32-1、图 32-2）、永安二年（529）笱景墓志（图 33）及尔朱袭墓志（图 34-1、图 34-2）等一批北朝大族墓志。

图 30-1　洛阳邙山出土北魏正光三年（522）冯邕妻元氏墓志盖所见畏兽造型

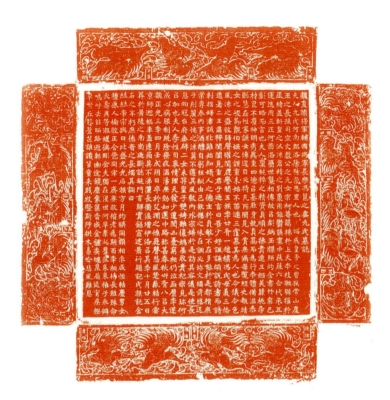

图 30-2　洛阳邙山出土北魏正光三年（522）冯邕妻元氏墓志

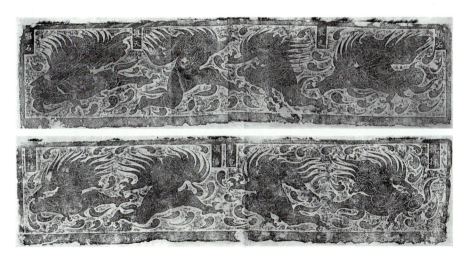

图 30-3　洛阳邙山出土北魏正光三年（522）冯邕妻元氏墓志上下立面所见畏兽造型[1]

[1]　图版采自［日］长广敏雄：《六朝时代美术の研究》，东京：美术出版社，1969 年 8 月，图版 13、14。

图 31-1

图 31-2

图 31　洛阳邙山出土北魏正光五年（524）元昭墓志盖所见畏兽造型

图 32-1　洛阳邙山出土北魏孝昌二年（526）侯刚墓志盖所见畏兽造型

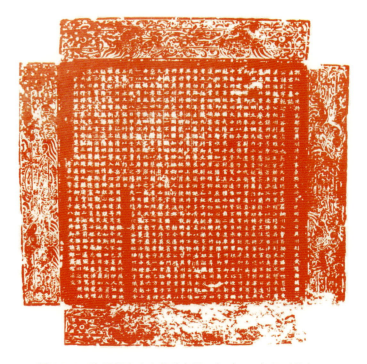

图 32-2　洛阳邙山出土北魏孝昌二年（526）侯刚墓志

图33　洛阳邙山出土北魏永安二年（529）
筍景墓志盖所见畏兽造型

　　其中筍景墓志（图33），盖石顶面有浮雕神兽异禽及莲花和摩尼珠形象。尔朱袭墓志（图34-1），盖石顶面四隅各镌一朵莲花图案，每两朵莲花之间有守四方、辟不祥的四神形象，盖石四侧为形若如意的云气纹饰。志石"四侧共有十二个人立的神兽形象"[1]。元昭墓志（图31），志盖除四隅有四朵莲花图案外，莲花之间有神兽和异禽形象，中央主题线雕是二龙争璧，空间填饰云气，整个志盖画面产生出强烈的飞动气质。王悦墓志，志盖中央和四隅各镌莲花一朵，中央莲朵两侧为二龙交蟠，四隅莲朵之间为神兽奔驰。

　　这种肩头生发火焰的神异美术形象，洛阳近畿的巩县石窟窟龛装饰雕刻中亦有一再的显现。如该窟第1窟北壁壁基"畏兽"雕刻（图35）、第3窟北壁壁基"畏兽"雕刻（图36）、第4窟南壁壁基"畏兽"雕刻（图37）[2]及中心柱平座北面壁基所见"畏兽"雕刻（图38）[3]，无一不传达着这种具有域外美术情调的审美意致[4]。

[1]　宫大中：《洛都美术史迹》，武汉：湖北美术出版社，1991年10月，页338。

[2]　图版采自河南省文物研究所编：《中国石窟·巩县石窟寺》，北京：文物出版社，东京：株式会社平凡社，1989年8月，图147。

[3]　图版采自河南省文物研究所编：《中国石窟·巩县石窟寺》，北京：文物出版社，东京：株式会社平凡社，1989年8月，图176。

[4]　以上诸多引说，参见张乃翥、张成渝：《洛阳与丝绸之路》，北京：国家图书馆出版社，2009年8月，页72—74。

图 34-1　洛阳邙山出土北魏永安二年（529）尔朱袭墓志盖

图 34-2　洛阳邙山出土北魏永安二年（529）尔朱袭墓志所见畏兽造型

图 35　巩县石窟第 1 窟北壁壁基的　　图 36　巩县石窟第 3 窟北壁壁基的
　　　　北魏"畏兽"雕刻　　　　　　　　　　　北魏"畏兽"雕刻

图 37　巩县石窟第 4 窟南壁壁基的北魏"畏兽"雕刻

图 38　巩县石窟第 4 窟中心柱平座北面壁基的北魏"畏兽"雕刻

　　此外，洛阳近年出土的一件北朝石刻构件，系一石棺床平座的壶门立面。其周身以分档布白、减底剃地的密体雕刻技巧，塑造了包括各类神异动物形象和诸多装饰纹样的美术题材。在这些美术造型遗存中，其构图最富于表演意趣的画面，是壶门左右两端处于对称格局的"畏兽戏辟邪"的一对艺术构图（图39）[1]。图中肩后生焰、颈戴项圈、手足环钏、腰束护铠、披帛绕身的畏兽，以马步跳跃的体态，与一膊间生翼的辟邪呈现出对应博弈的情节。其画面单元之充满表演意境，使我们情不自禁而联想起时至今日仍活跃于神州大地的"舞狮"——西域表演艺术之深入华府世界，史记、文物乃至现实生活，总能够启迪人们感受文化延续之博大而精深。

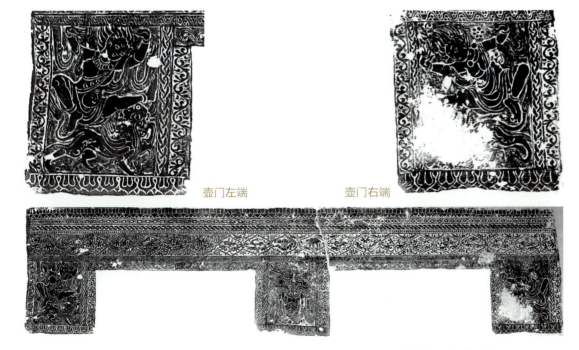

壶门左端　　　　壶门右端

图39　洛阳近年出土北魏石棺床壶门左右两端处于对称格局的"畏兽戏辟邪"雕塑

　　洛阳地区以上石刻资料中的美术图案，从构图风格角度审查，在画面意境和技法运用上与中国新石器时代以来造型美术的传统格调有着明显的差别。

　　艺术史研究表明，中国造型美术自史前时代迄至于秦汉，其构图布局及其视像传达

[1]　张乃翥：《洛阳新见北魏石棺床雕刻拓片述略》，《艺术史研究》2008年第10辑，页131—137。

图 40　青海省大通县 1973 年上孙家寨马家窑
文化遗址出土的舞蹈纹彩陶盆所见的东
方美术传统（中国国家博物馆藏）
（高 14.1 厘米、口径 28 厘米）

形成的是一种注重画面主题形象的意境传写而省略装饰题材的氛围配置的创作范式。以我国彩陶文化美术造型中最具情节表现意致的青海省大通县上孙家寨马家窑文化遗址出土的舞蹈纹彩陶盆构图（图 40）[1] 为例，画面中虽然有成组的主体人物栩栩如生的动态刻画，但人物形象的周围，却留下了大量空间而不作主体背景的装饰烘托。这类以画面题材省略而突出主体绘象的美术创作方法，构成了中国传统美术图画演绎的根本理路。我国两汉以降以画像砖（图 41）[2]、墓葬壁画及绢帛绘画为代表的传统美术作品，无一不是秉承着这样的创作模式。

如此看来，根植于西域祆教信仰，中原石刻艺术品中的"畏兽"，从美术创作角度体现了北魏社会吸纳域外文化元素的审美需求。这种不同民风习俗的相互熏染，促进了内地文化生活的多元建构。

虽然如此，洛阳美术遗迹中的这些创作案例，其中包含的若干文化信息，仍然值得我们对其人文内涵作出具体的分析。

图 41　洛阳出土西汉画像砖
所见的汉地美术传统

---

[1]　图版采自中国国家博物馆官网，2024 年 3 月 27 日访问。

[2]　图版采自洛阳文物工作队编：《洛阳出土文物集粹》，北京：朝华出版社，1990 年，页 62/ 图 41。

五、结　语

2014 年 6 月 22 日，联合国教科文组织第 38 届世界遗产大会批准"丝绸之路：长安-天山廊道的路网"（Silk Roads: the Routes Network of Chang'an-Tianshan Corridor）列入《世界遗产名录》[1]，这标志着丝绸之路这一人类文明成果得到了国际社会的普遍承认。此项目所涉及的若干洛阳文化遗产点中，汉魏洛阳城遗址成为丝路东段的端点，从而体现出汉魏时代洛阳与西域之间社会往来、文化交流成就的卓著。

以本文考察的北魏晚期的诸种石刻文物为史例，它们无一不传达出西域文明因素濡染华夏的历史踪迹。因此，从文化学视域发掘祖国如此震古烁今的文化遗产，无疑会揭示一座古代国际都会文化生态的斑斓。这不仅对激扬相关历史文物的内在含义有着普遍的学术价值，更对提升广大文物受众自身的文化教养有着不可或缺的认知意义。

---

[1]　引见联合国教科文组织世界遗产委员会官网：https://whc.unesco.org/en/list/1442/。

洛阳北魏永宁寺遗址出土雕塑艺术的比较美学研究

一、永宁寺遗址及其出土文物概览

永宁寺遗址位于洛阳市东 15 公里的汉魏洛阳故城内，是北魏洛阳城内皇家寺院永宁寺的历史遗存。它建于北魏孝明帝熙平元年（516），为灵太后胡氏所建立，永熙三年（534）被雷火焚毁。在永宁寺遗址的中央，迄今尚保存着一座突兀的土台遗迹，即为当年塔体基础部分被焚毁后的堆积（图 1）。

1963 年由中国科学院考古研究所对这一佛教遗址进行了考古勘察，1979—1981 年进行了系统的考古发掘[1]。

图 1　洛阳北魏永宁寺遗址考古发掘现场鸟瞰

---

[1]　中国社会科学院考古研究所：《北魏洛阳永宁寺——1979～1994 年考古发掘报告》，北京：中国大百科全书出版社，1996 年 6 月，图版采自彩版Ⅱ。

　　本文所采用的北魏洛阳永宁寺遗址出土文物图版，展柜中照片均为张乃翥先生拍摄，其他相关图版除特别说明外，均出自以上《北魏洛阳永宁寺——1979～1994 年考古发掘报告》。

据北魏杨衒之《洛阳伽蓝记》中的描述，永宁寺塔为九层土木结构的建筑。其高一百丈，距都城百里以外即可看见。另据其他文献的记载，则称该塔高四十九丈或四十余丈，合今 136.71 米，加上塔刹通高约为 147 米，是中国现存最高文物类佛塔应县木塔高度（67.31 米）的两倍，因而是中国古代最为宏伟的佛教建筑之一。

永宁寺本为一座佛教建筑群，本身就具有东西方文化交流的特殊含义，因而它的遗存信息对研究当年中外文化交流的历史状况有着极其珍贵的学术价值。

1979 年对永宁寺塔基遗址进行的考古发掘，出土了大量的残毁的佛教泥塑造像。这些泥塑残像可分为大小两种：大像较少，只有佛和菩萨像的残件，无法复原。应为该塔各层供奉像龛的主像。还有几件等身大小的菩萨像残段及手、脚、发髻等大型塑像的附属部件。小像较多，约有 300 余件，多为贴置墙壁上的"影塑"作品，人物形象包括菩萨、弟子、飞天、比丘、比丘尼以及世俗供养人像等（图 2）。塑像中的服饰、发髻、冠巾等多不相同，造型精致，形态秀丽，比同时期的石窟造像更精美、更细腻、更生动，是现存北朝陶塑艺术中的至臻精品。这批塑像均为手工捏制，其中从艺术形象的衣冠设置上看，有高冠大履、褒衣博带的上层人物及其侍从、文吏和武士等等下层百姓，是反

图 2　洛阳北魏永宁寺遗址出土的部分供养人泥塑造像（张乃翕摄）

映佛教题材的陶塑作品中最为典型的一批文物资料，其精美程度和自身所包含的文化价值，即使在现存的残件上仍有耀人眼目的光芒。毫不夸张地说，这批佛教雕塑作品在世界佛教艺术史上具有不同凡响的地位。

通过对这批泥塑艺术品的类型分析可以看出，其人物组合可从与之同期的龙门石窟北魏晚期的供养人群像（图3、图4）中获得比证，从而可知这类泥塑人物显然模拟着皇室供养佛像的行列仪式。

图3　龙门石窟北魏太和二十二年（498）造像龛的供养人造型

图4　龙门石窟宾阳中洞北魏文昭皇后礼佛图

不仅如此，当我们将这类人物群像的行列仪式与印度早期佛教供养像（图5、图6）进行比较研究的时候，可以确切地看出这类作品的艺术母体及其匠意构思，显然受到印度佛教艺术中供养人图像范式的影响。

这批泥塑造型精致，形态生动，面貌传神，富有个性。从细部观赏人物的发髻、冠帽、衣袍、鞋履等装饰题材，刻画得形意兼备、细致逼真，在不足半米的尺寸之间能够表现出如此丰富的内容，可见其描摹刻画的精美程度已经远远超出同时期石窟中泥塑、石刻的艺术水平，甚或可称其代表了当时东方泥塑艺术的最高水准。虽曾遭大火焚烧，现在已成坚硬的陶质（图7），但细部仍清晰可见。

塔基内除有大量佛教泥塑残像外，还有石雕、瓦、瓦当等建筑构件。这些构件中，有装饰狮子纹的贴砖，瓦当多为宝装莲花纹、变体莲纹和莲花化生等图案（图8），其题材设置均与佛教艺术有关，并且具有浓郁的汉地造型艺术的审美意蕴。

图5　印度阿旃陀石窟佛龛下的供养人造型　　　　　图6　印度阿旃陀石窟供养人造像

图7　洛阳北魏永宁寺遗址出土焚烧后呈现陶质化
　　　的供养人泥塑造像

图8　洛阳北魏永宁寺遗址出土化生纹、莲花纹、
　　　狮头纹瓦当（张乃翥摄）

二、永宁寺遗址出土文物的文化价值

（一）永宁寺遗址出土文物美术风格的写实特征

　　永宁寺遗址保留至今的雕塑遗存，最具形象审美价值的历史文物，当属那些形态各异、传情细腻的人物造型的残件。

　　这些看似肢体残缺的美术作品，以其极具动态质感的板块造型和挥洒自如的线条勾勒，将每一人物形象的神采风貌传达得脉脉含情、活灵活现，从中透露出每一艺术形象独具个性特质的生存语境。

　　举例来说，遗址考古发掘出土的一件身着双领垂胸、褒衣博带的男性供养人残件（图9），颈部以上已不存，但其双手合十作躬、身姿微侧、稳重恭谨的体貌，传达出一位佛门弟子郁郁虔诚的神态，其无法观摹到的面部神态似在观者眼前再现，仅通过身形和服饰雕饰便已将北魏佛教繁荣时期一般信教法侣皈依佛门的执着神色，勾画得形神兼备、入木三分。

形态与此相埒的另一尊男性造像（图10），其阔步前行、衣袂风动的神态定型，勾画了一位礼佛进程中疾步前进的"行者"形象——杨衒之《洛阳伽蓝记·序》写汉魏以降洛人风趋佛门时，有"自项日感梦，满月流光。阳门饰豪眉之像，夜台图绀发之形。尔来奔竞，其风遂广"[1]的描摹。其中所谓信者"奔竞"的传述，于此可以获得一例形象化的展示。

相对于以上两例男性信士的形象刻画，考古发掘出土的另一件女性礼佛人残像（图11），更以绝佳的身态定型、衣饰刻画显示出当年信教女界礼佛时节仪态雍容的神情——裙缀飘逸的法服，自双肩垂落前后的披帛，其柔曼回环的动态质感，将这一女性信者意气风发的昂扬神色给予了惟妙惟肖的传摩，具有动人心魄的宁静安详气质。

图9　洛阳北魏永宁寺遗址出土供养人泥塑造像之一　图10　洛阳北魏永宁寺遗址出土供养人泥塑造像之二　图11　洛阳北魏永宁寺遗址出土供养人泥塑造像之三

---

[1]　范祥雍：《洛阳伽蓝记校注》，上海：上海古籍出版社，1978年12月新1版，1982年7月第2次印刷，页1。

这位信女双肩垂落的披帛，实际上流行于南北朝、隋唐间上层社会的女性之中。当时中国石窟寺中的菩萨造型即时常见有这样的装束，其影响一直延及唐代，洛阳唐代墓葬中出土的仕女俑亦多有此风（图12、图13[1]），从中可以看出中古时代这一外来衣饰装束在上层社会流行的情况。

在永宁寺出土人物造型残件中，最能体现造像角色意息的，当属一批数量众多的人物头像造型。

这类头像雕塑最为典型的美术看点有二：一是他们的冠式、发型；二是他们的容貌、表情。

图12　龙门石窟北魏古阳洞南壁着披帛的菩萨　　图13　1981年洛阳龙门东山唐安

菩萨夫妇墓出土披帛仕女俑

（高39厘米）

[1]　图版采自洛阳文物工作队编：《洛阳出土文物集粹》，北京：朝华出版社，1990年，页97/图84。

　　如其中一件头着笼冠的供养人造像（图14），鲜明地体现了他仕人出身的资历背景，这与龙门石窟北魏造像龛下为数众多的头着笼冠的供养人形象无疑共同折射出北魏上层社会礼敬佛法的盛行。另有一件头着小冠的供养人造像（图15），亦从服制礼仪视觉上透露出当年仕人佞佛的语境。

图 14　洛阳北魏永宁寺遗址出土供养人泥塑造像之四
图 15　洛阳北魏永宁寺遗址出土供养人泥塑造像之五

　　值得关注的是，这两件供养人头像以写实手法刻画的人物表情，颇为耐人寻味。人物面露微笑，平和端庄，显示出在佛教浸淫下的人格品质，富于观者感召力和强大的、发自内心的感染力。

　　这种赋有强烈社会人文史寓意的美术形象，从美术创作层面显示着浓郁的写实手法的美学韵致。而这种富于写实特征的美学意致，实际上洋溢着南亚、中亚佛教艺术写实主义的风格——两汉以降中国造型美术写实风尚的确立，与域外佛教艺术的络绎东渐有着密切的关联。

（二）永宁寺遗址出土文物美术风格的汉风情调

　　永宁寺雕塑艺术品给人们留下的另一个鲜明的审美感受，是其人物造型无处不在的汉风世俗情调，这与十六国以降中国石窟寺造像艺术彰显的地区世俗特征有着一脉相承的套数。

人们知道，龙门石窟宾阳中洞景明初年
（500）开工雕造的十一尊表现"三世佛"题
材的主像，以其"褒衣博带"的服饰装束以及
"秀骨清像"的体格造型，被学界称之为"中原
风格"的佛教艺术。这种有别于西域及河西、
云冈早期带有胡人风貌的造像艺术，实际上受
到北魏孝文帝"汉化"改制的政教影响。

继此之后中原等地的佛教造像艺术，几无
例外地演绎着这一美术范式的套路。其中最为
典型的造像实例，如北魏晚期巩县石窟五个洞
窟的佛教雕塑艺术（图16、图17）[1]，其人物造
型在在透露出中原地区的汉风审美情调。显而
易见，作为北魏京都城下龙门石窟卫星石窟的
巩县石窟，其造像风格无疑受到龙门皇家石窟
造型风尚的影响。

图 16　巩县石窟第 1 窟中心柱主龛的
汉风佛像造型

图 17　巩县石窟第 1 窟东侧礼佛图中所见汉风人物造型

[1]　图版采自河南省文物研究所：《中国石窟·巩县石窟寺》，北京：文物出版社，东京：株式会社平
　　凡社，1989 年 8 月，图 76、38（局部）。

又如麦积山石窟北魏、西魏以来洞窟造像中极具汉地风格的人物雕塑（图18、图19、图20），亦是这一造像时尚最具审美感染力的精美之作。

中国石窟寺中这类带有汉地审美传统的艺术创作，实际上反映了随着佛教造型艺术的东传，中原人民对其西域原始风尚的佛教造像开始做出本土化、世俗化的思考与改造。永宁寺遗址出土的众多佛教人物造型，正是体现这种艺术趋势的一个典型的观察断面。

图18　麦积山石窟北朝时期的汉风佛像造型
图19　麦积山石窟第60窟西魏时期的汉风菩萨造像
图20　麦积山石窟北朝时期的汉风供养人造像

如永宁寺遗址出土的一件大型泥塑佛像的头部残件（图21），以形貌端雅的五官勾画及慈祥和悦的面目定型，为人们塑造出了一幅充满祥和气息的佛陀形象。这种极具人性亲和力的美术作品，扩大了汉地每一位善男信女对佛祖的情感寄托和心灵依盼。

图21　洛阳北魏永宁寺遗址出土泥塑佛像头部残件

此外，最具汉地人情意味的造像，则是永宁寺遗址出土的一些高不盈寸的小型人物头像和仪态沈稳的供养人坐像。

其中如一件小型佛龛内的菩萨头像（图22），面庞丰润，蓄发高耸，神情专注，气绪和悦，传达出一种温文尔雅的人情气质。这种善于贴近人性需要的美术创作，将审美对象勾画得如诉如叙、温文可爱，极大地调动了无数善男信女心向佛门的心理取向。

另如一个眉清目秀的比丘尼小沙弥头像（图23），艺术家以委婉细腻的面部造型手法，将这一佛门人物心灵虔诚、神志低迷的角色情绪，勾画得形神兼备、恰到好处。

再如一件头饰偏髻的女性供养人头像（图24），艺术家以写实意味的视觉定型，将这一世俗人物发自天性的心地淳朴、和颜悦色的精神意境描摹得炉火纯青、入木三分。

图22　洛阳北魏永宁寺遗址出土供养人泥塑造像之六

图23　洛阳北魏永宁寺遗址出土供养人泥塑造像之七

图24-1　正面　　　图24-2　侧面

图24　洛阳北魏永宁寺遗址出土供养人泥塑造像之八

　　相对于以上注重精神意境发掘的面相造型的作品，永宁寺遗址出土的另一些头部残毁的坐姿人物，亦从写实角度传递了汉风造像艺术贯穿在这一古代艺术殿堂每一个角落的事实。

　　遗址出土的一组身着褒衣博带的坐姿人物，其中男性的供养人（图25），着褒衣博带式大衣，掬手膝跪，正襟危坐，仪态恭谨，气绪端庄，实即北魏上层社会信教之居士。另一女性相同坐姿的人物（图26），亦着褒衣博带服饰，宽大冗长的披帛，自身后经双肩缠绕于手臂，整体形象颇似一位雍容华贵的命妇。道场中这类屈尊礼佛的世俗人物，正是当时汉化年代活跃于寺院的上层权贵身影的缩写。

　　尤其引人注目的是，北魏佛国道场中这类人物形象的体态传达，更以一些微观肢体造型得到了精准地展示——遗址雕塑中幸运遗留至今的两只持物手臂的残骸（图27、图28），造型柔美、肌肤光润，几若当年一位舒袖贵妇的手腕。

图25　洛阳北魏永宁寺遗址出土供养人泥塑造像　图26　洛阳北魏永宁寺遗址出土供养人泥塑造像
　　　　之九　　　　　　　　　　　　　　　　　　　　之十

图27　洛阳北魏永宁寺遗
　　　址出土供养人泥塑
　　　造像手臂残骸之一
图28　洛阳北魏永宁寺遗
　　　址出土供养人泥塑
　　　造像手臂残骸之二

永宁寺遗址所有这些凸显着汉地审美情趣的造像，实际上体现出当年中原地区佛教造型艺术日趋民族化、世俗化的审美取向。而这，正是佛教深入华夏腑脏之后向着中原文明逐步转化的一种艺术的折光。

三、永宁寺遗址出土文物中的胡风胡韵

永宁寺遗址出土文物不仅在艺术形式上采用西域写实风格传达着东方世界的审美情趣，并且在美术题材的运用中也同时展现出西域文明的信息。

在这一遗址出土的众多残破造像遗物中，不但见有高鼻深目的西胡风貌的供养人形象（图29），而且用于佛龛建筑结构的一些装饰雕塑，亦多有璎珞（图30）、莲花（图31）、摩羯鱼（图32）、狮子（图33）、大象（图34）、华绲、摩尼珠等等带有浓郁南亚风尚的美术题材，反映了北魏后期洛阳地区胡人在宗教领域的活动情况和北魏洛阳胡风浸染的社会现实。

其中一件胡貌供养人眉毛上挑，双眼微闭（图29）。笔挺的鼻梁和深陷的双目，提示了与中原汉人不同的胡人面貌特征；额头深深的皱纹及下唇一撮胡须，棱角分明的脸轮廓，清癯的面庞，显示出这个年长胡人饱经风霜的阅历。

图 29-1 正面　　　　　　图 29-2 侧面　　　　　图 30　洛阳北魏永宁寺遗址

图 29　洛阳北魏永宁寺遗址出土胡貌供养人泥塑　　　　　　出土泥塑璎珞残件

图 31-1

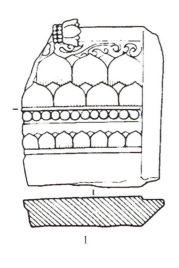 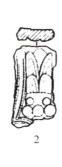 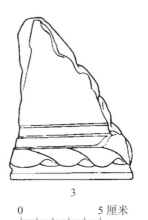 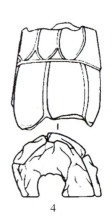

1　　　　　　2　　　　　　3　　　　　　4

图 31-2　线图

图 31　洛阳北魏永宁寺遗址出土佛龛装饰雕塑中的莲花

图 32　洛阳北魏永宁寺遗址出土
　　　佛龛装饰雕塑中的摩羯鱼

图 33　洛阳北魏永宁寺遗址出土佛龛装饰
　　　雕塑中的狮子前腿

图 34　洛阳北魏永宁寺遗址出土佛龛装饰
　　　雕塑中的象体残件

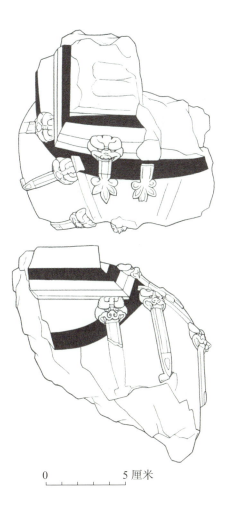

0　　　　　5 厘米

图 35　洛阳北魏永宁寺遗址
　　　 出土陶胡俑头

图 36　1965 年洛阳老城东
　　　 北邙山北魏元邵墓出
　　　 土彩绘胡人侍从俑
　　　 （高 15.4 厘米）

　　另一件高 4.9 厘米的残陶胡人头像（图 35），头顶部发髻不存，面相棱角分明，清瘦，额头高宽，面部高高的眉骨，目横长，鼻高，唇薄，满脸的络腮胡须显示出了不同于中原特点的西域胡人面容。观之表情端庄安详，给人以坚毅、凝重之感。与同属北魏时期元邵墓出土的胡人侍从俑（图 36）[1] 相比，其微微下垂的双目和微蹙的双眉，刻画得非常写实，似在凝神聆听，又似在专注冥想，眉间眼梢传递出的庄严色彩极为浓重。

　　至于狮子、大象等动物残件，更是与佛教紧密相关的动物的写真。仅存的狮子是一个狮子前腿（图 33），腿直立，足有四爪，显出雄健有力之态。大象残件（图 34）可以看出象背上铺有圆垫，上置须弥座，其上装饰有垂带，垂带上端作长舌兽首形，座及座饰上涂彩，兽首长舌上敷彩并涂金，观之有盛装的强烈感觉，正是在佛教出行队伍中不可缺少的形象。

　　与此同时，在永宁寺佛塔建筑构件的遗迹中，更有与佛教艺术有关的雕塑题材的出现，这在佛塔各层屋檐的镶边瓦当上表现得尤其突出。这类用于佛教建筑上的筒瓦瓦当，一改两汉以降中国传统建筑瓦当中云纹、四神纹、文字纹等装饰题材为主的主题套路，清一色地改为莲花纹、化生纹等具有佛教寓意的美术雕塑题材（图 37、图 38、图 39），显示出这一时期佛教对整个社会风习的深重影响。

　　凡此种种具有视觉审美效果的域外美术题材的运用，折射出当年这一佛教建筑受到西域文化熏陶的情势。这无疑与当时丝路沿线的中外文化交流有着内在的联系，也是需要我们从文化语境视阈加以回溯的课题。

---

[1]　图版采自洛阳博物馆编：《河洛文明》，郑州：中州古籍出版社，2012 年 6 月，页 261。洛阳博物馆：《洛阳北魏元邵墓》，《考古》1973 年第 4 期，页 218—224+243，图版另见本期图版玖 3。

图 37	图 38
图 39	

图 37　洛阳北魏永宁寺遗址出土莲花纹筒瓦
图 38　洛阳北魏永宁寺遗址出土莲花纹瓦当
图 39　洛阳北魏永宁寺遗址出土化生纹瓦当（直径
　　　　15.5 厘米、边郭宽 2 厘米、厚 1.8 厘米）

四、永宁寺遗址出土文物与北魏时代的东西方文化交流

　　回溯历史文献的记载，北魏时期中外社会络绎不绝的人事往来无疑促进了东西方文化交流的展开。这实际上正是永宁寺雕塑作品视觉面貌的语境渊源，对人们认识该寺文物遗迹的内在因缘有着根本的史学价值。

　　史载太延元年（435），北魏"遣使者二十辈使西域"[1]。二年（436），"遣使六辈

---

[1]　（北齐）魏收：《魏书》卷四下《世祖纪》，北京：中华书局，1974 年 6 月，页 85。

使西域"[1]。三年（437），"遣散骑侍郎董琬、高明等多赍锦帛出鄯善，招抚九国，厚赐之。……琬过九国，北行至乌孙国。其王得魏赐，拜受甚悦。……琬于是自向破洛那，遣明使者舌。乌孙王为发导译，达二国，琬等宣诏慰赐之。已而琬、明东还，乌孙、破洛那之属遣使与琬俱来贡献者十有六国。自后相继而来，不间于岁，国使亦数十辈矣"。时"琬等使还京师，具言凡所经见及传闻傍国"[2]，对北魏朝野了解西域各国的风土人情、地理物产有着重大的推动。

继此而后，拓跋王朝锐意于拓展西域的交通，于是遂有不绝如缕的史记铺陈。

当时葱岭以西的大月氏国，"其国人商贩京师，自云能铸石为五色琉璃。于是采矿山中，于京师铸之。既成，光泽乃美于西方来者。乃诏为行殿，容百余人，光色映彻，观者见之，莫不惊骇，以为神明所作。自此国中琉璃遂贱，人不复珍之"[3]。此为西方物流技术落植东土的实例。

太平真君五年（444）三月，"遣使者四辈使西域"。又正平元年（451）正月，"破洛那、罽宾、迷密诸国各遣使朝献"[4]。

献文帝皇兴二年（468），北魏"遣使者韩羊皮使波斯，波斯王遣使献驯象及珍物。经于阗，于阗中于王秋仁辄留之，假言虑有寇不达。羊皮言状，显祖怒，又遣羊皮奉诏责让之，自后每使朝献"[5]。

尤其北魏迁都洛阳以来，中原与西域各国的人际往来有增无减，日益密集，从而形成丝绸之路上一道靓丽的人文景观。

宣武帝景明三年（502）"疏勒、罽宾、婆罗捄、乌苌、阿喻陀、罗婆、不仑、陀拔罗、弗波女提、斯罗、哒舍、伏者奚那太、罗槃、乌稽、悉万斤、朱居槃、诃盘陀、拨斤、厌昧、朱沴洛、南天竺、持沙那斯头诸国并遣使朝贡"[6]。

正始四年（507）九月甲子，"疏勒、车勒阿驹、南天竺、婆罗等诸国遣使朝献。……冬十月丁巳，高丽、半社、悉万斤、可流伽、比沙、疏勒、于阗等诸国并遣使

[1]（北齐）魏收：《魏书》卷四下《世祖纪》，北京：中华书局，1974年6月，页87。

[2]（唐）李延寿：《北史》卷九七《西域传》，北京：中华书局，1974年10月，页3206—3207。

[3]（唐）李延寿：《北史》卷九七《西域传》，北京：中华书局，1974年10月，页3226—3227。

[4]（北齐）魏收：《魏书》卷四下《世祖纪》，北京：中华书局，1974年6月，页105。

[5]（北齐）魏收：《魏书》卷一〇二《西域传》，北京：中华书局，1974年6月，页2263。

[6]（北齐）魏收：《魏书》卷八《世宗纪》，北京：中华书局，1974年6月，页195。

朝献。……戊辰，疏勒国遣使朝贡……"[1]

永平元年（508）"二月辛未，勿吉、南天竺国并遣使朝献……三月……己亥，斯罗、阿陀、比罗、阿夷义多、婆那伽、伽师达、于阗诸国并遣使朝献。……秋七月辛卯，高车、契丹、汗畔、罽宾诸国并遣使朝献。……是岁，高昌国王麴嘉遣其兄子私署左卫将军孝亮奉表来朝，因求内徙，乞师迎接"[2]。

永平二年（509）正月"丁亥，胡密、步就磨、忸密、槃是、悉万斤、辛豆（身毒）那、越拔忸诸国并遣使朝献。壬辰，哒、薄知国遣使来朝，贡白象一。乙未，高昌国遣使朝贡。……三月癸未，磨豆罗、阿曜社苏突阇、地伏罗诸国并遣使朝献。……十有二月，……叠伏罗、弗菩提、朝陀咤、波罗诸国并遣使朝献"[3]。

永平三年（510）"九月壬寅，乌苌、伽秀沙尼诸国并遣使朝献。丙辰，高车别帅可略汗等率众一千七百内属。冬十月……戊戌，高车、龟兹、难地、那竭、库莫奚等诸国并遣使朝献"[4]。

永平四年（511）"三月癸卯，婆比幡弥、乌苌、比地、乾达诸国并遣使朝献。……六月乙亥，乾达、阿婆罗、达舍、越伽使密、不流沙诸国并遣使朝献。……八月辛未，阿婆罗、达舍、越伽使密、不流沙等诸国并遣使朝献。……九月甲寅，……哒、朱居槃、波罗、莫伽陀、移婆仆罗、俱萨罗、舍弥、罗槃陀等诸国并遣使朝献。冬十月丁丑，婆比幡弥、乌苌、比地、乾达等诸国并遣使朝献。十有一月……戊申，难地、伏罗国并遣使朝献"[5]。

延昌三年（514）"十有一月庚戌，南天竺、佐越费实诸国并遣使朝献"[6]。

魏孝明帝时代，史载熙平二年（517）正月"癸丑，地伏罗、罽宾国并遣使朝献。……秋七月乙丑，地伏罗、罽宾国并遣使朝献"[7]。

---

[1]（北齐）魏收：《魏书》卷八《世宗纪》，北京：中华书局，1974年6月，页204—205。

[2]（北齐）魏收：《魏书》卷八《世宗纪》，北京：中华书局，1974年6月，页205—207。

[3]（北齐）魏收：《魏书》卷八《世宗纪》，北京：中华书局，1974年6月，页207—209。

[4]（北齐）魏收：《魏书》卷八《世宗纪》，北京：中华书局，1974年6月，页209—210。

[5]（北齐）魏收：《魏书》卷八《世宗纪》，北京：中华书局，1974年6月，页210—211。

[6]（北齐）魏收：《魏书》卷八《世宗纪》，北京：中华书局，1974年6月，页214。

[7]（北齐）魏收：《魏书》卷九《肃宗纪》，北京：中华书局，1974年6月，页225—226。

神龟元年（518）闰七月"丁未，波斯、疏勒、乌苌、龟兹诸国并遣使朝献"[1]。

不仅如此，洛阳时代北魏王室亦有遣使西域的事实。

当年佛教文献记载，神龟元年（518）胡灵太后遣敦煌人宋云与崇立寺比丘惠生西行取经。宋云一行于正光三年（522）二月返回洛阳，取得佛经"一百七十部，皆是大乘妙典"[2]。惠生此行有《行记》一篇，详细记载了经历诸国的道里物产、风土人情，对中原社会了解西域风俗有着积极的意义。

《魏书·西域传》记载，"大秦国，一名黎轩，都安都城。……地方六千里，居两海之间。其地平正，人居星布。……其人端正长大，衣服车旗拟仪中国，故外域谓之大秦。其土宜五谷桑麻，人务蚕田。多璆琳、琅玕、神龟、白马朱鬣、明珠、夜光璧。东南通交趾，又水道通益州永昌郡。多出异物。大秦西海水之西有河，河西南流。河西有南、北山，山西有赤水，西有白玉山。玉山西有西王母山，玉为堂云。从安息西界循海曲，亦至大秦，回万余里"[3]。

同传："哒哒国，……在于阗之西，都乌许水南二百余里，……自太安（455—459）以后，每遣使朝贡。正光（520—524）末，遣使贡狮子一，至高平，遇万俟丑奴反，因留之。丑奴平，送京师，……熙平（516—517）中，肃宗遣王伏子统宋云、沙门法力等使西域访求佛经，时有沙门慧生者亦与俱行，正光（520—524）中还。"[4]

《洛阳伽蓝记》载当年洛中开化四方有谓：洛阳"宣阳门外四里至洛水上作浮桥，所谓永桥也。……永桥以南，圜丘以北，伊、洛之间，夹御道有四夷馆。道东有四馆：一名金陵，二名燕然，三名扶桑，四名崦嵫。道西有四里：一曰归正，二曰归德，三曰慕化，四曰慕义。吴人投国者处金陵馆，三年已后赐宅归正里。……北夷来附者处燕然馆，三年已后赐宅归德里。……东夷来附者处扶桑馆，赐宅慕化里。西夷来附者处崦嵫馆，赐宅慕义里。自葱岭已西，至于大秦，百国千城，莫不欢附，商胡贩客，日奔塞下，所谓尽天地之区已。乐中国土风因而宅者，不可胜数。是以附化之民，万有余家。门巷修

---

[1]（北齐）魏收：《魏书》卷九《肃宗纪》，北京：中华书局，1974 年 6 月，页 228。

[2]（北魏）杨衒之：《洛阳伽蓝记》卷五《城北》条，见范祥雍：《洛阳伽蓝记校注》，上海：上海古籍出版社，1978 年 12 月新 1 版，1982 年 7 月第 2 次印刷，页 251—342。

[3]（北齐）魏收：《魏书》卷一〇二《西域传》，北京：中华书局，1974 年 6 月，页 2275—2276。

[4]（北齐）魏收：《魏书》卷一〇二《西域传》，北京：中华书局，1974 年 6 月，页 2278—2279。

整，阛阓填列，青槐荫陌，绿柳垂庭，天下难得之货，咸悉在焉"[1]。

"永宁寺，熙平元年（516）灵太后胡氏所立也。……外国所献经像，皆在此寺。……时有西域沙门菩提达摩者，波斯国胡人也。起自荒裔，来游中土，见金盘炫日，光照云表，宝铎含风，响出天外。歌咏赞叹，实是神功。自云：'年一百五十岁，历涉诸国，靡不周遍。而此寺精丽，阎浮所无也。极佛境界，亦未有此。'口唱南无，合掌连日"[2]。

"法云寺，西域乌场国胡沙门昙摩罗所立也。……摩罗聪慧利根，学穷释氏。至中国，即晓魏言隶书。凡闻见，无不通解。是以道俗贵贱，同归仰之。作祇洹寺一所，工制甚精。佛殿僧房，皆为胡饰，丹素炫彩，金玉垂辉。摹写真容，似丈六之见鹿苑；神光壮丽，若金刚之在双林。伽蓝之内，花果蔚茂，芳草蔓合，嘉木被庭。京师沙门好胡法者，皆就摩罗受持之，戒行真苦，难可揄扬。秘咒神验，阎浮所无。咒枯树能生枝叶，咒人变为驴马，见之莫不忻怖。西域所赍舍利骨及佛牙、经像，皆在此寺"[3]。

对西域佛教来臻华夏的情况，尤其是其与永宁寺结缘的故实，僧传更有直接的记述。

僧勒那漫提者，"天竺僧也。住元魏洛京永宁寺，善五明，工道术。时信州刺史綦母怀文巧思多知，天情博艺。每国家营宫室器械，无所不关，利益公私，一时之最。又敕令修理永宁寺，见提有异术，常送饷祇承，冀有闻见。而提视之平平，初无叙接。文心恨之。时洛南玄武馆有一蠕蠕客，曾与提西域旧交，乘马衣皮，时来造寺。二人相得，言笑抵掌，弥日不懈。文旁见夷言，不晓往复……"[4]

古籍文献如此连绵之叙事，无不从历史背景折射出永宁寺出土文物与中外文明交流结下的深刻因缘。这些丰富的史实，正是透过这一组残缺但又具有丰富内涵的佛教艺术品得以淋漓细致地体现，而这也正是北魏永宁寺出土雕塑艺术品的珍贵价值所在！

---

[1] （北魏）杨衒之：《洛阳伽蓝记》卷三《城南》条，见范祥雍：《洛阳伽蓝记校注》，上海：上海古籍出版社，1978 年 2 月新 1 版，1982 年 7 月第 2 次印刷，页 159—161。

[2] （北魏）杨衒之：《洛阳伽蓝记》卷一《城内》条，见范祥雍：《洛阳伽蓝记校注》，上海：上海古籍出版社，1978 年 2 月新 1 版，1982 年 7 月第 2 次印刷，页 1—5。

[3] （北魏）杨衒之：《洛阳伽蓝记》卷四《城西》条，见范祥雍：《洛阳伽蓝记校注》，上海：上海古籍出版社，1978 年 2 月新 1 版，1982 年 7 月第 2 次印刷，页 201。

[4] （唐）道宣：《续高僧传》卷三三《勒那漫提传》，《大正藏》，第 50 册，台北：新文丰出版公司，1983 年 1 月，页 644。

洛阳魏唐墓葬镇墓明器造型艺术中的西域文化元素："格里芬"美术样本的东渐与西方神话勇士的意象转身

一

考古调查表明，在中国古代墓葬陪葬的冥器文物中，自战国时代以来即有一种被称为"镇墓兽"的陪葬陶器的出现。这种文化遗物最早出现于战国早期的楚墓，此后便日渐流行于魏晋隋唐时期的中原一带，至五代以后逐渐消失。

在中国内地，镇墓兽的制作，早期多为木、骨质地，陶质极少。北魏以降，则主要为粉彩陶和唐三彩质地，且制作日趋精良，形制日渐富丽，工艺也日臻考究，从而具有了极高的艺术欣赏价值。

与上述镇墓兽文物相媲美，中古以降汉地的墓葬冥器中另有一类武士陶俑的出现。这类随葬文物以其暴戾孔武、雄壮威严的形象塑造，而与上述镇墓兽美术作品同被赋予墓葬世界的守卫角色。与此同时，其富丽华美的个体造型及生动传神的艺术品格，又为广大文物爱好者所折膺。

值得人们思考的是，这类墓葬冥器的题材寓意及其文化学语境，长期以来并未引起人们——尤其是洛阳地区从事考古发掘的同志们——的注意，这就造成人们对这类墓葬文物理性意义认知的缺失，从而淡化了这类墓葬文物原本应有的历史价值。

本文以洛阳博物馆收藏、陈列的上述文物为实例，对这类墓葬遗迹的文化学内涵进行相应的探讨，希冀借此有限的探讨，为揭示这类墓葬遗存的深层价值竭以绵薄的心力。

二

唐代以东西两京为代表的中原地区，盛唐以前出土的镇墓兽（图1、图2、图3），普遍形态多姿，雕饰华美，具有极高的艺术审美价值。这类墓葬艺术品，取材诡异，构思奇特，或以胡人面目构成其艺术主题，或以猛兽身躯彰显其威慑气息。而其传统的有翼兽身，其暴戾恣肆的美术造型，则处处传达着一种震骇人心的视觉感官效果，由此给人以充满遐想、惊悚震骇的审美感受——古代如此具有神话寓意的艺术作品，以其形神兼备、张力喷薄的美术创作技艺，给人们提供了一种极具思维冲击力的审美享受。

在这些随葬镇墓兽的墓葬中，可以筛选出洛阳地区以下几座著名的墓葬实例作为代表。

图 1　洛阳出土唐带角翼兽　　　　图 2　洛阳出土唐镇墓兽
（洛阳博物馆藏）　　　　　　　　　（洛阳博物馆藏）

图 3　洛阳唐墓出土镇墓兽（洛阳博物馆藏）
（注：图 1、图 2、图 3 均由张乃翥摄）

其一，1991 年夏秋，河南省文物研究所和洛阳市文物工作队联合发掘了位于洛阳孟津西山头村东南的天授二年（691）屈突季札墓（编号 M64）。该墓墓主屈突季札，为隋唐之际的名将屈突通之孙，其祖两《唐书》有传[1]。该墓出土镇墓兽两件，编号 M64：54、M64：55，均蹲坐于半圆形台座上。

其中编号 M64：54 者（图 4-左），通高 69 厘米，人面兽身，大耳，耳侧有棕黄色鬃毛，头顶有一卷曲向上的独角，围绕独角有竖毛三束。双肩带有翅膀，牛蹄足。其胸腹部施白、绿相间的大点纹釉，背部施棕褐色釉。

编号 M64：55 者（图 4-右），通高 62.5 厘米，狮面兽身，眉间二竖角微弯曲高起，怒目张口，獠牙外露，其余同前者。

其二，1981 年 4 月，洛阳龙门东山北麓考古发掘唐景龙三年（709）六胡州大首领粟特人安菩萨及夫人何氏合葬墓一座，考古简报编号 G7M27。该墓发掘出 129 件各类

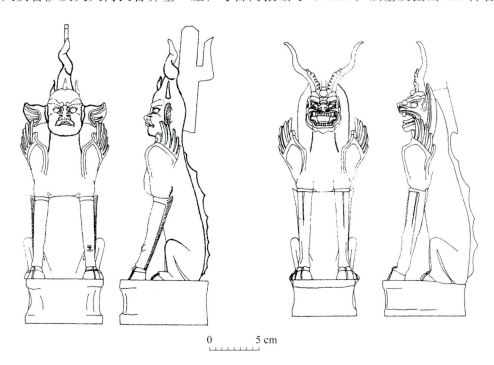

0   5 cm

图 4   洛阳邙山天授二年（691）唐屈突季札墓出土镇墓兽线图

[1]   310 国道孟津考古队：《洛阳孟津西山头唐墓发掘报告》，《华夏考古》1993 年第 1 期，页 52—68，图版采自页 55/ 图四。

衬葬冥器，是洛阳地区极为少见的未经盗扰的唐代墓葬。墓中出土三彩镇墓兽两件，编号分别为 G7M27：53 和 G7M27：54。前者通高 104 厘米，通身兼施黄、绿、白三色釉，兽面，大耳，头顶饰角，额上并列二弧形小角。肩下生双翼，牛蹄形足，蹲踞于须弥座式的基座上。后者人面兽身（图 5），其余造型同于前件[1]。

其三，1984 年，中国社会科学院考古研究所在洛阳偃师县城西花园村发掘了编号为 M1928 的景龙三年（709）唐宁州录事参军李嗣本墓。该墓出土各类冥器凡 122 件。其中彩绘镇墓兽两件，编号分别为 M1928：121 和 M1928：122。二者均身贴金箔，两肩鬃毛卷曲，尾部竖毛向上卷曲贴于背部。足呈牛蹄状，蹲于半圆形须弥座上。前者人面兽身，头顶伸出独角，大耳，肩下生翼，连座通高 75 厘米。后者兽面兽身，额间二竖角弯曲向上，头顶鬃毛向上展开，张口怒目，獠牙外露，通高 75.4 厘米（图 6）[2]。

图5　洛阳龙门东山北麓景龙三年（709）
　　唐安菩萨墓出土镇墓兽

图6　洛阳偃师景龙三年（709）
　　唐李嗣本墓出土镇墓兽

[1]　洛阳市文物工作队：《洛阳龙门唐安菩夫妇墓》,《中原文物》1982 年第 3 期，页 21—26。图版采自洛阳文物工作队编：《洛阳出土文物集粹》，北京：朝华出版社，1990 年，页 94/ 图 81。

[2]　中国社会科学院考古研究所河南第二工作队：《河南偃师杏园村的六座纪年唐墓》,《考古》1986 年第 5 期，页 429—457，图版引见图版柒 3、柒 4。

考古遗迹调查表明，这类带有怪异形态而颇具视觉审美价值的文物遗迹，在初盛唐之际的中原唐墓中，曾有层出不穷的发现。值得我们注意的是，这类富有神异气息的美术作品，其中带有模式化规律的一些细节刻画——头部生角、口生獠牙、膊部生翼的猛兽身躯，四趾并有爪、蹄互出的造型——让人们不由自主地联想到我国汉魏以来一些陵墓神道间每每罗列的"有翼神兽"的文物遗存。

如 1955 年洛阳孙旗屯出土东汉时期的石刻翼兽一躯（图 7），其造型的细节是头顶生两角，膊间有双翼，从题材内涵上展现出西域神话翼兽的特征。又 1963 年洛阳伊川县彭婆镇东高屯出土东汉石刻翼兽一躯（图 8），其外观与孙旗屯出土前件石刻多有相似之处。次者 2011 年夏，洛阳老城古旧市场于当地收集到新近出土的翼兽两躯。这两躯翼兽，其中一躯（图 9）连底座通高 175 厘米，身长 210 厘米，身宽 70 厘米，其基本体态构成与上述洛阳两件同类文物几无二致。

出土文物体现出来的这些颇具思维冲击色彩的地方史信息，启发着我们去追踪这类"带翼神兽"的文化脉络，从而有助于揭示这一文物题材赖以发生的

图 7　1955 年洛阳孙旗屯出土东汉翼兽

图 8　1963 年洛阳伊川县彭婆镇东高屯出土东汉翼兽

图 9　洛阳近年出土汉代翼兽（西侧一躯）

历史时态。

通过对中外各类美术遗迹的比较研究，人们发现西方美术遗存中与之题材类似、造型风格接近而源远流长的"格里芬"（Griffin）美术遗迹，与其有着同出一源的题材因缘。

例如，与意大利出土的一些公元前后的同类石刻雕塑（图 10）相比较，则二者的文化渊源、创作理念自有毋容置疑的传延痕迹——它们主体身躯设置为食肉性的哺乳动物，但头顶却有偶蹄类动物特有的双角。而其膊间见有双翼的"肢体嫁接"，端的昭示其含有地中海沿线及西亚地区宗教崇拜的涵意。

其中收藏于梵蒂冈博物馆（The Vatican Museums）的上述一组出土于地中海沿岸的古代格里芬雕刻（图 11），更以美轮美奂的艺术形象为广大游人所称赞。

在西方艺术史上，这种带翼神兽尝被世人称之为"格里芬"。据说，格里芬是太阳的象征或日神的化身，具有祆教美术题材崇拜光明的强烈寓意。

图 10　意大利庞贝遗址出土的公元初叶的格里芬石雕（张乃翥 2005 年冬摄于庞贝故城）

图 11　意大利出土公元前后的格里芬石雕（梵蒂冈博物馆藏）（张乃翥 2005 年冬摄）

事实上，这种带翼神兽在西域几乎为各地人民所喜爱。其中著名的实例，如巴黎卢浮宫藏西亚克沙巴城萨尔贡宫殿遗址出土的公元前721—前705年、高约396厘米的亚述翼兽数尊（图12、图13[1]）。这类翼兽，牛身、人面，头顶着冠，肩膊生翼，雕饰诡异，气势宏伟，显示出亚述文化艺术特有的民族气质。

通过以上对中外历史文物的回溯，我们可以看出，汉地墓葬民俗中久行世间的镇墓兽和神道翼兽，其文化元素中自来包含着西域有翼动物崇拜的因子。这种带有域外文明色彩的美术遗迹在东方世界的出现，实际上折射出自上古以来，东西方文化交流的客观存在。

图12　公元前721—前705年西亚克沙巴城萨尔贡　图13　公元前721—前705年西亚克沙巴城萨尔
　　　宫殿遗址出土亚述翼兽（卢浮宫藏）　　　　　贡宫殿遗址出土亚述翼兽（卢浮宫藏）
　　　（张成渝2005年秋摄）

[1]　图版采自［英］劳伦斯·高文（Sir Lawrence Gowing）等：《大英视觉艺术百科全书》（中文版）（THE ENCYCLOPEDIA OF VISUAL ART），第一卷，台北：台湾大英百科股份有限公司，南宁：广西出版总社、广西美术出版社，1994年9月，页87。

三

与上述镇墓兽文物遗迹相伴随，有唐一代的墓葬明器中另有一类武士陶俑的出现。对于这两种陶俑的称谓，学界此前普遍以"天王俑"和"武士俑"而命名。

就洛阳地区而言，唐墓中随葬的这种武士俑，不但数量众多，而且绝大多数体量宏大、造型精美，往往与墓中随葬的镇墓兽、文吏俑、仕女俑及其他动物题材的造像一起，享有极高的艺术审美价值和深邃的文化语境研究价值。

例一，20 世纪 80 年代，洛阳偃师县文物管理委员会在县城东北邙山的窑头村，发掘了长安三年（703）西鄂张思忠夫妇墓。墓中出土三彩天王俑两件（图 14），其一头戴"展翅朱雀"的兜鍪"或发髻上戴朱雀冠"，"身着光明甲，胸前左右各一圆护，肩腹披膊作龙首状，龙鼻剧烈上昂。腰束带，下垂至膝裙，鹊尾，下缚吊腿，足着尖头靴。左手握拳上举，右手叉腰，足踏卧牛台座。通体以绿釉为主，间施棕褐色及黄褐色釉，通高 88.5 厘米"[1]。

例二，上文所引洛阳龙门东山北麓安菩萨及夫人何氏合葬墓出土遗物，以之为例，我们可以看出，这类武士俑在审美意识、形象设计等带有质感意义的创作实践中，曾对这类视觉读物的题材设定，作出了极具时代特征的筛选。

该墓出土三彩天王俑两件，俱为高鼻深目的胡人形象。其中一件（C7M47：49）头戴鹖式盔，身着绿色铠甲，袖口及铠甲周边施赭黄釉，胸前左右有凸起的兽头护胸。肩部有摩羯鱼状的护肩，足履深筒皮靴。左手叉腰，右手

图 14　洛阳偃师长安三年（703）唐张思忠墓出土镇墓武士俑

---

[1]　偃师县文物管理委员会：《河南偃师县隋唐墓发掘简报》，《考古》1986 年第 11 期，页 994—999。
又谢虎军、张剑编著：《洛阳纪年墓研究》，郑州：大象出版社，2013 年 11 月，页 246。

握拳高举，足踏白色卧牛。牛身之下为近乎长方体的须弥座，全部构件通高113厘米。另一件（C7M47：50）（图15）在造型格式上与前件雷同并呈对称状态的姿势。衣饰颜色以赭黄釉为主，绿釉饰边，胸、腹、小腿诸部为白色彩釉。足踏绿羊，通高亦113厘米[1]。

例三，对于唐墓中的武士俑来说，前引洛阳偃师县城西花园村景龙三年（709）李嗣本墓的同类明器亦有探讨的价值。该墓出土彩绘武士俑两件（图16）（编号M1928：119、120），其中编号M1928：119者（图16左），通高93厘米，呈高鼻深目的胡人相貌。周身贴金彩绘，兜鍪为"展翅的朱雀"，护耳外沿向上翻卷，身着光明甲，胸前左右各一圆护。肩覆"龙首状披膊"，并有护颈，自颔下纵束甲带至胸甲，经一圆环与横带相交。腰带之上，半露护脐的圆护，光明甲下摆处饰以流苏滚边。内裙长垂至靴面，

图15 洛阳龙门东山北麓景龙三年（709）　图16 洛阳偃师景龙三年（709）唐李嗣本墓出土镇墓
　　 唐安菩萨墓出土镇墓武士俑　　　　　　　 武士俑

[1] 洛阳市文物工作队：《洛阳龙门唐安菩夫妇墓》，《中原文物》1982年第3期，页21—26。

足履尖头深筒皮靴。这一武士右手屈肘握拳，左手五指张开前伸，站立于须弥座上[1]。

以上收集近代洛阳唐墓出土的武士俑实例，实际上代表了汉地唐墓武士俑造型的一般形态。这类墓葬美术形象值得我们着重留意的，是其头顶设置为"朱雀"的鸟形冠饰和肩部雕有"龙头"形护膊的装饰题材。此外，一些武士俑足下踩踏的牛、羊等动物形象甚或是人物，亦是这些美术作品值得关注的题材设置。

除此之外，洛阳博物馆尚且收藏有为数众多的羽冠三彩俑，从题材选取上大抵与上述羽冠俑保持有同类的主题意境（图17、图18、图19、图20）。从中不仅可以窥见唐人对这类羽冠人物文化寓意的看重，也提示我们对这类美术题材的文化渊源做出重新的思考，进而推动人们透过唐墓美术库存理解当年中原文化生态的全息价值。

图17　洛阳出土盛唐羽冠三彩武士俑　　　　图18　洛阳关林配件厂出土盛唐羽冠
　　　　（洛阳博物馆藏）　　　　　　　　　　　　三彩天王俑（洛阳博物馆藏）

[1]　谢虎军、张剑编著：《洛阳纪年墓研究》，郑州：大象出版社，2013年11月，页284—285，图版采自页284/图九五-3、图九五-4。

图 19　洛阳龙门东山出土盛唐羽冠三彩文官俑　　　图 20　洛阳出土盛唐羽冠三彩俑
　　　　　（洛阳博物馆藏）　　　　　　　　　　　　　　　　（洛阳博物馆藏）

　　文化史研究表明，远在公元之前的地中海沿线及西亚一带，即流行着羽冠人物形象
的崇拜。当时的希腊、罗马、波斯诸国，在美术人物造型中普遍创作出各种形态别致的
羽冠人物。

　　特别是，当西亚波斯帝国、中亚粟特绿洲城郭各族信奉火祆教以来，人们将阿胡
拉·马自达（Ahura Mazda）视为正义神明的化身，在诸多场合赋予其有翼神鸟的光辉形象，
从而在西域掀起有翼动物的崇拜——那种被赋予"光明""吉祥"寓意的含绶鸟，更是当
地无所不在的美术供奉对象。在这样的文化氛围下，波斯帝国及其后来的追随者萨珊诸
王，便几无例外地将王冠之上饰以双翼的形象，以便突出自身为正义与光明化身的意念。

　　如俄罗斯圣彼得堡艾尔米塔什博物馆（The Hermitage Museum）藏波斯银盘中的羽
冠人物（图 21），即波斯时代当地崇拜羽冠式英雄人物的美术遗迹。

　　波斯文物遗迹中羽冠人物的美术形象，在萨珊王朝时期的银币中也有反复的出现。如

图 21　波斯银盘中的羽
　　　冠人物（圣彼得
　　　堡艾尔米塔什博
　　　物馆藏）
图 22　波斯库思老二世
　　　（Khosrau II）银
　　　币（西安何家村
　　　唐代窖藏）

　　1970 年 10 月，西安何家村唐代窖藏出土的波斯库思老二世（Khosrau II）银币（图 22）[1]，其正面库思老二世右侧半身像的图案中，王像头戴王冠，冠顶有翼翅和雉形饰物。两侧有婆罗钵文王名，王像周围有两圈联珠纹外框。框外上下左右边沿各有一新月抱星纹饰。

　　俄罗斯圣彼得堡艾尔米塔什博物馆收藏 7 世纪后半叶粟特产银壶一件（图 23-1[2]、图 23-2[3]），壶腹錾刻翼驼纹"圣母尔"或"森穆鲁"（Senmurv）一尊。

图 23-1　　　　　　　　　　　　　图 23-2　线图

图 23　7 世纪后半叶粟特翼驼纹银壶（圣彼得堡艾尔米塔什博物馆藏）

[1]　图版采自罗世平、齐东方：《波斯和伊斯兰美术》，北京：中国人民大学出版社，2004 年 10 月，页 93。

[2]　图版采自《苏联埃尔米塔博物馆·斯基泰与丝路的文化》，转引自施安昌：《火坛与祭司鸟神——
　　中国古代祆教美术考古手记》，北京：紫禁城出版社，2004 年 11 月，页 62/ 图 32。

[3]　图版采自［英］魏泓（Susan Whitfield）著、王姝婧等译：《丝绸之路：十二种唐朝人生》，成都：
　　四川人民出版社，2020 年 4 月，页 26/ 图 4。

图24-1   图24-2

图24　乌鲁木齐阿拉沟竖穴汉代木椁墓出土虎纹圆金牌

　　波斯故地凡此不同题材的有翼美术形象，业已反映出古代西亚一带有翼事象崇拜的存在。而类似题材的图像在我国新疆地区的出现，则显示出西亚这类题材的逐渐东来。1976—1978年间，乌鲁木齐阿拉沟竖穴汉代木椁墓M30出土了8块直径5.5—6厘米、厚约0.1厘米、重15.72—21.25克的虎纹圆金牌（图24-1）[1]，图案为一老虎形象，虎头微昂，前腿举至颌下，躯体卷曲成半圆，后腿翘起，通体构成圆形。虎头向左者五块（图24-2）[2]，向右者三块，模压成形。考古发现已经证实，这些金牌的中心图像——带翼虎纹，与上述粟特银壶的图案极其相似。

　　另在古罗马时代，地中海沿岸一带亦曾流行着"羽冠"雕塑人物崇拜的美术遗迹（图25），从中可以看出西域地区带翼类美术题材的广泛存在。这种戴有鸟翼冠帽的人物形象，反复折射出西域故地崇拜系绶鸟纹的文化传统。

图25　古罗马时代曾经盛行的
"羽冠"雕塑人物

[1]　图版采自新疆社会科学院考古研究所：《新疆阿拉沟竖穴木椁墓发掘简报》，《文物》1981年第1期，页18—22，该期图版捌-3。

[2]　图版采自石榴云新疆图片总汇。

如果我们撇开以上萨珊文物语义概念的历史背景，偏重于从文化产品的社会学层面来思考，毫无疑问这类美术形象的本身业已带有突出的国家政治的属性——因为这类美术题材渲染皇权的主题寓意，自来富有鲜明的国家主流意识形态的特征。

西域史上诸如此类的美术遗产，实际来源于古代当地神话崇拜的审美记忆。这种极具信仰价值的精神产品，因东西方社会往来的频繁和文化交流的畅通，便随着丝路移民的东迁，传播到了葱岭以东的广大地区。

例如在丝路沿线著名的楼兰故城西侧约 200 公里的新疆营盘遗址 M15 号墓中，出土了一件红地"对人兽树纹"的罽袍（编号 M15：3）（图 26）[1]。这件织物采用双层组织，以红、黄两色显示花地，其图案是典型的希腊化艺术风格的裸体天使和石榴树纹。同墓彩绘木棺上覆盖的一件编号 M15：1 的栽绒毯，其主题纹样为一头伏卧的狮子（图 27）[2]，此形象亦明显带有西域的美术风格[3]。

图 26　新疆营盘遗址出土的西　　　　图 27　新疆营盘遗址出土西域风格的狮纹栽绒毯
　　　　域纹样织品（人兽树纹
　　　　罽袍背面）

---

[1]　图版采自赵丰主编：《丝绸之路美术考古概论》，北京：文物出版社，2007 年 3 月，彩版图一一。
　　又新疆文物考古所：《新疆尉犁县营盘墓地 15 号墓发掘简报》，《文物》1999 年第 1 期，页 4—16，
　　图版引见该期彩色插页贰。

[2]　新疆文物考古所：《新疆尉犁县营盘墓地 15 号墓发掘简报》，《文物》1999 年第 1 期，页 4—16。
　　图版采自岳峰、宝世宜主编：《丝路聚珍》，北京：新时代出版社，1999 年 6 月，图版 19。

[3]　于志勇、覃大海：《营盘墓地 M15 及楼兰地区彩棺墓葬初探》，见西北大学考古学系、西北大学文
　　化遗产与考古学研究中心编：《西部考古》（第一辑），西安：三秦出版社，2006 年 10 月，（转下页）

　　另在新疆地区唐代佛教石窟寺里的经变壁画中，亦有头戴羽冠的力士形象的出现。俄罗斯圣彼得堡艾尔米塔什博物馆藏柏孜克里克石窟的壁画中，即有这样的艺术形象（图28），从中反映出这类西域美术题材通过佛教艺术感染东方的势态。

　　在接近中原的青海地区，青海省考古研究所在1983—1985年间，对都兰县吐蕃墓地进行了考古发掘，出土了包括北朝晚期至隋唐时期的各种织品。其中具有浓郁中亚风格的纬锦，如红地中窠花瓣含绶鸟锦（图29）[1]和中窠花瓣鹰纹锦（图30-1[2]、图30-2[3]），其美术创意显然来自西域祆教文化的影响。它们在地处丝绸之路"河南道"一带的丝路沿线的分布，无疑都是域外羽翼类美术崇拜浸染东方审美意识的鲜活例证。

图28　柏孜克里克石窟唐代壁画中的羽冠力士
　　　　（圣彼得堡艾尔米塔什博物馆藏）　　　（左）
图29　青海都兰吐谷浑墓葬遗址出土西域风格的
　　　　中窠花瓣含绶鸟锦图案　　　　　　　　（右）

（接上页）页401—427。赵丰：《魏唐织锦中的异域神祇》，《考古》1995年第2期，页179—183。李文瑛、周金玲：《营盘墓葬考古收获及相关问题》，见新疆文物事业管理局、新疆博物馆等：《新疆维吾尔自治区丝路考古珍品》，上海：上海译文出版社，1998年3月，页63—75。

[1]　图版采自赵丰主编：《纺织品考古新发现》，艺纱堂/服饰工作队（香港）出版，2002年9月，页88/图32。又赵丰主编：《丝绸之路美术考古概论》，北京：文物出版社，2007年3月，彩版图一四。

[2]　图版采自赵丰主编：《纺织品考古新发现》，艺纱堂/服饰工作队（香港）出版，2002年9月，页92/图34。

[3]　图版采自赵丰主编：《纺织品考古新发现》，艺纱堂/服饰工作队（香港）出版，2002年9月，页93/图34-图案复原。又赵丰主编：《丝绸之路美术考古概论》，北京：文物出版社，2007年3月，页137/图四〇。

图 30-1　织品图案　　　　　　　　　图 30-2　织品图案复原图

图 30　青海都兰吐谷浑墓葬遗址出土西域风格的中窠花瓣鹰纹锦

事实上，近代遗址考古已经揭示，葱岭以东广大地区的文物遗迹，曾已持续不断地透露出西域文明影响延及东方社会风俗的事实。因此，以上挂一漏万的文物引证，实际正是西域文明蕴藉下的西方美术题材，通过丝绸之路的文化交流，浸染东方美术创作的必然行径。

就美术题材和艺术形式的内在联系来说，洛阳地区出土的这种足下踏牛的羽冠武士形象，除了含有波斯祆教英雄崇拜的含义之外，原在西域一带还有另外一种特殊的文化含义。

人们熟知，希腊、罗马文化史上久为人们崇拜的大力神勇士赫拉克利斯（Heracles），神话传说乃众神之王宙斯与凡间皇后阿尔克墨涅的儿子。赫拉克利斯英明一世，死后升入奥林匹斯圣山，成为人们倾心崇拜的大力神。有关他的十二个惩恶扬善、敢于斗争的神话故事，历来都是西方艺术家们乐于表现的创作主题。其中脚踏壮牛和身披狮皮的两种美术形象，更是西方艺术史上最为常见的美术创作定型（图 31、图 32、图 33、图 34）。

学者们的研究表明，当这位西方神话中的勇士以美术题材流播于中国内地的时候，已被当地美术家从形象上改造为头戴狮头帽的"虎贲"将军了[1]。

在巩县石窟第 4 窟中心柱北壁雕刻有头戴虎头帽，身披兽皮，两只兽足搭在胸前，手拄刀剑的"赫拉克利斯"形象（图 35），观之仍具大力神勇士赫拉克利斯的基本要素。

---

[1]　有关西域赫拉克利斯美术遗迹在东方的文化转身，详见邢义田：《希腊大力士流浪到中国？》，载氏著：《立体的历史——从图像看古代中国与域外文化》，北京：生活·读书·新知三联书店，2014年 10 月，页 151—211。

| 图 31 | 图 32 | 图 34 |
| 图 33 | | 图 35 |

图 31　希腊化陶壶上的赫拉克利斯形象（莫斯科普希金美术馆藏）

图 32　公元前 5 世纪希腊化陶瓶上的赫拉克利斯形象

图 33　赫拉克利斯像（罗马博物馆藏）（张乃翥 2010 年 1 月 14 日摄于洛阳博物馆 2009 年底"秦汉–罗马文明展"）

图 34　庞贝西塔拉琴师之屋出土悬挂饰板上的赫拉克利斯（那不勒斯国家考古博物馆藏）（直径 42.5 厘米、厚 3.5 厘米，编号 6551）

图 35　巩县石窟第 4 窟中心柱北壁的"赫拉克利斯"形象

　　另如 1991 年洛阳偃师县北窑乡出土的一件初唐时期的彩绘武士俑（图 36-1、图 36-2）[1]，通高 42.8 厘米。其个体造型特征，为头顶披挂一件尖耳状的狮头帽盔。帽盔正面，狮子眼睛深凹，炯炯有神；鼻梁高兀，颇具立体感觉；又其吻颌张弛，犬齿锐利，传达出这类猛兽动物的特有气质。狮头的口颌下端，有前爪一对，伏着于武士的眉际。帽盔下段，以皮质护脖连缀于狮头造型的末端。武士身穿兽纹衣，手部中空的形态表明原应握有武器。

　　至于 2001 年洛阳偃师县前杜楼村初唐墓葬出土的一件白釉武士俑（图 37），通高 24 厘米，其头戴狮头帽盔的造型刻画，双目暴突，犬牙四合，口颌洞开，囊括了力士的整个面庞。这一极富夸张手法的道具造型，以生动传神的美术技艺突出了这类武士形象的身份特征。

图 36-1　正面　　　　　　　　图 36-2　背面　　　　　　图 37　洛阳偃师县前杜楼村初唐
　　　　　　　　　　　　　　　　　　　　　　　　　　　　　　墓出土的白釉武士俑
图 36　洛阳偃师县北窑乡出土初唐时期的彩绘武士俑

[1]　图版采自洛阳市文物管理局编：《洛阳陶俑》，北京：北京图书馆出版社，2005 年 5 月，页 216。

2003 年洛阳关林唐墓出土了两件虎头武士俑（编号 M1289：9、M1289：10）（图 38）[1]，基本形态亦如前，但身披虎皮的形态进一步淡化，而以铠甲取而代之。

至此，赫拉克利斯已基本被东方人塑造的武士形象所代替，完成其在东方的华丽转身，唯一不变的则是其作为勇士的内涵。

中西文化史上如此富于审美延伸旨趣的艺术遗迹，实际上反映了跨地域文化传播的客观存在——洛阳，作为历史时期一座承载了东西方文明交流的国际都会，上述的墓葬美术遗迹，

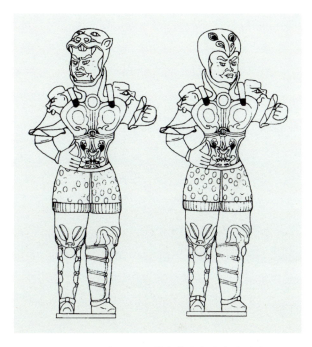

图 38　2003 年洛阳关林唐墓出土的虎头武士俑

恰恰以历史遗产的特有形式，展示了当年中外文明从接轨到转变的珍贵信息。

四

中外文化生生不息的传递有赖于东西方络绎不绝的人众穿梭往来，有关洛阳地区古代社会胡人移民的众多事迹，历史文献曾有连篇累牍的载籍。

如《晋书》记载："泰始元年（265）冬十二月丙寅，设坛于南郊，百僚在位及匈奴南单于四夷会者数万人。"[2] 可见四夷来华者充盈于街衢，声袭乎朝野，形成华夏故都洋洋大观的世相景色。

《洛阳伽蓝记》载北魏京都胡人盛况有谓：洛阳"宣阳门外四里至洛水上作浮桥，所

---

[1]　图版采自洛阳市文物工作队：《洛阳关林镇唐墓发掘报告》，《考古学报》2012 年第 8 期，页 509—561，页 522/ 图一五 2、4。

[2]　（唐）房玄龄等：《晋书》卷三《武帝纪》，北京：中华书局，1974 年 11 月，页 50。

谓永桥也。……永桥以南，圜丘以北，伊、洛之间，夹御道有四夷馆。道东有四馆：一名金陵，二名燕然，三名扶桑，四名崦嵫。道西有四里：一曰归正，二曰归德，三曰慕化，四曰慕义。吴人投国者处金陵馆，三年已后赐宅归正里。……北夷来附者处燕然馆，三年已后赐宅归德里。……东夷来附者处扶桑馆，赐宅慕化里。西夷来附者处崦嵫馆，赐宅慕义里。自葱岭已西，至于大秦，百国千城，莫不欢附，商胡贩客，日奔塞下，所谓尽天地之区已。乐中国土风因而宅者，不可胜数。是以附化之民，万有余家。门巷修整，阗阓填列，青槐荫陌，绿柳垂庭，天下难得之货，咸悉在焉"[1]。

《隋书》卷四《炀帝纪下》：大业"十一年（615）春正月甲午朔，大宴百僚。突厥、新罗、靺鞨、毕大辞、诃咄、传越、乌那曷、波腊、吐火罗、俱虑建、忽论、靺鞨[2]、诃多、沛汗、龟兹、疏勒、于阗、安国、曹国、何国、穆国、毕、衣密、失范延、伽折、契丹等国并遣使朝贡。……乙卯，大会蛮夷，设鱼龙曼延之乐，颁赐各有差"[3]。

延及有唐，史载贞观三年（629）"户部奏言：中国人自塞外来归及突厥前后内附、开四夷为州县者，男女一百二十余万口"[4]。

贞观十三年（639），"高丽、新罗、西突厥、吐火罗、康国、安国、波斯、疏勒、于阗、焉耆、高昌、林邑、昆明及荒服蛮酋，相次遣使朝贡"[5]。

结合古典文献如此丰富的史料记载，我们可以将上述文化遗产的人文渊源置于这一宏大的历史背景下加以全景式的思考。

我们认为，洛阳唐代墓葬中这种带有浓郁西域胡风色彩的镇墓美术题材，无一不与丝绸之路畅通时代中外人际往来和文化交流有着难以割裂的内在联系。正是这种跨地域

---

[1] （北魏）杨衒之：《洛阳伽蓝记》卷三《城南》条，见范祥雍：《洛阳伽蓝记校注》，上海：上海古籍出版社，1978年2月新1版，1982年7月第2次印刷，页159—161。

[2] 渝按：此处"靺鞨"与此引稍前"靺鞨"重复。其次的"诃多"应与引文前的"诃咄"所指相同，再次的"沛汗"可能是镪汗（拔汗那），"（失）范延"应当是"帆延"。感谢浙江大学历史学院冯培红教授赐教。

[3] （唐）魏徵等：《隋书》卷四《炀帝纪下》，北京：中华书局，1973年8月第1版，1982年第2次印刷，页88。

[4] （后晋）刘昫等：《旧唐书》卷二《太宗纪上》，北京：中华书局，1975年5月，页37。

[5] （后晋）刘昫等：《旧唐书》卷三《太宗纪下》，北京：中华书局，1975年5月，页51。

之间的文化律动，唤起了东方社会对西域地区这种具有"活跃外形（living forms）"的美术作品的审美激情——传统审美疲劳造成的欣赏麻木，驱使着人们把目光投向了东来胡人部落里那些令人别开生面、充满激情的异域音形！

当我们以"文化相关"理论来看待历史上这些艺术遗产时，我们不难理解，绵延万里、横亘绝域的丝绸之路，正是承载了所有这一切文化律动的无尽桥梁。

洛阳魏唐墓葬中镇墓美术作品的视像内涵，揭示的正是这样的一条社会人文学的哲理。

洛阳出土隋突厥彻墓志读跋
——以中古汉籍记事为中心

往者洛阳出土隋代文物中，有突厥裔绪名"彻"者墓志一品流散于世间。早年向达先生述及波斯诸国胡人流寓中原之实例，曾有先足之援引："君讳彻，字姑旺，塞北突厥人也。……侠佺之苗胄，波斯之别族……"[1] 先生引文简短扼要，盖以宏著立意取舍为止尔。

2004 年秋，笔者于京华古籍书店目遇此志之拓本。默读之际，则知向氏引文偶有疑误，想必先生目及拓本品相未佳所致也 [2]。

念及学界利用未臻于完备，触物生情遂有乡稔自珍贻酤同贤的随想。

一

该墓志拓本广 37 厘米、阔 38 厘米，内中楷书志文 15 行，行满 15 字。今据行文次第迻录如下：

> 君讳彻，字姑注，塞北突厥人也。/
> 侠姪之苗胄，波斯之别族。祖各志，任阿 /
> 临何上开府。父若多志，摩何仪通。身早 /
> 逢迷晓，皈慕大隋。勤奋赤诚，恒常供奉，/
> 任右屯卫通议大夫。其人乃威神雄猛，/
> 性爱武文。接事长幼，恒不失节。至于弓 /
> 马兴用，玄空走步，追生勿过三五。乃于 /
> 丙子之季，丁亥之朔，丁亥之日，忽然丧 /
> 没，埋在东都城北老子之乡大瞿村东 /

[1] 向达：《唐代长安与西域文明》，北京：生活·读书·新知三联书店，1957 年 4 月第 1 版，1987 年 4 月第 3 次北京印刷，页 25；又石家庄：河北教育出版社，2001 年 11 月，页 33。

[2] 洛阳古代艺术馆编：《隋唐五代墓志汇编·洛阳卷》，第一册，天津：天津古籍出版社，1991 年 12 月，页 158。该志拓片影印本，即复模糊虚幻，不易辨识。嗣后北京图书馆金石组编：《北京图书馆藏中国历代石刻拓本汇编》，第 10 册，郑州：中州古籍出版社，1989 年 11 月，页 144，则图像颇佳。

三百余步。东临古汉，西至缠（瀍）原，北慭邙 /

山，南瞻洛邑。能使亲知躃踊，眷属烦惋，/

五内崩催，莫不悲噎。呜呼哀哉，乃为铭 /

曰：

　曾为塞土，早悮风门；忽然一谢，永 /

　绝长分；生爱弓马，性念追空；一朝丧 /

　没，永去无公。

大业十二年（616）三月十日（图1）。

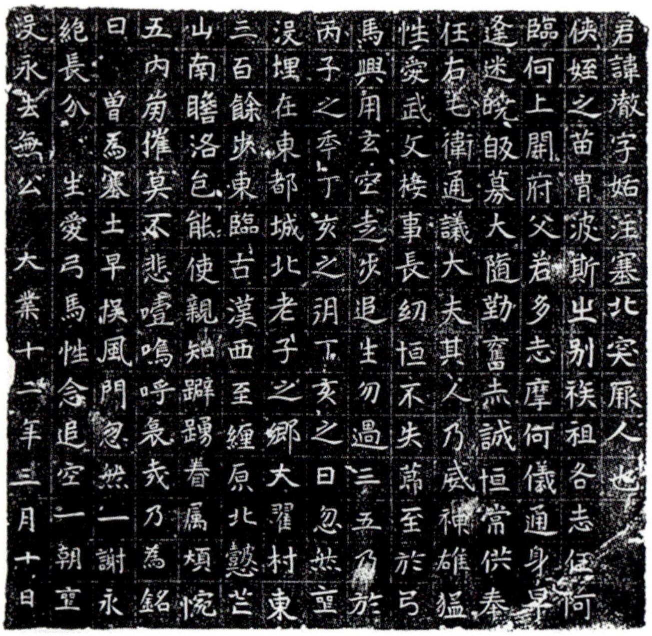

图1　洛阳出土隋突厥彻墓志

以志文语意之函盖，志主名讳故妄称为"突厥彻"者似尚顺理。而观摩墓主行状之记事，以下数端拟应引起人们的措意：

（一）志主族望的人文渊源；

（二）志主入仕隋朝的历史背景；

（三）志主落葬东都的文化地理学意义。

二

以一般历史情势而言，志主既以"塞北突厥人"自称其为"侠伎之苗胄，波斯之别族"，则此中大抵含有两种人文史态之可能：

其一，志主在广义民族身份上，以波斯外流部族羁属于"侠伎"帐下而称贯为"突厥人"，这在 6 世纪中叶以来突厥称雄漠北中亚、羁縻诸部款附宗主的时代，尤其有着明显的可能性。

如史载突厥"木杆（可汗）勇而多智，遂击茹茹，灭之。西破挹怛，东走契丹，北方戎狄悉归之，抗衡中夏"[1]。

由于西突厥自来有着驰马弯弓、鹘集云飞的武功传统，以致毗邻诸国多有迫于威慑而相继依附者：

> 西突厥者，木杆可汗之子大逻便也。……东拒都斤，西至龟兹，铁勒、伊吾及西域诸胡悉附之……处罗可汗居无恒处，终多在乌孙故地。复立二小可汗，分统所部。一在石国北，以制诸胡国……[2]

而有隋时代之波斯，虽"突厥不能至其国，亦羁縻之，波斯每遣使贡献"[3]。

> 铁勒之先，匈奴之苗裔也。……（诸部）虽姓氏各别，总谓为铁勒。并无君长，分属东西两突厥。……自突厥有国，东西征讨，皆资其用，以制北荒……[4]

"疏勒国，……土多稻、粟、麻、麦、铜、铁、锦、雌黄，每岁常供送于突厥"[5]。志主流寓中原之前后，正是突厥雄踞中亚的盛期。其以突厥属部而称贯，自有当时民族政

[1]（唐）魏徵等：《隋书》卷八四《北狄传》，北京：中华书局，1973 年 8 月，页 1864。

[2]（唐）李延寿：《北史》卷九九《突厥传》，北京：中华书局，1974 年 10 月，页 3299—3300。

[3]（唐）魏徵等：《隋书》卷八三《西域传》，北京：中华书局，1973 年 8 月，页 1857。

[4]（唐）魏徵等：《隋书》卷八四《北狄传》，北京：中华书局，1973 年 8 月，页 1880。

[5]（唐）魏徵等：《隋书》卷八三《西域传》，北京：中华书局，1973 年 8 月，页 1852。

治必然之背景。

其二，从血缘成分角度审视，志主极有可能属于突厥、波斯民族之间互通婚姻的后代，这在当时亦为习习常见的人文事象。

考世界文化史上，国家、部落之间出于政治生态的需要，上层社会相与联姻本乃屡见不鲜之佚事。仅以中国为例，"昭君出塞""解忧和蕃"无不乃遗响千古之绝唱。与突厥彻行事相近的北朝晚期，东、西魏及北周争相通婚于北蕃强邻柔然与突厥，则尤为中古民族史迹熠熠生辉之漪涟[1]。

又史载柔然晚期，其主阿那瑰伯父婆罗门姊妹三人妻于哒王[2]，以致《魏书》始有"哒国，大月氏之种类也，亦曰高车之别种，其原出于塞北。自金山而南，在于阗之西，都乌许水南二百余里。……西域康居、于阗、沙勒、安息及诸小国三十许皆役属之，号为大国。与蠕蠕婚姻"[3] 的记事。

洎公元 6 世纪中叶突厥勃兴，室点密可汗率十部荡平西域诸胡，蠕蠕破灭，哒失援。"波斯王（Khosrou Anouschirwan）欲雪其祖父（Pirouz）败亡之耻，乃以突厥可汗女为妻，而与结盟，共谋哒"。室点密遂统军攻哒，杀其王[4]。此为突厥、波斯之间直接通婚的史实。

"康国者，康居之后也。……其王本姓温，月氏人也。……王字世夫毕[5]，为人宽厚，甚得众心。其妻突厥达度可汗女也……婚姻丧制与突厥同"[6]。

这是昭武九姓联姻突厥的一例。

《隋书》："高昌国者，……俗事天神，兼信佛法。……开皇十年（590），突厥破其四城，有二千人来归中国。（麹）坚死，子伯雅立。其大母本突厥可汗女，其父死，突厥令依其俗，伯雅不从者久之。突厥逼之，不得已而从。"[7]

---

[1] （唐）李延寿：《北史》卷九八《蠕蠕传》，北京：中华书局，1974 年 10 月，页 3263—3266。

[2] （唐）李延寿：《北史》卷九八《蠕蠕传》，北京：中华书局，1974 年 10 月，页 3262。

[3] （北齐）魏收：《魏书》卷一〇二《西域传》，北京：中华书局，1974 年 6 月，页 2278—2279。

[4] 参见［法］沙畹著、冯承钧译：《西突厥史料》，北京：中华书局，2004 年 1 月，页 199—200。

[5] 翯按：《隋书》卷八三记为"王字代失毕"。见（唐）魏徵等：《隋书》卷八三《西域传》，北京：中华书局，1973 年 8 月，页 1848。

[6] （北齐）魏收：《魏书》卷一〇二《西域传》，北京：中华书局，1974 年 6 月，页 2281。

[7] （唐）魏徵等：《隋书》卷八三《西域传》，北京：中华书局，1973 年 8 月，页 1846—1847。

此则西域汉族王庭重蹈同辙之运筹。

中亚史上民族之间这种频频互为婚姻的社会生态，反映着游牧部落间在交通活跃条件下人际关系的密切。如此看来，纵或志主兼有波斯、突厥两族之血统，亦不为中古时代百态世相之离奇。

三

爰自张骞凿空、汉武拓疆，中外交通往来即绵延迤逦、波澜恢弘不绝于岁月。突厥彻以西域胡人入仕于杨隋，更与魏晋以来中外交通的蜂拥时潮有着内在的联系。

史载泰始元年（265）晋帝禅燎于洛阳南郊，时"百僚在位及匈奴南单于四夷会者数万人"[1]，可见公元 3 世纪中叶洛阳地区已有数量可观的域外移民的存在。

北魏迁都洛阳以来，中原胡人丛聚云集，极盛于一时。当时洛京"宣阳门外四里至洛水上作浮桥，所谓永桥也。……永桥以南，圜丘以北，伊、洛之间，夹御道有四夷馆。道东有四馆：一名金陵，二名燕然，三名扶桑，四名崦嵫。道西有四里：一曰归正，二曰归德，三曰慕化，四曰慕义。吴人投国者处金陵馆，三年已后赐宅归正里。……北夷来附者处燕然馆，三年已后赐宅归德里。……东夷来附者处扶桑馆，赐宅慕化里。西夷来附者处崦嵫馆，赐宅慕义里。自葱岭已西，至于大秦，百国千城，莫不欢附，商胡贩客，日奔塞下，所谓尽天地之区已。乐中国土风因而宅者，不可胜数。是以附化之民，万有余家。门巷修整，阗阓填列，青槐荫陌，绿柳垂庭，天下难得之货，咸悉在焉"[2]。

此间的元魏京都，真正一国际人文都会也。

其中洛阳"法云寺，西域乌场国胡沙门昙摩罗所立也。……摩罗聪慧利根，学穷释氏。至中国，即晓魏言隶书。凡闻见，无不通解。是以道俗贵贱，同归仰之。作祇洹寺一所，工制甚精。佛殿僧房，皆为胡饰，丹素炫彩，金玉垂辉。摹写真容，似丈六之见鹿苑；神光壮丽，若金刚之在双林。伽蓝之内，花果蔚茂，芳草蔓合，嘉木被庭。京师沙门

[1]（唐）房玄龄等：《晋书》卷三《武帝纪》，北京：中华书局，1974 年 11 月，页 50。

[2]（北魏）杨衒之：《洛阳伽蓝记》卷三《城南》条，上海：上海古籍出版社，1978 年 12 月第 1 版，页 159—161。

好胡法者，皆就摩罗受持之，戒行真苦，难可揄扬。秘咒神验，阎浮所无。咒枯树能生枝叶，咒人变为驴马，见之莫不忻怖。西域所赍舍利骨及佛牙、经像，皆在此寺"[1]。

洛京菩提寺，亦"西域胡人所立也，在慕义里"[2]。

又北魏宗室河间王元琛，前"在秦州，……遣使向西域求名马，远至波斯国，得千里马，号曰'追风赤骥'。次有七百里者十余匹，皆有名字。以银为槽，金为锁环，诸王服其豪富。……琛常会宗室，陈诸宝器，金瓶银瓮百余口，瓯檠盘盒称是。自余酒器，有水晶钵、玛瑙盃、琉璃碗、赤玉厄数十枚，作工奇妙，中土所无，皆从西域而来"[3]。

洛阳域外珍宝之居奇，盖由胡商贩客"利之所在，无远弗届"之转来。

此后西域各国之商使职贡、移民雁来，亦为丝路沿线一道靓丽的景观。

如史载北周时代"安息国在葱岭之西，治蔚搜城，北与康居、西与波斯相接。……天和二年（567），其王遣使来献"[4]。

> 哌哒国，……大统十二年（546），遣使献其方物。魏废帝二年（553）、（周）明帝二年（558），并遣使来献。[5]

> 天保三年（552），阿那瑰为突厥所破，自杀。……是时，蠕蠕既累为突厥所破，以西魏恭帝二年（555），遂率部千余家奔关中。[6]

> 粟特国，……保定四年（564），其王遣使献方物。[7]

[1]（北魏）杨衒之：《洛阳伽蓝记》卷四《城西》条，上海：上海古籍出版社，1978年12月第1版，页201。

[2]（北魏）杨衒之：《洛阳伽蓝记》卷三《城南》条，上海：上海古籍出版社，1978年12月第1版，页173。

[3]（北魏）杨衒之：《洛阳伽蓝记》卷四《城西》条，上海：上海古籍出版社，1978年12月第1版，页207。

[4]（唐）令狐德棻等：《周书》卷五〇《异域传》，北京：中华书局，1971年11月，页919。

[5]（唐）令狐德棻等：《周书》卷五〇《异域传》，北京：中华书局，1971年11月，页918。

[6]（唐）李延寿：《北史》卷九八《蠕蠕传》，北京：中华书局，1974年10月，页3266—3267。

[7]（唐）令狐德棻等：《周书》卷五〇《异域传》，北京：中华书局，1971年11月，页918。

至于波斯地区交通于中国，则尤络绎继踵，史乘叠载。

　　波斯国，都宿利城，在忸密西，古条支国也。……神龟（518—519）中，其国遣使上书贡物，云："大国天子，天之所生，愿日出处常为汉中天子。波斯国王居和多千万敬拜。"朝廷嘉纳之。自此每使朝献。[1]

北魏洛阳"永宁寺，熙平元年（516）灵太后胡氏所立也。……外国所献经像，皆在此寺。……时有西域沙门菩提达摩者，波斯国胡人也。起自荒裔，来游中土，见金盘炫日，光照云表，宝铎含风，响出天外。歌咏赞叹，实是神功。自云：'年一百五十岁，历涉诸国，靡不周遍。而此寺精丽，阎浮所无也。极佛境界，亦未有此。'口唱南无，合掌连日"[2]。

又"永桥南道东有白象、狮子二坊。……狮子者，波斯国胡王所献也，为逆贼万俟丑奴所获，留于寇中。永安（528—529）末，丑奴破，始达京师"[3]。

与西域诸胡东来汉地相共耦，中原社会亦有杖册西迈者。

洛阳"闻义里有敦煌人宋云宅，云与惠生俱使西域也。神龟元年（518）十一月冬，太后遣崇立寺比丘惠生向西域取经，凡得一百七十部，皆是大乘妙典"[4]。

时云等"从末城西行二十二里至捍摩城，南十五里有一大寺，三百余众僧[5]。有金像一躯，举高六丈。……后人于像边造丈六像者，及诸宫塔，乃至数千；悬彩幡盖，亦有万计。魏国之幡过半矣。幡上隶书云太和十九年（495）、景明二年（501）、延昌二年（513）。唯有一幅，观其年号，是姚秦时幡"[6]。从中可以窥见北魏迁都洛阳以来，中原交通西域之频繁。

[1]　（北齐）魏收：《魏书》卷一〇二《西域传》，北京：中华书局，1974年6月，页2271—2272。

[2]　（北魏）杨衒之：《洛阳伽蓝记》卷一《城内》条，上海：上海古籍出版社，1978年12月第1版，页1—5。

[3]　（北魏）杨衒之：《洛阳伽蓝记》卷三《城南》条，上海：上海古籍出版社，1978年12月第1版，页161。

[4]　（北魏）杨衒之：《洛阳伽蓝记》卷五《城北》条，上海：上海古籍出版社，1978年12月第1版，页251—252。

[5]　渝按：所引之书正文大字为"僧众"，小字校注中为"众僧"，本著采信后者。

[6]　（北魏）杨衒之：《洛阳伽蓝记》卷五《城北》条，上海：上海古籍出版社，1978年12月第1版，页265—266。

北朝前后中外交通史上如此频仍的社会往来，对隋唐时代的夷夏融会，势必有着深远的影响。

1956 年秋，黄河水库考古队在河南陕县会兴镇刘家渠隋开皇三年闰十二月（584）刘伟夫妇墓中，发掘出两枚波斯萨珊朝库思老一世（Chosroes Ⅰ 或 Khusrau Ⅰ，531—579 在位）的银币。其中 1 号重 4 克，2 号重 3.9 克，直径均为 3 厘米 [1]（图 2）。

图 2　1956 年河南陕县会兴镇隋刘伟夫妇墓出土库思老一世波斯银币两枚

由历史考察得知，波斯萨珊王库思老一世为了抗衡哒（Die Ephthaliten；亦称白匈奴，Die Weissen Hunnen）对波斯的侵扰，曾与威临中亚的西突厥汗庭联盟，于公元 567 年攻灭哒，遂使波斯帝国达到空前的强盛。据学者们的研究，库思老一世在位 48 年，时波斯经济繁荣，贸易发达，货币发行急剧增加。当时波斯一地的铸币地点，"至少达 82 处之多 [2]，或说有 98 处" [3]。

其间波斯、中原互有使臣通好之史记："魏废帝二年（553），其王遣使来献方

[1] 夏鼐：《中国最近发现的波斯萨珊朝银币》，《考古学报》1957 年第 2 期，页 54—55，图版采自图版贰 A1、A2。又新疆社会科学院考古研究所：《新疆考古三十年》，乌鲁木齐：新疆人民出版社，1983 年 6 月，页 474—475。

[2] J. de Morgan: Manuel de Numismatique Orientale, Tome I，页 323，1936 年巴黎版。转引自夏鼐：《中国最近发现的波斯萨珊朝银币》，《考古学报》1957 年第 2 期，页 55。又新疆社会科学院考古研究所编：《新疆考古三十年》，乌鲁木齐：新疆人民出版社，1983 年 6 月，页 475。

[3] A. U. Pope（主编）：Survey of Persian Art，卷 1，页 826、页 829，1938 年伦敦版。转引自夏鼐：《中国最近发现的波斯萨珊朝银币》，《考古学报》1957 年第 2 期，页 55。又新疆社会科学院考古研究所：《新疆考古三十年》，乌鲁木齐：新疆人民出版社，1983 年 6 月，页 475。（渝按：《考古学报》1957 年第 2 期夏鼐先生此文页 50 脚注 2 引英文文献名中 Art 误为 Ast，《新疆考古三十年》页 471 脚注 3 转引中亦做此误，特此指出。）

物。"[1]此必为两地经贸沟通、人际往来提供了良好契机。1970年陕西长安附近和耀县隋代舍利塔基出土同期银币多枚[2]，即从一个侧面反映了上述人际往来的存在。如此看来，此间洛阳地区刘伟夫妇墓中出土的波斯银币，正从文物遗迹实例中透露出6世纪下半叶中原、西域之间文化往来的信息。

1986年，西安东郊隋清禅寺塔基出土了一件萨珊玻璃瓶（图3）。瓶高4.6厘米，绿色透明，球形瓶体上贴有四枚三角形和四枚圆形装饰。据考，这种贴花玻璃多流行于地中海沿岸。清禅寺为隋文帝敕建，塔基埋藏于开皇九年（589），同时埋入的还有用掐丝技术制作的金饰[3]。

图3　1986年西安东郊隋清禅寺
塔基出土萨珊玻璃瓶

1999年，山西省太原市发掘了隋开皇十二年（592）虞弘墓。墓志叙虞氏生平有谓："公讳弘，字莫潘，鱼国尉纥驎城人也。……弈叶繁昌，派枝西域。……祖……奴栖，鱼国领民酋长。父君陀，茹茹国莫贺去汾，达官使魏，……公承斯庆裔，幼怀劲质。……年十三，任莫贺弗，衔命波斯、吐谷浑。……诏充可比大使，兼领乡团。大象（579—580）末，左丞相府迁领并、代、介三州乡团，检校萨保府……"[4]

由虞弘墓志"检校萨保府"的叙事，从中可以窥见当时关中、并州一带多有信仰祆教的东来诸胡的存在。至于虞弘墓葬石椁浮雕中之有"波斯、中亚文化色彩非常浓厚突

[1] （唐）令狐德棻等：《周书》卷五〇《异域传》下，北京：中华书局，1971年11月，页920。又马尔柯姆（Malcolm）《波斯史》（History of Persia i, 144-5）载库思老阿奴细尔汪在位时，中国皇帝遣使献假豹一只（全以珍珠络成，两眼以红宝石嵌之）、天青色绣锦袍一袭（上有金丝绣群臣朝见波斯王图）、美人图一幅于波斯。此事又见公元10世纪阿拉伯人麻素提（Mas'udi）之《黄金牧地》（Prairies d'Or, ii, 201.）。转引自张星烺编注：《中西交通史料汇编》（第三册），北京：中华书局，1978年3月，页100—101。

[2] 朱捷元、秦波：《陕西长安和耀县发现的波斯萨珊朝银币》，《考古》1974年第2期，页126—132。

[3] 郑洪春：《西安东郊隋舍利墓清理简报》，《考古与文物》1988年第1期，页61—65，图版采自该期彩插图版贰-2。

[4] 山西省考古研究所等：《太原隋代虞弘墓清理简报》，《文物》2001年第1期，页27—52，图版采自页37/图一九、页46/图三六、页45/图三一。

出"的图像（图4），"有些画面和祆教有关"[1]（图5-1、图5-2），亦与虞氏家族宗奉西域旧邦祆教信仰的传统，保持着文化取向的一致性。

图4　1999年太原发掘隋代虞弘墓椁壁见胡腾舞形象之浮雕摹本

图5-1　浮雕　　　　　　　　　　　　　图5-2　摹本

图5　1999年太原发掘隋代虞弘墓与祆教有关的椁座浮雕（前壁下排正中）

---

[1]　山西省考古研究所等：《太原隋代虞弘墓清理简报》，《文物》2001年第1期，页27—52。图4、5-1、5-2分别采自页37/图一九、页46/图三六、页45/图三一。

史载有隋"炀帝时，遣侍御史韦节、司隶从事杜行满使于西蕃诸国。至罽宾，得玛瑙杯；王舍城，得佛经；史国，得十舞女、狮子皮、火鼠毛而还。帝复令闻喜公裴矩于武威、张掖间往来以引致之。其有君长者四十四国，矩因其使者入朝，啖以厚利，令其转相讽谕。大业年（605—618）中，相率而来朝者三十余国，帝因置西域校尉以应接之"[1]。

至于安国，炀帝即位之后所"遣司隶从事杜行满使于西域，至其国，得五色盐而返"[2]。

炀帝既锐意招徕异域，则四夷各国必风追影从络绎于征途。

大业十一年（615）正月甲午朔，炀帝大宴百僚。"突厥、新罗、靺鞨、毕大辞、诃咄、传越、乌那曷、波腊、吐火罗、俱虑建、忽论、靺鞨[3]、诃多、沛汗、龟兹、疏勒、于阗、安国、曹国、何国、穆国、毕、衣密、失范延、伽折、契丹等国并遣使朝贡"[4]。

当时的"石国，……其俗善战，曾贰于突厥，射匮可汗兴兵灭之，令特勤甸职摄其国事。……甸职以大业五年（609）遣使朝贡"[5]。

尤其值得人们注意的是，当此之际的波斯国，更与中原王朝保持着互通信使的交往。对此，史传乃有："波斯国，……其王字库萨和，……突厥不能至其国，亦羁縻之，波斯每遣使贡献。……东去瓜州万一千七百里。炀帝遣云骑尉李昱使通波斯，寻遣使随昱贡方物。"[6]

这一史传资料的突出价值，在于它透露出有隋时代的波斯，与突厥、中原王朝同时保持贡使关系的情势。这在一定层面上反映着当时中亚诸胡与中原国家政治斡旋的锐意。

由此人们可以想见，作为一个与突厥保有从属身份的波斯裔民，突厥彻于杨隋时期入仕于中原，无疑有其时代宏观条件的可能性。这一点，从洛阳同期出土的另一波斯

[1] （唐）魏徵等：《隋书》卷八三《西域传》，北京：中华书局，1973 年 8 月，页 1841。

[2] （唐）魏徵等：《隋书》卷八三《西域传》，北京：中华书局，1973 年 8 月，页 1849。

[3] 渝按：此处"靺鞨"与此引稍前"靺鞨"重复。其次的"诃多"应与引文稍前的"诃咄"所指相同，再次的"沛汗"可能是镬汗（拔汗那），"（失）范延"应当是"帆延"。

[4] （唐）魏徵等：《隋书》卷四《炀帝纪》下，北京：中华书局，1973 年 8 月，页 88。

[5] （唐）魏徵等：《隋书》卷八三《西域传》，北京：中华书局，1973 年 8 月，页 1850。

[6] （唐）魏徵等：《隋书》卷八三《西域传》，北京：中华书局，1973 年 8 月，页 1856—1857。

人——阿罗憾——墓志记事中，尤其可以获得一旁证。

阿罗憾墓志叙其行状梗概有谓："大唐故波斯国大酋长右屯卫将军上柱国金城郡开国公波斯君丘之铭／君讳阿罗憾，族望波斯国人也。显庆年（656—660）中，高宗天皇大帝以功绩可称、名闻□□（西域），出使召来至此。……又差充拂林国诸蕃招慰大使，并于拂林西界立碑，峨峨尚在。宣传圣教，实称蕃心……"[1] 可见中古时期中原王朝与波斯上层社会联系之丛仍[2]。

突厥彻于杨隋朝廷出任一般胡人习常任职的左右"屯卫"之武职，必与阿罗憾及当时诸胡侨民一样，出于中原王廷的曳引与信任。

四

自魏晋以降，四夷胡人流寓中原者日渐增多，这势所必然导致了中原各族人民之间的相互融合有增无已。逮至元魏，锐意汉化的孝文帝终于颁布各式诏敕，敦促内迁胡人改变其旧风。史载太和十九年（495）"六月己亥，诏不得以北俗之语言于朝廷。若有违者，免所居官。……丙辰，诏迁洛之民，死葬河南，不得还北。于是代人南迁者，悉为河南洛阳人"[3]。

尽管孝文诏敕从政令推行上看，不能有效于北齐、北周以还的中原，但行之日久的汉化风气作为一种地域文化生态，毫无疑问已对南下、东来诸胡部落产生过深远的影响。这从洛阳出土的大量胡人墓志透露的诸多文化信息中可以略见其端倪。

如1930年洛阳邙山出土的翟突娑墓志（图6），其文有云："君讳突娑，字薄贺比多，并州太原人也。父娑，摩诃大萨宝、薄贺比多。日月以见勋效，右改宣惠尉。不出其年，右可除奋武尉，拟通守。祖，晋上卿之苗裔翟雄，汉献帝尚书令、司徒公文海之

[1] 墓志录文见（清）端方辑：《匋斋藏石记》卷二一，宣统元年（1909），页9—11，引文见页9。转引自（清）端方辑：《陶斋藏石记》，第二册，北京：朝华出版社，2019年1月，页853—857，引文见页853—854。

[2] 阿罗憾墓志所反映的微观史学信息，说见林梅村：《洛阳出土唐代犹太侨民阿罗憾墓志跋》，载氏著：《西域文明：考古、民族、语言和宗教新论》，北京：东方出版社，1995年12月，页94—110。

[3] （北齐）魏收：《魏书》卷七下《高祖纪》，北京：中华书局，1974年6月，页177—178。

图 6　洛阳邙山出土翟突娑墓志（石高、宽均 36 厘米）

胤。……春秋七十，大业十一年（615）岁次乙亥正月十八日疾寝，卒于河南郡雒阳县崇业乡嘉善里，葬在芒山北之翟村东南一里……"[1]

次如洛阳出土安延墓志（图 7），其文有云："君讳延，字贵薛，河西武威人也。灵源浚沼，浪发崑峰。……祖真健，后周大都督。父比失，隋上仪同、平南将军。……以贞观十六年（642）七月廿日终于私第……以其月廿八日合窆于北邙之阳……"[2]

次康婆墓志（图 8）文云："君讳婆，字季大，博陵人也，本康国王之裔也。高祖罗，以魏孝文世举国内附，朝于洛阳，因而家焉，故为洛阳人也。祖阤，齐相府常侍，父和，隋定州萨宝……贞观廿一年（647）八月十四日终于洛阳之私第……"[3]

---

[1]　赵万里：《汉魏南北朝墓志集释》卷九，北京：科学出版社，1956 年，页 323。图版采自赵力光编：《鸳鸯七志斋藏石》，西安：三秦出版社，1995 年 12 月，图二一八。

[2]　图版采自北京图书馆金石组编：《北京图书馆藏中国历代石刻拓本汇编》，第 12 册，郑州：中州古籍出版社，1989 年 11 月，页 87。

[3]　图版采自洛阳市文物工作队：《洛阳出土历代墓志辑绳》，北京：中国社会科学出版社，1991 年 6 月，页 126／图一二六。

图 7 洛阳出土安延墓志（石高、宽均 49 厘米，正书）

图 8 洛阳邙山出土康婆墓志（石高 54.5 厘米、宽 53.5 厘米）

次安师墓志（图 9）文云："君讳师，字文则，河南洛阳人也。十六代祖西华国君，东汉永平（58—75）中，遣子仰入侍，求为属国，乃以仰为并州刺史，因家洛阳焉……以显庆二年（657）正月十日遘疾终于洛阳之嘉善里第。……龙朔三年（663）……八月廿一日合葬于北芒之坂……"[1]

次洛阳龙门出土、原洛阳龙门文物保管所存"安思泰为亡父母所作""石制方形墓塔一座"，"塔第一层背面刻"康法藏祖坟记（图 10），其文略曰：

次西边坟

祖婆康氏，

　　右麟德二年（665）八月亡。

祖父俱子，

　　右上元二年（675）三月亡。其年八月葬在

洛州河南县龙门乡孙村西一里。父德政合葬记……[2]

次洛阳出土康元敬墓志（图 11），其文有云："君讳元敬，字留师，相州安阳人也。原夫吹律命系氏，其先肇自康居毕万之后。因从孝文，遂居于邺……父忤相，齐九州摩诃大萨宝。……咸亨四年（673）五月景戌朔廿九日甲寅迁厝于河南北邙平乐乡……"[3]

以上文物信息透露出，寓居中原的诸胡移民，不惟模仿着中原汉民志墓立碑及名外立字的遗风，而且多已将自己的家族乡贯认可于洛阳。

向达先生早已指出，"中国志墓立碑之风，在来华之西域人中亦甚通行，出土各西域

[1] 图版采自北京图书馆金石组编：《北京图书馆藏中国历代石刻拓本汇编》，第 14 册，郑州：中州古籍出版社，1989 年 11 月，页 80。

[2] 温玉成：《龙门所见中外交通史料初探》，《西北史地》1983 年第 1 期，页 61—68，坟记录文采自页 63—64。图版采自张乃翥辑：《龙门区系石刻文萃》，北京：国家图书馆出版社，2011 年 10 月，页 99/ 图 100。

[3] 图版引见北京图书馆金石组编：《北京图书馆藏中国历代石刻拓本汇编》，第 15 册，郑州：中州古籍出版社，1989 年 11 月，页 193。

图 9　洛阳出土安师墓志（拓片长 53 厘米、宽 52 厘米，正书）

图 10　洛阳龙门出土唐粟特人康法藏祖坟记

图 11　洛阳邙山出土康元敬墓志（拓片长 50 厘米、宽 45 厘米，正书）

人墓志即其明证"[1]。这实际上折射了内徙胡人向慕华风、逐渐汉化的历史进程。

今由突厥彻墓志"君讳彻，字姞注，……祖各志，任阿临河上开府；父若多志，摩何仪通"的世系叙述，就其整个家资沿替来说，可见从其祖、父两代仅有"以音取名"的胡风特征，而向其本人"名、字兼有"这一汉地传统逐渐转移的人文情节。墓志中的门第信息，反映了这一侨民家庭的整个汉化过程，曾经存在着一种不断深化的趋势，这与上引诸胡墓志传达的整体信息保持有显然的一致性。

至于志文叙其"早逢迷晓，皈募大隋。勤奋赤诚，恒常供奉，……其人乃威神雄猛，性爱武文。接事长幼，恒不失节"的记事，的确从文化语境层面显示着这一内徙胡人"文质彬彬，居然君子"的情态——西来胡人之日渐濡染汉地世风情愫，突厥彻墓志的遣辞颂美，庶几可谓一管窥豹矣。

---

[1]　向达：《唐代长安与西域文明》，石家庄：河北教育出版社，2001 年 11 月，页 94。

五

众所周知，自6世纪中叶室点密可汗率"十姓部落"勃兴于漠北，西突厥汗国率以南扰周隋李唐、西荡中亚七河称雄于西域。值西突厥铁骑驰骋、浩风长卷之期间，柔然、嚈哒、波斯等一时强国相继沦囚丧首臣服于阿史那一族。当此之际的中原王朝，或远结近交以自固，或离散诸部而待机。马上哀怨和亲于漠北，万乘警跸羁縻于中亚。斥使首途连绵款诚于异域，络绎商旅极尽经略之能事。中古一代的丝路沿线，演绎的正是这种五彩斑驳、引人回溯的历史长歌。

这件融会了古代波斯、突厥和华夏人文情采的石刻文献，其极具魅力意义的史料价值，正根植于那段日渐远去的历史风景中。

当人们饮味于这些往日陈迹、意欲开拓于未来的时候，我们不该忘记作为丝路故都的洛阳，其封尘千年的历史文物中，这件饱蘸了中外人文情结的旷世遗珍带给人们的启迪！

基于丝绸之路视阈
的洛阳安菩萨墓葬
文物再解读

一

1981 年龙门东山考古发掘的景龙三年（709）安菩萨与夫人何氏合葬墓，是当代洛阳考古工作中揭示的一座极为鲜见的未经盗扰的唐代墓葬。墓主安菩萨，西域粟特入华之豪酋，以祖孙三代有功于唐，故被唐廷委任为"陆胡州大首领"，因而在初、盛唐时代中外民族史上享有极高的声誉。

由于墓主生前有着如此特殊的政治、民族的身份，故在唐代丝绸之路文明史上有着重大的研究价值。所以这一墓葬遗迹保留的完整信息自发掘之日起，便受到考古和历史学界普遍的关注。对于它的综合研究，其前有墓葬发掘简报、墓志释读，其后有对这座墓葬所透露信息的再释读，足见其弥足珍贵的重要性。鉴于它仍具有诸多尚待破解的重要信息，本文在前贤研究的基础上，从丝绸之路视阈对这一墓葬遗迹再作一初步的解读。期待以此未敢自信的文稿，就教于学界前贤与同道。

二

安菩萨墓葬中最具史学意义的文物，是详细记载其家资行状的一合纪年墓志。其志盖盝顶、四刹及周边刊以密集的唐卷草纹样。盖芯楷书阴刻"大唐定 / 远将军 / 安君志"。墓志边长 45 厘米，志文行楷，22 行，满行 22 字。全文有曰：

唐故陆胡州大首领安君墓志 /

君讳菩，字萨，其先安国大首领。破匈奴，衔帐百姓归中 / 国。首领同京官五品，封定远将军，首领如故。曾祖讳钵 / 达干，祖讳系利。君时逢北狄南下，奉敕遄征。/ 一以当千，独扫蜂飞之众。领衔帐部落，献馘西京。不谓□ / 火电辉，风烛难住，粤以麟德元年（664）十一月七日，卒于长安 / 金城坊之私第，春秋六十有四。以其年十二月十一日，旋 / 窆于龙首原南平郊，礼也。

夫人何氏，其先何大将军之长 / 女，封金山郡太夫人。以长安四年（704）正月廿日寝疾，卒于惠 / 和坊之私第，春秋八十有三。以其年二月一日，殡于帝城 / 南敬善寺东，去伊水二里山麓，礼业。孤子金藏，痛贯深慈，/膝下难舍，毁不自灭，独守母坟。爱尽生前，敬移殁后，天玄/地厚，感动明祇。敕赐孝门，以标今古。嘉祥福甸，瑞草/灵原，乡曲荫其风，川途茂其景。粤以景龙三年（709）九月十四/日，于长安龙首原南，启发先灵。以其年十月廿六日，于洛/州大葬，礼也。嗣子游骑将军胡子、金刚等，罔极难追，屺岵/兴恋，日弥远而可知，月弥深而不见，与一生而长隔，悲复/悲而肠断。呜呼哀哉！

其词曰：

素成大礼，载召幽魂；关山/月亮，德洽乾坤；鸿门定远，留滞将军；择日迁卜，阴阳始分；/兰芳桂馥，千岁长薰；其一。名由谥显，德以位班；质含月态，镜/转神颜；淑慎匪亏，丽藻清闲；环川水媚，玉润灵原；君贤国/宝，妻美金山；孝旌间闲，万代称传；其二（图1）。

安菩萨墓葬的一个值得思考的学术问题，是关于该墓墓主名讳称呼的确认。

洛阳市文物工作队撰写的该墓发掘简报《洛阳龙门唐安菩夫妇墓》[1] 和赵振华、朱亮二位先生的《安菩墓志初探》[2]（下称《初探》）两文均认为，该墓墓主的名字应称之为"安菩"。根据是墓志本身直有"君讳菩，字萨，其先安国大首领"的记载。《初探》一文并且据此认为，"安菩"墓志的名讳记事，可以证实唐史学者岑仲勉先生"外人根本无'名'、'字'之分"说法的失考。

我们认为，安菩萨墓志中关于"讳菩，字萨"的名字自称，与内地近代出土的一些有"名""字"兼称的胡人墓志记事，实际上是一个远为深邃的动态文化的问题。对此，我们不应囿于微观例证的直载，望文生义地据以判定其名字的真实称呼。对于这样的文化遗迹的记述，我们应该突破一般的金石学传统的思维定势（discourse），进而以社会文化人类学（social and cultural anthropology）的理念，来看待这一西来粟特胡人慕化汉人风俗、宗崇佛教信仰内心世界的演绎轨迹，继而围绕着这一胡人名讳问题的认知，从更为深层的历史层面上，揭示有唐一代中原民族视野下那些丰富多彩的社会人文事象的原真面貌。

---

[1] 洛阳市文物工作队：《洛阳龙门唐安菩夫妇墓》，《中原文物》1982年第3期，页21—26。

[2] 赵振华、朱亮：《安菩墓志初探》，《中原文物》1982年第3期，页37—40。

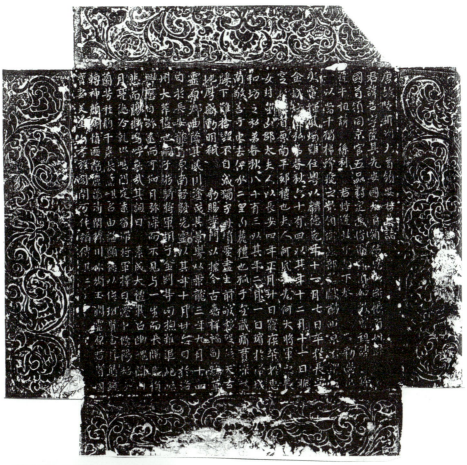

图1　1981年龙门东山北麓出土唐六胡州大首领粟特人安菩萨与夫人何氏墓志

事实上，常理和史实告诉我们，西域入华胡人之"名""字"兼称，原本包含着一种向慕汉化、从汉风仪的心理。职是之故，则胡人取名、设字，必依汉人名、字率有汉字表意的功能。如名、字失却表意之功能，则取名、设字亦失却存在的意义。

与此同时，佛教史知识告诉我们，安氏墓志里的"讳菩，字萨"的"菩""萨"二字，本乃佛教术语"菩提萨埵"之略称，乃梵文 Bodhisattva 之音译，意为"发智慧之心的人""觉有情者"。它是巴利文 Bodhisatto 的音译"菩提萨埵"的简称，"菩提"汉译是"觉悟"；"萨埵"汉译是"众生"或"有情"，亦即一切有感情的众生；全译是"觉有情者"。这种具有南亚表音特征而富于表意功能的汉译佛教词语，实际上在中古一代的历史文献和出土文化遗迹中，均有大量同类事例的出现。

如《梁书》卷四七有刘昙静传、庾沙弥传。《陈书》卷一三有鲁悉达传；同书卷三一有萧摩诃传。《隋书》卷五三有史万岁传；同书卷六五有周罗睺传、慕容三藏传；同书卷七一有张须陀传；同书卷七八有许智藏传等等。至于史籍非传记史料记载当时人物以佛教概念行字者，更是络绎不绝，俯拾即是。

西域史地知识告诉我们，作为绿洲城郭的粟特旧邦，中古以来原本信仰着传自伊朗的祆教。但安菩萨墓志的记事，从出土文献角度透露了这位移籍中原的六胡州"大首领"，至少已经一门两代改信了佛教，这由安氏及其二子取了带有佛教意味的名字"菩萨""金刚""金藏"可以略见其端倪。而安氏夫妇以佛教信仰为念不远千里自长安迁葬龙门敬善寺附近的过程，着实从一个侧面反映出粟特诸胡曾以东来部落热恋着龙门佛教胜地的宗教氛围。结合众多粟特移民在龙门地区的造像、置塔、刊经、修墓之行为，人们不难看出，龙门地区佛教文化氛围的日益浓重，与东来粟特信众的推波助澜有着密切的关联 [1]。

如前所述，汉字属于表意文字。中国汉人名讳所用的名和字，具有典型的文字表意功能。汉地士人取名、设字的初衷，实乃旨在寄托一种具有实质寓意的精神追求。

富于史学旨趣的是，安菩萨不仅以佛教名词概念取用为自己的名称，且又模仿汉

---

[1] 参见张乃翥：《文化人类学视域下伊洛河沿岸的唐代胡人部落——以龙门石窟新发现的景教瘗窟为缘起》（上），《石窟寺研究》（第5辑），北京：文物出版社，2014年12月，页154—174。张乃翥：《文化人类学视域下伊洛河沿岸的唐代胡人部落——以龙门石窟新发现的景教瘗窟为缘起》（下），《石窟寺研究》（第6辑），北京：科学出版社，2015年12月，页255—299。

地士人的文化习尚，将原本不能拆解使用的"菩萨"一词，蓄意拆开作为自己的名和字。但是，这种命名、设字的做法，只是在意念层面上保持了书写格式的模拟，但却并无汉人命名、设字双重表意的效能——单独发音的"菩"与"萨"，完全不具备汉字表意取向的功能。如是可知，安菩萨名讳的现象，应该在更为深邃一层的学理层面上予以探究。

如从文化人类学角度考察，我们可以看出，安菩萨取字命名的现象，折射出这位久居汉地的粟特豪酋，在文化理念中已有突出的向慕汉化的取向。这是当年东来粟特诸胡普遍经历的一个由文化接触（culture contact）到理念有意识变迁（voluntary change）的过程。这种现象在洛阳等地出土的众多域外胡人墓志中，可以得到反复的印证。

至此我们可以明了，岑仲勉先生所说"西人本无字"的断言，不能因为安菩萨墓志的字面叙事而径直地否然。

通过这一文物实例的探讨，我们可以看到中古时代的洛阳，曾有兼容诸多宗教信仰而向慕汉化的西域胡人的驻籍。正是这种带有浓郁中外文化交流意义的文物遗迹的昭示，让我们感受到中古一代内地与域外文明的交汇互动和事象斑斓，这从该墓出土的一些三彩雕塑艺术品中可以得到更加鲜明的印证。

除此之外，安菩萨墓志中最有史料价值的记事，亦值得人们认真地梳理。它对我们认识有唐一代中外社会的交往，有着珍贵的文化意义。

安氏墓志记载："其先安国大首领。破匈奴，衙帐百姓归中国。首领同京官五品，封定远将军，首领如故。曾祖讳钵达干，祖讳系利。君时逢北狄南下，奉敕遄征。一以当千，独扫蜂飞之众。领衙帐部落，献馘西京。"

根据张广达先生的研究，这段文字记叙了当年唐朝击破突厥颉利可汗后，西部诸胡归顺唐朝的往事。《通典》卷一九七《边防典》一三载："颉利之败也，……（诸胡）而来降者甚众，酋豪首领至者皆拜将军，布列朝廷，五品以上百余人，殆与朝士相半，惟柘羯不至……"[1] 可见当年归化中原的诸胡部落贵庶口马的众多。

---

[1] （唐）杜佑：《通典》卷一九七《边防典》一三，北京：中华书局，1988 年 12 月，页 5413。张广达：《唐代六胡州等地的昭武九姓》，见氏著：《西域史地丛稿初编》，上海：上海古籍出版社，1995 年 5 月，页 252。

墓志记载安菩萨妻何氏乃"先何大将军之长女，封金山郡夫人"。这从姓氏角度透露出安菩萨夫妇均属昭武九姓之粟特裔豪门出身。或许，照常理推断，何氏家族亦为当年内徙诸胡归款唐室的一部，故与有功于唐廷的安氏一门结为姻亲。

不仅如此，我们从墓志的记事中得知何氏之子安金藏的名字，这不但透露出安氏一门信仰了佛教，也为《唐书》记载安氏一门忠烈于李唐王朝提供了石刻资料的线索[1]。

关于唐"六胡州"的设立，史籍有"调露元年（679），于灵、夏南境以降突厥置鲁州、丽州、含州、塞州、依州、契州，以唐人为刺史，谓之六胡州。长安四年（704），并为匡、长二州。神龙三年（707）置兰池都督府，分六州为县。开元十年（722）复置鲁州、丽州、契州、塞州。十年，平康待宾，迁其人于河南及江、淮。十八年（730），复置匡、长二州。二十六年（738）还所迁胡户置宥州及延恩等县，其后侨置经略军。至德二载（757），更郡曰怀德。乾元元年（758），复故名。宝应（762—763）后废。元和九年（814）于经略军复置，距故州东北三百里"[2]。

今由安菩萨墓志载其卒于"麟德元年（664）十一月七日"，于是可知，六胡州之设立，应在安菩萨离世的664年之前，这较历史文献的以上记事尚早十五年之久。

据考古发掘简报报道，该墓圹内除了出土一合弥足珍贵的墓志石刻外，尚有一批形态各异、造型精美的三彩器出土。这也是该墓具有重大考古学价值的发现之一。

在这些三彩器中，最具形态写实意义的美术作品，当属一组高59—67厘米的胡人牵马、牵驼俑（图2-1、图2-2、图2-3、图2-4）[3]。其中的一件高鼻深目，虬髯络腮，头戴尖顶卷檐虚帽。上身着窄袖束腰长袍，垂落过膝，外罩交口翻领半臂。下身裤内束于深筒皮靴中。持此种装束的胡俑，该墓另有多尊出土，或束发，或幞头，然其高鼻深目之形貌造型，则传达出明显一致的中亚地区粟特人种的血统特征。

---

[1] （后晋）刘昫等：《旧唐书》卷一八七上《忠义》上，北京：中华书局，1975年5月，页4885—4886。（宋）欧阳修、宋祁：《新唐书》卷一九一《忠义》上，北京：中华书局，1975年2月，页5506—5507。

[2] （宋）欧阳修、宋祁：《新唐书》卷三七《地理志》一，北京：中华书局，1975年2月，页974—975。

[3] 图版采自洛阳市文物工作队编：《洛阳出土文物集粹》，北京：朝华出版社，1990年，页88—89/图75。

图 2-1	图 2-2
图 2-3	图 2-4

图 2-1　1981 年洛阳龙门东山
　　　　北麓唐安菩萨墓出土
　　　　三彩胡人俑之一

图 2-2　1981 年洛阳龙门东山
　　　　北麓唐安菩萨墓出土
　　　　三彩胡人俑之二

图 2-3　1981 年洛阳龙门东山
　　　　北麓唐安菩萨墓出土
　　　　三彩胡人俑之三

图 2-4　1981 年洛阳龙门东山
　　　　北麓唐安菩萨墓出土
　　　　三彩胡人俑之四

对于这种头戴卷檐虚帽的人物形象，其民族身份的认定，我们可以参照古籍文献的记事，做出大体的判断。

希腊上古历史学家希罗多德（Herodotus，约公元前484—前430/420）《历史》（Ηροδοτου Ιστοριαι）一书曾经记载，当时往来西域的塞人，即"萨凯人，或者说斯基泰人，下身穿着裤子，头戴一种尖顶而直挺的高帽子。他们带着他们本地自制的弓和短剑，还带着被他们称为萨伽利斯（sagaris）的战斧。说实话，这些人是属于阿米尔吉伊的斯基泰人，但是波斯人却称他们为萨凯人，因为波斯人把所有的斯基泰人都称为萨凯人"[1]。

另有研究者认为，这类来自西方的胡人形象中，其"尖帽胡俑、剪发束带胡俑、骑马豹猎俑多为粟特人形象"[2]。

尽管学者们对上述墓葬人物民族学形态有着不同的见解，但从宏观文化学角度来审视，这种头戴尖顶虚帽的胡俑，无论其民族身份来自于绿洲粟特还是依属于上古的塞种，他们一概从属于西域地区这一印欧人种血缘群体则是毫无异议的。

另从这类牵驼俑、牵马俑的人物角色定型看，其为跋涉于丝路征途上的粟特商贩的形象摹写殆无疑问。这从一个侧面折射出当年洛阳地区居民对这类商贸胡人个体形象的熟悉，从中透露出关于商贸和文化交流的信息，自是不言而喻的。

与上述三彩胡人男俑相媲美，该墓另有两身男装女俑三彩的出土（图3[3]、图4[4]）。这种极具人物个性化的美术形象，从一个侧面折射出当年东都胡人世界里，生活色彩的斑斓多姿、不拘一格。这与西域粟特胡人生活情趣的浪漫恣肆，有着内在的联系——汉地墓葬文物的人文信息，实实值得我们给予深刻地挖掘。

2005年，洛阳市文物工作者在洛阳城南新区发掘了唐安国相土唐氏和崔氏两座孺人墓，年代当唐中宗神龙二年（706），其形制相同，壁画内容也相似，都是在墓道东、西壁各安置了一组胡人牵马、牵驼的画面，其人物形象或为胡貌汉服或为胡貌胡服。其中

---

[1] ［古希腊］希罗多德著、徐松岩译注：《历史》，上海：上海三联书店，2008年2月，页370。

[2] 任江：《初论西安唐墓出土的粟特人胡俑》，《考古与文物》2004年第5期，页65—73。

[3] 图版采自洛阳博物馆编：《唐代洛阳》，郑州：文心出版社，2015年5月，页125。

[4] 图版采自洛阳博物馆编：《唐代洛阳》，郑州：文心出版社，2015年5月，页124。

图 3　1981 年洛阳龙门东山北麓唐六胡州大　　图 4　1981 年洛阳龙门东山北麓唐六胡州大
首领粟特人安菩萨墓出土三彩女俑之一　　　　　首领粟特人安菩萨墓出土三彩女俑之二
（洛阳博物馆藏）　　　　　　　　　　　　　　　　（洛阳博物馆藏）

唐氏墓墓道西壁扬蹄行进中的骆驼背上驮着成卷的丝绸和扁壶（图 5）[1]，一望而知描绘的
是行进中的驼马队伍。

　　2007 年春夏，文物部门在洛阳隋唐城定鼎门遗址的考古发掘中，在城门南侧唐代地
层中揭露出大面积的骆驼蹄印痕迹（图 6），可见唐代丝绸之路畅通时期，驼运转输在洛
阳对外交通史上有着十分重要的地位 [2]。现场分析表明，这一文化遗迹的产生，发生在都

[1]　洛阳市第二文物工作队编：《唐安国相王孺人壁画墓发掘报告》，郑州：河南美术出版社，2008 年
　　5 月，页 54，图版引见页 130/ 图版十四。
[2]　参见张成渝、张乃翥：《丝从东方来——隋唐洛阳城东运河两岸的胡人部落与丝绸之路的东方起
　　点》，北京：文物出版社，2022 年 12 月，页 244，图 6 采自页 244/ 图一七九。

图 5　唐安国相王孺人唐氏墓墓道西壁胡人牵驼壁画

图 6　洛阳隋唐城定鼎门遗址南侧路面上揭露的大面积骆驼蹄印痕迹

城南郊两起暴雨冲积之间一次庞大驼队的穿行过程中 [1]。这一考古成果的珍贵价值在于，它以一起大遗址文物揭露的形式确凿无疑地表明，中古时期的洛阳，的确承载着丝绸之路驼马运行、远程转输的国际性都会的职能——洛阳作为丝绸之路的起点城市之一，已为墓葬遗迹的揭示和大遗址考古现场的披露所证实。

此外，在安菩萨墓葬出土的众多随葬文物中，一件唐三彩骆驼的美术刻画引起了人们的注意。

这件造型绮丽的丝路典型骑乘驮畜，其双峰周围的鞍鞯，有联珠纹边饰，其上悬缀长颈执壶和双耳扁壶各一具，从而透视出西域及波斯美术式样的风格。骆驼两峰之间的承载物中，有一副体量硕大、造型夸张、双目突显、长舌外垂的"神兽形造像"（图 7-1[2]、图 7-2[3]）。

形制类同的三彩骆驼，洛阳唐墓中另有众多的实例。如 1963 年关林 2 号盛唐墓出土的一件三彩骆驼（图 8）[4]、1965 年关林 59 号盛唐墓出土的一件三彩载人骆驼（图 9）[5] 等。

学者们据唐人笔记"突厥事祆神，无祠庙，刻毡为形，盛于皮袋，行动之处，以脂苏涂之。或系之竿上，四时祀之"[6] 的记载，指出上述载有"神兽形神像"的美术样本，即为突厥化粟特移民祭祀祆神的状模，它实际上从一个侧面反映了中原一带内徙粟特部落宗教生活的一个场面——故国祆教习俗的积淀，使这一移居东夏的粟特家庭，重温着

[1] 详情参见《洛阳日报》《洛阳晚报》2007 年 8 月 27 日的报道，及 CCTV 2007 年 10 月 30 日晚间新闻报道。

[2] 图版采自王绣主编：《洛阳文物精粹》，郑州：河南美术出版社，2001 年 8 月，页 173/ 图 34。

[3] 图版采自姜伯勤：《中国祆教艺术史研究》，北京：生活·读书·新知三联书店，2004 年 4 月，页 228/ 图 15-2。

[4] 图版采自洛阳博物馆编：《洛阳唐三彩》，北京：文物出版社，1980 年 12 月，图 78。据 2023 年 12 月 29 日洛阳博物馆提供文物登记信息，"三彩骆驼。纵 69.7 厘米、横 28.4 厘米、高 81.2 厘米，一级，1963 年 1 月 11 日关林地质队 M2：4 出土"。感谢洛阳博物馆谢虎军先生提供信息。洛阳文物工作队编：《洛阳出土文物集粹》，北京：朝华出版社，1990 年，页 84/ 图 69。该图说明文字中文物出土年份"1973 年"有误，应为 1963 年。

[5] 图版采自洛阳博物馆编：《洛阳唐三彩》，北京：文物出版社，1980 年 12 月，图 80。

[6] （唐）段成式：《酉阳杂俎》卷四《境异》，北京：中华书局，1981 年 12 月，页 45。

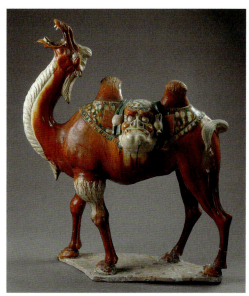

图 7-1   图 7-2   线图

图 7   1981 年洛阳龙门东山北麓唐六胡州大首领粟特人安菩萨墓出土三彩骆驼（洛阳博物馆藏）

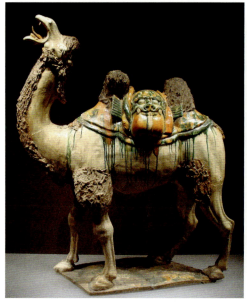

图 8   1963 年洛阳关林 2 号盛唐墓出土三彩   图 9   1965 年洛阳关林 59 号盛唐墓出土三彩
          骆驼（洛阳博物馆藏）   载丝胡人乘驼俑（洛阳博物馆藏）
        （长 68 厘米、高 81 厘米）   （长 32 厘米、高 38 厘米）

西域生活的旧梦[1]。这由古籍文献中的地方史料可以得到印证。

唐人张鹫《朝野金载》记东都洛阳遗事有："河南府立德坊及南市西坊皆有胡祆神庙。每岁商胡祈福，烹猪羊，琵琶鼓笛，酹歌醉舞。酹神之后，募一胡为祆主，看者施钱并与之。其祆主取一横刀，利同霜雪，吹毛不过，以刀刺腹，刃出于背，仍乱扰肠肚流血。食顷，喷水咒之，平复如故。此盖西域之幻法也。"[2]

清徐松《两京城坊考》卷五，引宋敏求《河南志》记事又谓：东都"会节坊，祆祠""立德坊，胡祆祠"[3]。

正是这些粟特移民的居住及其信仰活动的需要，使此之间的长安、洛阳，始有多处祆祠庙的出现[4]。围绕着祆祠所在地段发生的富有西风胡韵的人文情节，则鲜明传递出域外文明落植中原社会的具体细节——安菩萨墓葬中载驮祆神道具的三彩骆驼，其实正反映出内迁胡人东来汉地过程中，秉承西域旧风的文化生态。

不仅如此，学者们的研究表明，结合安菩萨子金藏《唐书》传中"金藏，神龙初丧母，寓葬于都南阙口之北，庐于墓侧，躬造石坟、石塔，昼夜不息。原上旧无水，忽有涌泉自出。又有李树盛冬开花，犬鹿相狎"的文献内容，可知安菩萨墓志中"环川水媚，玉润灵原"的叙事，实际隐含有祆教灵迹崇拜的痕迹。这反映出这一粟特家庭东迁中原以来的确在思想深处宗奉着祆教的信仰[5]。

值得人们注意的还有，安菩萨墓葬中出土的这尊三彩骆驼，其祆神道具的两侧，分别悬挂着一件双耳扁壶和一件长颈圆壶。这生动地描摹了当年胡人长途跋涉于沙漠瀚海之际，饮品补充的至关重要。

中原唐三彩骆驼造型中这种特定画面的典型美术程式，集中反映了中古时代粟特部落东渐华夏过程中，缘于征途生计的必须而装配首要设备的最低限度——因始终处于

[1] 洛阳三彩骆驼承载祆神图像及其有关问题，参见姜伯勤：《唐安菩墓所出三彩骆驼所见"盛于皮袋"的祆神》，《唐研究》第七卷，北京：北京大学出版社，2001年12月，页55—70。

[2] （唐）张鹫：《朝野金载》卷三，北京：中华书局，1979年10月，页64—65。

[3] （清）徐松：《唐两京城坊考》卷五，北京：中华书局，1985年，页164、171。

[4] 有关长安、洛阳两地祆祠宗教活动的细节，参见林悟殊：《波斯拜火教与古代中国》相关章节，台北：新文丰出版公司，1995年10月。

[5] 参见沈睿文：《重读安菩墓》，《故宫博物院院刊》2009年第4期，页6—21。李鸿宾：《安菩墓志铭再考——一个胡人家族入居内地的案例分析》，《唐史论丛》2010年第1期，页160—181。

"随遇平衡"状态而便于携带液体饮料的长颈扁壶，对于往来千里荒漠而倍感干渴的行人来说，其功能价值已远远超出日常使用范畴而赋有随时"救生"的特殊意义[1]。

这种显示古代丝绸之路特有交通风貌的文化遗迹，洛阳中古墓葬遗存中多有同类器物的再现。

如1965年，洛阳东郊塔湾村唐墓中出土了一件曲柄、鹰首三彩胡瓶（图10）[2]。1981年，洛阳北郊葛家岭村唐墓中出土了一件曲柄、兽头三彩胡瓶（图11）[3]。从器物的外观形制上考察，这类三彩制品明显含有模仿西域同类银器制品的意旨。

安菩萨墓葬上述出土遗物中，另有发行于603—610年的东罗马帝福克斯金币一枚（M27：1）（图12）[4]，金币直径2.2厘米，重4.3克。这不仅透露出这一粟特家族与西域文明渊源有素的历史情节，更是洛阳与西域从事文化交流的珍贵历史遗存。

图10　1965年洛阳东郊塔湾村唐墓出土曲柄鹰首　　图11　1981年洛阳北郊葛家岭
　　　三彩胡瓶（口径3.8—5.1厘米、高32厘米）　　　　　村唐墓出土曲柄兽头三彩
　　　　　　　　　　　　　　　　　　　　　　　　　　　胡瓶（腹径13厘米、高
　　　　　　　　　　　　　　　　　　　　　　　　　　　28厘米）

[1]　引自张乃翥、张成渝：《洛阳与丝绸之路》，北京：国家图书馆出版社，2009年8月，页215。

[2]　图版采自洛阳文物工作队编：《洛阳出土文物集粹》，北京：朝华出版社，1990年，页102/图92。

[3]　图版采自洛阳文物工作队编：《洛阳出土文物集粹》，北京：朝华出版社，1990年，页101/图91。

[4]　图版采自洛阳文物工作队编：《洛阳出土文物集粹》，北京：朝华出版社，1990年，页111/图105。

在洛阳地区的中古地下遗迹中，自北魏晚期以来即有西域货币的出土。

如 1955 年，洛阳北郊邙山唐墓（M30）出土波斯萨珊王朝银币十六枚（图 13）[1]，其中有两枚为卑路斯（Peroz，459—484）时代所造，这是迄今所知在流入数量上仅次于库斯老二世（Chosroes Ⅱ，590—628）银币的一种货币，估计当时它们在中国内地具有"硬通货币"的价值。从中显示出魏、唐时代中原与萨珊王朝等中亚国家社会经济丛仍往来的事实 [2]。

图 12　1981 年洛阳龙门东山北麓唐安菩萨墓出土东罗马金币

图 13　1955 年洛阳邙山唐墓出土的波斯银币

[1]　赵国壁：《洛阳发现的波斯萨珊王朝银币》，《文物》1960 年第 8、9 期，页 94。图版采自洛阳市文物工作队编：《洛阳出土文物集粹》，北京：朝华出版社，1990 年，页 111/ 图 106。

[2]　参见夏鼐：《综述中国出土的波斯萨珊朝银币》，《考古学报》1974 年第 1 期，页 91—110+ 图版壹 / 图版贰。

图 14 　2013 年洛阳邙山南麓北魏大墓出土东罗马
拜占庭阿纳斯塔修斯一世金币

　　2013 年,洛阳邙山南麓衡山路北魏大墓出土东罗马拜占庭阿纳斯塔修斯一世（Anastasius,希腊语 Αναστάσιος A'，约 430—518）金币一枚（图 14），直径 2.1—2.2 厘米、厚 0.16厘米，其铸造时间为公元 491 至 518 年 [1]。

　　所有这些西域货币的出土，无不反映出中古时期的洛阳，由于丝路交通的畅通在社会经济领域与西方保持着友好的往来。

三

　　通过以上对安菩萨墓出土遗物的相关探讨，可以看出，这一源自中亚城郭绿洲的粟特家庭，在东移华夏的过程中，在意识形态领域中不仅秉持着故国旧邦行之已久的火祆教信仰，更在自我修养方面显示出宗崇儒家汉风和佛教意识形态的多元文化生态。如果我们善于从文化语境（cultural context）这一视阈给予这类胡人文化遗产以深层的解构，则不难发现中国封建社会繁荣阶段东西方人民跨地域往来的事象斑斓、景观多彩——基于探方与墓葬发掘的后流程时代的众多文化史料的再解读，的确需要更多地纳入到田野考古事业的议事日程上来。

---

[1]　资料来源：光明网—《光明日报》2013 年 10 月 29 日报道。摄影：高虎。

洛阳唐代文物与
西域夷教之东传

一

中古时代的两京地区，西域商胡、蕃客络绎来徙，不绝于途。根据史学界已有的研究，长安普宁坊、金城坊、醴泉坊、道政坊、亲仁坊、修德坊、胜业坊、崇贤坊、延寿里、怀远里、居德里、兴宁里、崇化里、金光里、通化里、光德里、开化里、群贤里、永乐里、崇仁里、义宁里、靖恭里，洛阳惠和坊、利仁坊、履信坊、福善坊，章善里、弘敬里（归义里）、嘉善里、敦厚里、思顺里、陶化里、河南里、温柔里等，均有粟特等西域移民的居住[1]。

伴随着这些西域胡人的东迁，久行葱岭西廓的诸多域外宗教，也不失时机地传播到了以洛阳为中心的中原地区，从而引发中原意识形态领域掺入诸多西化文明的因子和物质领域不少胡风民俗的出现。

二

在洛阳地区早年出土的诸多粟特胡人墓志中，已有确切涉及黄河流域居住火祆教信众的实例。如隋大业十一年（615）的翟突娑墓志、唐贞观二十一年（647）的康婆墓志及咸亨四年（673）的康元敬墓志，均有其前辈掌任火祆教教门执事的叙事记载[2]。

其中翟氏墓志记事有曰："君讳突娑，字薄贺比多，并州太原人也。父娑，摩诃大萨宝，薄贺比多。……大业十一年（615）岁次乙亥正月十八日疾寝，卒于河南郡雒阳县崇业乡嘉善里。葬在芒山北之翟村东南一里（图1）。"[3]

康婆墓志记事又曰："君讳婆，字季大，博陵人也。本康国王之裔也。高祖罗，以魏孝文世举国内附，朝于洛阳，因而家焉，故为洛阳人也。祖陀，齐相府常侍。父和，隋定州萨宝，又迁奉御。……贞观廿一年（647）八月十四日终于洛阳之私第，春秋七十有五（图2）。"[4]

[1] 据荣新江：《北朝隋唐粟特人之迁徙及其聚落》所列两表，见荣新江：《中古中国与外来文明》，北京：生活·读书·新知三联书店，2001年，页83—84、86—87。

[2] 参见张乃翥：《中原出土文物与中古祆教之东浸》，《世界宗教研究》1992年第3期，页29—39。

[3] 图版采自赵力光编：《鸳鸯七志斋藏石》，西安：三秦出版社，1995年12月，图二一八。

[4] 图版采自洛阳市文物工作队：《洛阳出土历代墓志辑绳》，北京：中国社会科学出版社，1991年6月，页126/图一二六。

图1　洛阳邙山出土翟突娑墓志（石高、宽均36厘米，正书）

图2　洛阳邙山出土康婆墓志（石高54.5厘米、宽53.5厘米）

康元敬墓志记载："君讳元敬，字留师，相州安阳人也。原夫吹律命氏，其先肇自康居毕万之后。因从孝文，遂居于邺。祖乐，魏骠骑大将军，又迁徐州诸军事。父仵相，齐九州摩诃大萨宝。……以咸亨四年（673）五月景戌朔廿九日甲寅，迁厝于河南北邙平乐乡（图3）。"[1]

按翟突娑、康婆、康元敬墓志中所载"萨宝"一词，来源于粟特文的 s'rtp'w，原是商胡部落内部的职务，源于西亚、中亚祆教的信仰，是"商队中负有神职责任的首领"之意[2]。翟突娑等人的父辈在中原地区充任着祆教的教职，无疑说明洛阳附近一带自北朝晚期以来即有大量祆教信众的聚居。当年东都城下演绎的诸多带有胡风习俗的人文时态，正与这些西域祆教信徒的生计传续有着密切的关系。

图3　洛阳邙山出土康元敬墓志（拓片长50厘米、宽45厘米，正书）

[1]　图版引见北京图书馆金石组编：《北京图书馆藏中国历代石刻拓本汇编》，第15册，郑州：中州古籍出版社，1989年11月，页193。

[2]　参见姜伯勤：《论高昌胡天与敦煌祆寺》，《世界宗教研究》1993年第1期，页2—5。

　　正是中原地区麇留有如此众多的以粟特部落为主体的西域移民，所以原在中亚一带广为流行的火祆教法才得以随着中亚移民的迁徙，播植于当地。

　　据韦述《两京新记》、宋敏求《长安志》及姚宽《西溪丛语》等唐宋文献的记载，有唐一代，长安城内布政、醴泉、普宁、靖恭、崇化诸坊至少有过六所祆教寺院的存在。其中醴泉坊的两座之一，即仪凤二年（677）唐室为亡国来华的波斯王子卑路斯所建立。这是萨珊波斯衰落之际中国封建王朝为其政治流亡人物在京城地区专门辟建的国教寺庙，从中可以看出李唐朝廷对于祆教信仰中的政治因素特别给予的高度重视。

　　而崇化坊之有祆祠引聚教胞，文献之外出土文物亦有相应的印证。西安出土《唐故米国大首领米公墓志铭并序》志云："公讳萨宝，米国人也。生于西陲，心怀□土。……崇心经律，志行玄门。□苦海以逃名，望爱河而□肩。□□天宝元年（742）二月十一日□长安县崇化里，春秋六十有五，终于私第……"[1]

　　而《太平广记》卷二八五引唐籍《朝野金载》卷三云："河南府立德坊及南市西坊，皆有胡祆神庙。每岁，商胡祈福，烹猪杀羊，琵琶鼓笛，酣歌醉舞，酬神之后，募一胡为祆主，看者施钱并与之。"[2] 清徐松《唐两京城坊考》卷五，引宋敏求《河南志》亦有"（唐）东都会节坊祆祠""立德坊，胡祆祠"之记事 [3]。

　　有关西域祆教信众从事这类"祈福"活动的细节情况，当地出土文物和当年的社会学史料曾有相应的显示。

　　洛阳发掘的唐粟特人大首领安菩萨墓葬出土三彩骆驼的双峰间，有皮质祆神头像一件（图 4-1、图 4-2[4]、图 4-3[5]）。这由唐人笔记"突厥事祆神，无祠庙，刻毡为形，盛于皮袋，行动之处，以脂苏涂之。或系之竿上，四时祀之"[6] 的记载，可知上述载有"神

[1]　志文原刊《北平图书馆馆刊》六卷二号，转引自向达：《唐代长安与西域文明》，北京：生活·读书·新知三联书店，1957 年 4 月，页 92。

[2]　（宋）李昉等编：《太平广记》卷二八五"河南妖主"条，北京：中华书局，1961 年 9 月，页 2269。

[3]　（清）徐松：《唐两京城坊考》卷五，北京：中华书局，1985 年 8 月，页 164、171。

[4]　图版采自王绣主编：《洛阳文物精粹》，郑州：河南美术出版社，2001 年 8 月，页 173/ 图 34、页 172/ 图 34 细部特写。

[5]　图版采自姜伯勤：《中国祆教艺术史研究》，北京：生活·读书·新知三联书店，2004 年 4 月，页 228/ 图 15-2。

[6]　（唐）段成式：《酉阳杂俎》卷四《境异》，北京：中华书局，1981 年 12 月，页 45。

图 4-2　祆神头像细部

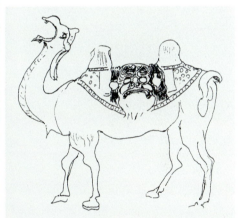

图 4-1

图 4-3　线图

图 4　1981 年洛阳龙门东山北麓唐六胡州大首领粟特人安菩萨墓出土三彩骆驼

兽形神像"的美术样本，即为突厥化粟特移民所祭祀祆神的道具状模。它实际上从一个
侧面反映了中原一带内徙粟特部落宗教生活的一个场面——故国祆教习俗的积淀，使这
些移居东夏的粟特家庭，重温着西域生活的旧梦[1]。这由古籍文献中的地方史料可以得到
相应的印证。

唐人张鷟《朝野金载》记东都洛阳遗事有谓："河南府立德坊及南市西坊皆有胡祆

[1] 洛阳三彩骆驼承载祆神图像及其有关问题，参见姜伯勤：《唐安菩墓所出三彩骆驼所见"盛于皮
　　袋"的祆神》，《唐研究》第七卷，北京：北京大学出版社，2001 年 12 月，页 55—70。

图5　1987年洛阳吉利区唐墓出土
火祆教祭祀用具火坛

神庙。每岁商胡祈福，烹猪羊，琵琶鼓笛，酾歌醉舞。酹神之后，募一胡为祆主，看者施钱并与之。其祆主取一横刀，利同霜雪，吹毛不过，以刀刺腹，刃出于背，仍乱扰肠肚流血。食顷，喷水咒之，平复如故。此盖西域之幻法也。"[1]

与上述文化资料叙事相表里，当地出土文物也证实了唐代洛阳地区继北朝之后，存在着火祆教信徒传续故国民俗风情这类人文事实。

1987年，洛阳市吉利区唐墓出土一件三彩"灯"具（图5）[2]。灯具通高45.5厘米，底座直径22.6厘米。通身施华美的三彩釉，自下而上由底座、柱、盘、盏四个部分组成。灯座部分为覆莲型造型，其上浮雕兽面。灯柱柱身由一组覆莲和仰莲相接组成，柱身装饰数圈联珠纹。灯盏以一盘承托仰莲，正中为体型稍深的灯盏，这似乎预示着灯盏存油量较多。这一"灯"具以周身布满域外文化格调的造型题材和技法，显然有别于同时代的汉地浅盘式灯具而显示出浓郁的胡化造型风尚。

值得人们留意的是，这件"灯"具顶端的"灯盏"，并未像同期其他灯具的灯盏那样，在中心部位设置一个用于插控灯捻的控柱，而且"灯盏"的深度也不利于燃料的燃烧。基于这种不同寻常的结构，我们意识到这一器物的用途有别于同时期的普通照明灯具。

考虑到洛阳地区上述种种胡风异俗的斑斓多彩、充斥藁街，我们认为这件三彩器物应即当年西域诸胡在洛阳地区从事祆教祭祀时所用的火坛的模型器，其功用为祆教信众举行宗教仪式时，于其顶端燃火进行歌颂光明的礼拜。这件圣火坛与萨马尔干出土的小

---

[1]　（唐）张鷟：《朝野佥载》卷三，北京：中华书局，1979年10月，页64—65。

[2]　图版采自王绣主编：《洛阳文物精粹》，郑州：河南美术出版社，2001年8月，页207/图58。

型拜火祭坛具有渊源关系（图6）[1]。

从洛阳吉利区出土的这件祆教火坛的造型风格
和纹饰题材上看，其中已含有诸多祆教文明的因素。
灯座上的兽面是祆教胡天神的形象，联珠纹、莲花
装饰是波斯萨珊地区和祆教祭祀中常见的纹饰，这
无疑也成为这件唐三彩"灯"独特性质的注脚。

这件祆教火坛在洛阳地区的出土，从历史遗
物角度端地透露出中古时期当地有着祆教信众的存
在，自一个侧面印证了洛阳在丝绸之路上有着重要
历史地位的判定绝非虚言。这件三彩火坛在洛阳地
区的出现，也同时印证了中古时代中原地区一直有
火祆教信徒依照西域故国习俗，从事祆教祭祀活动
的史实。

图6　萨马尔干出土的小型拜火祭坛

实际上，田野考古资料已经显示，从北朝晚期至唐代，内地有萨保职衔的胡人或上
层胡人的墓葬中，已多有各种形式的火坛出土。与此同时，在一些胡人的墓志盖、围屏、
石椁、墓门、墓碑上，亦有线刻火坛视觉图像的出土。凡此充分表明墓主信仰西域祆教
的身份，进而折射出祆教信仰流行中原的习俗。

1982年，太原市发现的北齐娄叡墓，出土"灯"具4件（标本714），通高50.2厘
米，灯径18厘米、底径20厘米、柄长28厘米。整体分为座、柄和盏三部分。灯座为
八瓣覆莲，底部饰一周联珠纹；灯柄下部饰忍冬纹；灯盏直口内敛，饰八瓣仰莲（图
7-1、图7-2）[2]，其盏下部的忍冬、宝珠、月芽组成的图案，被研究者认为是"新月托
日的符号"。

2000年发掘的西安北周安伽墓墓门石雕彩绘门额门楣上有莲花三驼座组成的火坛，
火坛内置薪火正升腾燃烧（图8）。墓主安伽"字大伽，姑藏昌松人"，曾任"同州萨保、

[1]　图版采自《丝绸之路展览图录》，转引自施安昌：《火坛与祭司鸟神：中国古代祆教美术考古手
记》，北京：紫禁城出版社，2004年11月，页26/图13。

[2]　山西省考古所、太原市文管会：《太原市北齐娄叡墓发掘简报》，《文物》1983年第10期，页1—
23，图版采自该期彩插图版柒1、页10/图二五。

 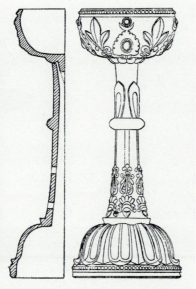 

图 7-1　　　　　　　　图 7-2　　　　　　　图 8　　2000 年发掘西安北周安伽墓
　　　　　　　　　　　　　　　　　　　　　　　　　门额门楣上莲花三驼座火坛

图 7　　1982 年太原市北齐娄叡墓出土火祆教祭祀火坛

大都督"[1]。

　　2002 年，太原东郊发现的北齐徐显秀墓，出土 4 件"灯"具，其中一件（标本 180）（图 9）通高 48 厘米、灯径 14 厘米、底径 18 厘米、柄长 31 厘米，分为座、杆和盏三部分。灯座为八瓣覆莲，灯杆饰三圈联珠纹，数圈弦纹。灯盏直口内敛，盏饰八瓣仰莲[2]。

　　1999 年 7 月发掘的太原隋代虞弘墓椁座前壁下排正中的浮雕图像，为两躯人首鹰身形象的祭司相向站立在火坛两边（图 10-1、图 10-2）。墓主虞弘，墓志载其来自西域鱼国，曾在北周有"检校萨宝府"之经历，从而可以看出西域胡人与火祆教法有着密切的关系[3]。

———————————————

[1]　陕西省考古研究所：《西安北郊北周安伽墓发掘简报》，《考古与文物》2000 年第 6 期，页 28—35，
　　　图版采自该期封底。

[2]　山西省考古所、太原市文物考古研究所：《太原北齐徐显秀墓发掘简报》，《文物》2003 年第 10 期，
　　　页 4—21，图版采自页 13/ 图一五-1。

[3]　山西省考古研究所：《太原隋代虞弘墓清理简报》，《文物》2001 年第 1 期，页 27—52，图版采自
　　　页 46/ 图三六、页 45/ 图三一。

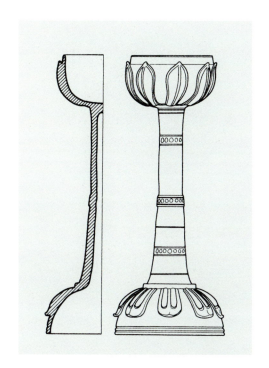

图 10-1　浮雕

图 10-2　摹本

图 9　2002 年太原东郊北齐徐显秀墓出土火
　　　祆教火坛

图 10　1999 年发掘太原隋代虞弘墓椁座浮雕中
　　　 的火祆教祭司与火坛（前壁下排正中）

　　洛阳地区的出土文物中也有此类火坛形象的出现。1955 年 5 月，洛阳老城区北郊岳
家村 M30 唐墓中出土 16 枚波斯银币（图 11-1、图 11-2）[1]。银币正面纹饰为脸向左侧、
头戴王冠的王者半身像，王者双肩处有两条绶带，颈部为联珠纹装饰。正中火坛左侧为
五角星，右侧为一弯月。银币背面中央为一莲花座的祭祀火坛，两侧为祭司。其中，正
面王者像前后、背面祭司后部都有文字。

　　学者们的研究表明，这些来自波斯萨珊朝卑路斯（Pirooz）时期的银币，相当于中
国的北朝时期。钱币纹饰中的火坛、星月及王者的绶带、联珠纹等都是波斯祆教文物的
重要标志。这批银币在洛阳的出土，说明了北朝时期中亚粟特人经由丝绸之路来到洛阳
并在此进行商业活动的史实。

---

[1]　赵国壁：《洛阳发现的波斯萨珊王朝银币》，《文物》1960 年 8、9 期合刊，页 94。霍宏伟、程永
　　建：《洛阳岳家村 30 号唐墓出土波斯萨珊朝银币》，《四川文物》2006 年第 2 期，页 48—50，图版
　　采自该期彩插图版肆。

图 11-1　正面　　　　　　　　图 11-2　背面

图 11　1955 年洛阳北郊岳家村 M30 唐墓中出土波斯银币

凡此种种的文化迹象，无不显示出当年洛阳地区与西域国家交往的密切，这由下文引述的有关文物资料可以证明此说不妄。

近代洛阳出土西域诸胡墓志文物中，波斯国人阿罗憾墓志享有独特的价值。墓志全文 [1] 如下（图 12）：

> 大唐故波斯国大酋长、右屯卫将军、上柱国、/
>
> 金城郡开国公波斯君丘之铭。/
>
> 君讳阿罗憾，族望波斯国人也。显庆（656—660）年中，/
>
> 高宗天皇大帝以功绩可称，名闻西域，出使 /
>
> 召来至此，即授将军。北门□领，侍卫驱驰。又 /
>
> 差充拂菻国诸蕃招慰大使，并于拂菻西界 /
>
> 立碑，峨峨尚在。宣传圣教，实称蕃心。/
>
> 诸国肃清，于今无事。岂不由将军善导者为 /
>
> 功之大矣。又为则天大圣皇后召诸 /

---

[1]　阿罗憾墓志的录文，始见（清）端方辑：《匋斋臧石记》卷二一，转引自（清）端方辑：《陶斋臧石记》（第二册），北京：朝华出版社，2019 年 1 月，页 853—854；又见周绍良主编：《唐代墓志汇编》（上），上海：上海古籍出版社，1992 年 11 月，页 1116。阿罗憾墓志拓本刊北京图书馆金石组编：《北京图书馆藏中国历代石刻拓本汇编》，第 20 册，郑州：中州古籍出版社，1989 年 11 月，页 110，此拓本印刷效果差。

蕃王，建造天枢及诸军立功，非其一也。此则 /
永题麟阁，其于识终。方画云台，没而须录。以 /
景云元年（710）四月一日[1]，暴憎过隙。春秋九十有 /
五，终于东都之私第也。风悲垄首，日惨云端，/
声哀乌集，泪久松干。恨泉扃之寂寂，嗟去路 /
之长叹。呜呼哀哉！以其年□月□日，有子俱 /
罗等，号天罔极，叩地无从。惊雷绕坟，衔泪石，/
四序增慕，无辍于春秋；二《礼》克修，不忘于生 /
死。卜君宅兆，葬于建春门外，造丘安之，礼也。/

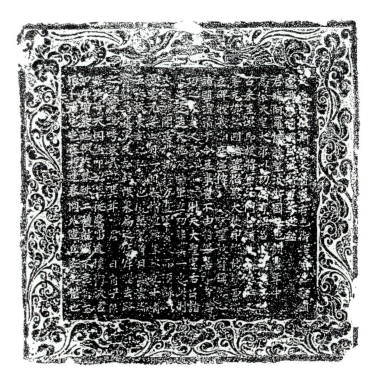

图 12　洛阳唐代建春门外出土的波斯人阿罗憾墓志

---

[1]　渝按：据《北京图书馆藏中国历代石刻拓本汇编》，此处纪年有误，"景龙四年七月始改元景云，
然此志却作景云元年四月一日"。见北京图书馆金石组编：《北京图书馆藏中国历代石刻拓本汇
编》，第 20 册，郑州：中州古籍出版社，1989 年 11 月，页 110。

墓志中"族望波斯国人也",明白地显示了阿罗憾乃波斯萨珊王朝人士的出身。

检验历史可知,阿罗憾来华之时,正是萨珊波斯末代君主伊嗣侯三世(Yezdigird Ⅲ)被阿拉伯人逐杀而失国,其子卑路斯三世(Pirooz Ⅲ)挟旧部出奔吐火罗建立短期流亡政府之际。此时正值唐廷高度关注中亚形势走向的时期,故唐高宗假因慕其名望,特命使节将其招来,旨在为经略中亚积累人才。在唐任职期间,阿罗憾曾充使招慰拂菻诸蕃,并在拂菻西界立碑,宣传唐化。在其留居东都的时代,他曾为武则天召集各族胡人集聚钱物而建造天枢,从中亦透露出西域诸胡与武周政权过从甚密的政治生态。

晚年的阿罗憾,留居东都并终老于此,显示了萨珊波斯失国后部分袄教信徒流寓中原继续生存并融入唐廷政界的史实。

洛阳地区文物遗迹揭示中原王朝接与波斯帝国的历史,并非阿罗憾墓志所独有,此前洛阳邙山出土的另一件胡人墓志,同有这一民族领域的记事。

近代洛阳出土隋代文物中,有突厥裔绪名"彻"者墓志一件。早年向达先生述及波斯诸国胡人流寓中原之实例,对此曾有内容的援引:"君讳彻,字姤旺,塞北突厥人也。……侠侄之苗胄,波斯之别族。"[1]

该墓志拓本长 37 厘米、宽 38 厘米,内中楷书志文 15 行,行满 15 字。今据行文次第迻录全文如次(图 13)[2]:

> 君讳彻,字姤注,塞北突厥人也。/
> 侠侄之苗胄,波斯之别族。祖各志,任阿 /
> 临何上开府。父若多志,摩何仪通。身早 /
> 逢迷晓,昄慕大隋。勤奋赤诚,恒常供奉,/
> 任右屯卫通议大夫。其人乃威神雄猛,/
> 性爱武文。接事长幼,恒不失节。至于弓 /
> 马兴用,玄空走步,追生勿过三五。乃于 /

[1] 向达:《唐代长安与西域文明》,北京:生活·读书·新知三联书店,1957 年 4 月第 1 版,1987 年 4 月第 3 次北京印刷,页 25;又石家庄:河北教育出版社,2001 年 11 月,页 33。

[2] 北京图书馆金石组:《北京图书馆藏中国历代石刻拓本汇编》,第 10 册,郑州:中州古籍出版社,1989 年 11 月,页 144。

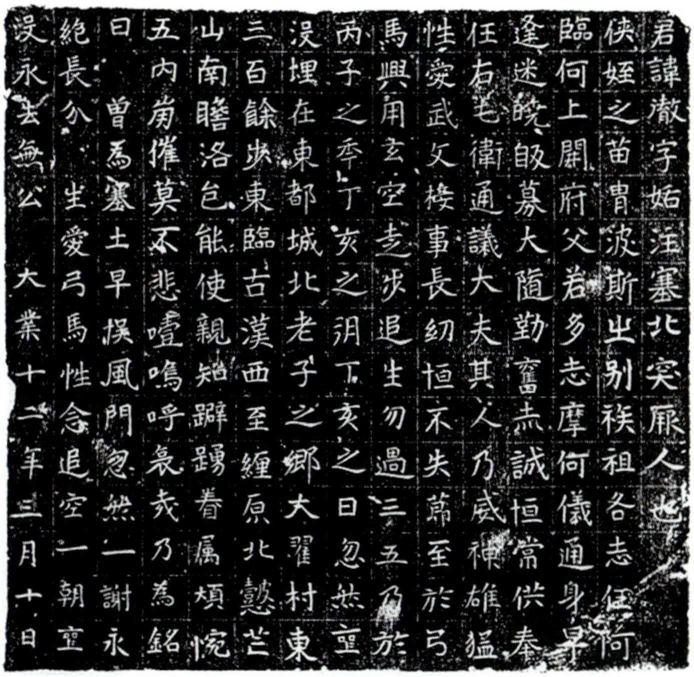

图 13　洛阳出土隋代波斯人突厥彻墓志

丙子之季，丁亥之朔，丁亥之日，忽然丧/

没，埋在东都城北老子之乡大翟村东/

三百余步。东临古汉，西至缠（瀍）原，北憨邙/

山，南瞻洛邑。能使亲知躃踊，眷属烦惋，/

五内崩催，莫不悲噎。呜呼哀哉，乃为铭/

曰：

曾为塞土，早误风门；忽然一谢，永/

绝长分；生爱弓马，性念追空；一朝长/

没，永去无公。/

大业十二年（616）三月十日。

按一般的历史情势来考察，志主既以"塞北突厥人"自称其为"侠侄之苗胄，波斯之别族"，则此中无疑含有当年中亚一带民族政治、血缘交往的人文史态的内在情理。具

体而言:

其一,志主在广义民族身份上,以波斯外流部族羁属于"侠侄"帐下而称贯为"突厥人",这在 6 世纪中叶以来突厥称雄漠北、中亚之际羁縻诸部款附宗主的时代,尤其有着显然的可能性。

如史载突厥"木杆(可汗)勇而多智,遂击茹茹,灭之。西破挹怛,东走契丹,北方戎狄悉归之,抗衡中夏"[1]。

> 西突厥者,木杆可汗之子大逻便也。……东拒都斤,西至龟兹,铁勒、伊吾及西域诸胡悉附之……处罗可汗居无恒处,终多在乌孙故地。复立二小可汗,分统所部,一在石国北,以制诸胡国。[2]

> 铁勒之先,匈奴之苗裔也。……(诸部)虽姓氏各别,总谓为铁勒。并无君长,分属东、西两突厥。……自突厥有国,东西征讨,皆资其用,以制北荒……[3]

> 疏勒国,……土多稻、粟、麻、麦、铜、铁、锦、雌黄,每岁常供送于突厥。[4]

志主流寓中原之前后,正是突厥雄踞中亚的盛期。其以突厥属部而称贯,自有当时民族政治必然之背景。

而杨隋时代的波斯,虽"突厥不能至其国,亦羁縻之,波斯每遣使贡献"[5]。

其二,从血缘成分角度审视,志主极有可能属于突厥、波斯民族之间互通婚姻的后代,这在当时可为漠北、中亚之间习以为常的人文事象。

史载柔然晚期,其主阿那瑰伯父婆罗门姊妹三人妻于嚈哒王[6],以致《魏书》则有"嚈哒国,大月氏之种类也,亦曰高车之别种,其原出于塞北。自金山而南,在于阗之

---

[1] (唐)魏徵等:《隋书》卷八四《北狄传》,北京:中华书局,1973 年 8 月,页 1864。

[2] (唐)李延寿:《北史》卷九九《突厥传》,北京:中华书局,1974 年 10 月,页 3299—3300。

[3] (唐)魏徵等:《隋书》卷八四《北狄传》,北京:中华书局,1973 年 8 月,页 1879—1880。

[4] (唐)魏徵等:《隋书》卷八三《西域传》,北京:中华书局,1973 年 8 月,页 1852。

[5] (唐)魏徵等:《隋书》卷八三《西域传》,北京:中华书局,1973 年 8 月,页 1857。

[6] (唐)李延寿:《北史》卷九八《蠕蠕传》,北京:中华书局,1974 年 10 月,页 3262。

西，都乌许水南二百余里。……西域康居、于阗、沙勒、安息及诸小国三十许皆役属之，号为大国。与蠕蠕婚姻"[1] 的记事。

"康国者，康居之后也。……其王本姓温，月氏人也。……王字世夫毕[2]，为人宽厚，甚得众心。其妻突厥达度可汗女也。……婚姻丧制与突厥同"[3]。这是昭武九姓联姻突厥的一例。

又《隋书》："高昌国者，……俗事天神，兼信佛法。……开皇十年（590），突厥破其四城，有二千人来归中国。（麹）坚死，子伯雅立。其大母本突厥可汗女，其父死，突厥令依其俗，伯雅不从者久之。突厥逼之，不得已而从。"[4] 此亦西域汉族王庭结缘突厥的政治运筹。

泊至公元6世纪中叶，突厥勃兴，室点密可汗率十部荡平西域诸胡，蠕蠕破灭，哓哒失援。"波斯王 Khosrou Anouschirwan 欲雪其祖父 Pirouz"破灭之国耻，"乃以突厥可汗女为妻，而与结盟"，共图哓哒。室点密遂统军攻哓哒，杀其王[5]。此为突厥、波斯之间直接通婚的史实。

由此可见，洛阳出土突厥彻墓志有关民族出身的记事，恰恰是当年波斯人结缘突厥和中原王朝的一个典型的案例。

毫无疑义，丝路沿线民族之间这种频频互为婚姻的社会生态，反映着游牧部落间在交通活跃条件下人际关系密切的交往。这样看来，久行波斯故地的火祆教法流布于中原，自来有其丰厚的人际渊源的根基。

三

与上述火祆教文物相与联接，洛阳更有景教文物的连续发现。这其中最为著名的文物实例，即洛阳隋唐故城东郊"感德乡"出土的一件珍贵的景教经幢。

[1] （北齐）魏收：《魏书》卷一〇二《西域传》，北京：中华书局，1974年6月，页2278—2279。

[2] 耆按：《隋书》卷八三记为"王字代失毕"。见（唐）魏徵等：《隋书》卷八三《西域传》，北京：中华书局，1973年8月，页1848。

[3] （北齐）魏收：《魏书》卷一〇二《西域传》，北京：中华书局，1974年10月，页2281。

[4] （唐）魏徵等：《隋书》卷八三《西域传》，北京：中华书局，1973年8月，页1846—1847。

[5] 参见［法］沙畹著、冯承钧译：《西突厥史料》，北京：中华书局，2004年1月，页199—200。

2006 年 5 月，洛阳隋唐故城东郊出土了一件珍贵的唐代景教石刻，这是继天启五年（1625）陕西出土《大秦景教流行中国碑》及近代敦煌石窟、吐鲁番古城遗址等出土景教经典写卷以来，中国境内又一具有世界文化史意义的文物发现。

洛阳出土的这件景教遗物，在文物形制上系一模仿佛教陀罗尼经幢的同类石刻。其整体为一面宽 14 厘米的八面体石灰岩棱柱，残高 84 厘米，水平截面外接圆直径 40 厘米。经幢之中段，为一明显受到激烈撞击的断面，从而可知这件宗教石刻的后期曾经受到人为的破坏。

这一石刻经幢顶端的立面上，分别影雕着两组极富装饰效果的十字架符号及其左右配置的"天神"形象。

其幢身之中段，每面刊刻汉文楷书文字 2 至 6 行。

第一面至第五面第一行，刻祝文与《大秦景教宣元至本经》一部。第五面第二行至第八面，刻《大秦景教宣元至本经幢记》一篇。

现依行文次第，迻录石刻全文如下：

祝曰：/

清净阿罗诃，清净大威力，清净……/

大秦景教宣元至本经/

时景通法王在大秦国那萨罗城和明宫宝法云座将与二见，了决真源，……/

王，无量觉众及三百六十五种异见中民。如是族类，无边无极，自嗟空□……/

念，上观空皇，告诸众曰：善来法众，至至无来，今可通常，启生灭死，各圆……/

常旨……无元无□，无道无缘，妙有非有，湛寂常然。吾闻大阿罗诃……/

置因缘机轴，自然著为象本，因缘配为感乘。剖判参罗，三生七低，浇……/

作，以为应旨，顺成不待，而变合无成，有破有成，无诸所造化，靡不依……/

嗣，虔仰造化，迷本匠王。未晓阿罗诃，功无所衔，施无所仁，包浩□……/

悉见见，故无界非听悉听听，故无界无力尽持力，故无界响无……/

临，物象咸揩，唯灵感异，积昧亡途。是故以善教之，以平治之，……/

化终迁，唯匠帝，不亏不盈，不浊不清，保任真空，常存不易，……/

弥施诃，应大庆原灵。故慧圆悟之空，有不空无于空，不滞……/

卢诃那体究竟真凝，常乐生命。是知匠帝为无境，逐不法……/

数晓，人大晤了，皆成益□民滞识，是见将违。盖灵本浑……/

且容焉，了己终亡焉。听为主故，通灵伏识，不遂识迁，□……/

下备八境，开生三常，灭死八境之度，长省深悔，警慎……/

景通法王说至既已，普观众晤于其会中，诠以慧……/

诸界。但有人受持读诵，信解勤行，当知其人，德超……/

如海溢坳，平日升暗，灭各证太，寂晓自在，常喜涤□……/

大秦景教宣元至本经幢记/

夫至圣应现，利洽无方。我无元真主匠帝□……/

海而畜众类，日月辉照，五星运行，即□……/

散，有终亡者，通灵伏识，子会无遗，咸超净□……/

海，宵宵冥冥。道不名，子不语，世莫得而也。善□……/

无始未来之境，则我匠帝阿罗诃也。……/

有能讽持者，皆获景福，况书写于幢铭□……/

承家嗣嫡。恨未展孝诚，奄违庭训。高堂□□□……/

森沉感因，卑情蓬心，建兹幢记，镌经刻石，用□……/

慰·亡妣安国安氏太夫人神道及·亡师伯和□……/

愿景日长悬，朗明闇府，真姓不迷，即景性也。夫求□……/

幽魂见在，支属亦愿无诸障难，命等松筠，长幼□……/

次叙立莹买兆之由，所管即洛阳县感德乡柏仁（里）……/

之始，即元和九年十二月八日，于崔行本处买，保人……/

咸，岁时奠酹，天地志同。买南山之石，磨龚莹澈，刻勒书经，……/

于陵文翼，自惭猥拙，抽毫述文，将来君子，无见哂焉。时……/

敕东都右羽林军押衙陪戎校尉守左威卫汝州梁川府……/

中外亲族，题字如后：··弟景僧清素，·从兄少诚，舅安少连……/

义叔上都左龙武军散将兼押衙宁远将军守左武卫大将军置同政（正）员……/

大秦寺·寺主法和玄应，俗姓米；·威仪大德玄庆，俗姓米；·九阶大德志通，
俗姓康；……/

图14　2006年5月洛阳唐代"感德乡"出土《大秦景教宣元至本经》经幢

检校莹及庄家人昌儿。·故题记之。/

其大和三年二月十六日壬寅迁举大事（图14、图15）。/

通过对这件景教经幢残存文字的初步研究，学界认为此件石刻中的《大秦景教宣元至本经》，与日本京都大学羽田亨纪念馆藏李盛铎旧存敦煌遗书中同经之写卷，应为同一经典稍见互异的刻本。

学者通过对洛阳景教石刻与敦煌遗书《大秦景教宣元本经》残存文字的拼接比勘，认为这一景教典籍汉文完本的文字数量，当在887字左右。由此可知，洛阳经本文字存量约占完本的48%，敦煌经本羽田藏卷约占完本的55%。

图15　2006年5月洛阳唐代"感德乡"出土《大秦景教宣元至本经》经幢拓本

洛阳此件幢记关于"大秦寺寺主法和玄应，俗姓米；威仪大德玄庆，俗姓米；九阶大德志通，俗姓康"的记载，不但印证唐人韦述《两京新记》及元《河南志》有关唐代洛阳已有景教寺院记载的可靠，而且说明当时洛阳的景教寺院中，昭武九姓的粟特人尚且居于教门领袖的地位，这或许与当时粟特人在中原景教中占有信众优势有着密切的关系。结合对这一景教文物出土地点的考察，这件景教文物的发现者张乃翥认为唐代东都的东城区内外，曾是中原地区一个包括粟特人在内的西域胡人人文聚落的重要地带，从而为人们了解唐代西域各国东来移民在洛阳地区的生活群落提供了明确的实证[1]。

考察本件石刻经幢的文物学形态，学者们认为中晚唐时代的中原景教信众，在意识形态领域内明显吸收了内地佛教文化的一些文物时尚，这与当时佛教在中原地区享有源远流长的文化地位有所关联——原本信仰祆教的粟特胡人东迁中原后见有众多的佛教信徒，也是这一历史现实的一个典型的写照。

有关洛阳景教信徒结缘佛教文化的时态，之后当地相关文物的继续发现，亦为人们提供了考察中原异域宗教文化生态的珍贵史料。

2013 年 11 月，龙门石窟研究院考古人员在龙门西山北段的红石沟北崖一处小型窟龛群中，发现一座内部空间为横长方体，高 65 厘米、宽 90 厘米、龛底进深 70 厘米的瘗穴。瘗穴楣际的上方，阴刻一个高 26 厘米、宽 24 厘米的十字架图像。在十字架图像右侧约 46 厘米处，刊刻一个字径约 7 厘米的汉文"石"字。上述遗迹表明，这一瘗窟或与

---

[1]　这件景教文物的首次报道，见张乃翥：《一件唐代景教石刻》，刊《中国文物报》2006 年 10 月 11 日第 7 版（见本著附录图 1）。其最早的学术研究专论，见张乃翥：《跋河南洛阳新出土的一件唐代景教石刻》，《西域研究》2007 年第 1 期，页 65—73（见本著附录图 2）；又氏著：《佛教石窟与丝绸之路》，兰州：甘肃教育出版社，2014 年 4 月，页 112—124；此文英译本 Zhang Naizhu, "Note on a Nestorian Stone Inscription from the Tang Dynasty Recently Unearthed in Luoyang"，刊《景教遗珍——洛阳新出唐代景教经幢研究》，北京：文物出版社，2009 年 5 月，页 17—33。该石刻张乃翥（2007）录文《补正说明》刊《西域研究》2007 年第 2 期，页 132（见本著附录图 3）。

　　有关这件景教文物与洛阳唐代文化的地缘背景，详见张乃翥：《洛阳出土景教经幢与唐代东都"感德乡"的胡人聚落》，《中原文物》2009 年第 2 期，页 98—106；此文英译本 Zhang Naizhu, "The Luoyang Nestorian Pillar and the Gande Township: A Settlement of Foreigners in the Area of Luoyang of the Tang Dynasty"，刊：Li Tang, and Dietmar W. Winkler, eds., *From the Oxus River to the Chinese Shores: Studies on East Syriac Christianity in China and Central Asia*. Berlin: Lit Verlag, 2013. pp.177–202.

图 16 2013 年龙门石窟西山北段新发现景教瘗窟外景

昭武九姓入华的"石国（Chach）"粟特人（Sogdian）有着内在的关联。经过对遗迹现场进行仔细地考古勘察，研究人员认为这一石窟为中唐初期龙门地区一处珍贵的景教瘗葬遗迹（图 16）[1]。

据该文化遗迹的发现者焦建辉介绍，这种空间狭小、壁面粗糙、窟内无造像或置像遗迹的小型洞窟和方穴，此前在龙门石窟东西两山均有发现。"红石沟的这些小型洞窟和方穴，应为埋葬宗教信徒遗体或骨灰的瘗窟（较大，放置遗体）和瘗穴（较小，放骨灰等遗物），其时代亦应在唐代"。

因该窟龛群地处龙门石窟核心区外，几乎无路可至且无造像遗存，长期以来未受关注，几乎不为学界所了解。我们认为，龙门石窟这处具有鲜明地域特色和时代特征的景教瘗葬遗迹，不但为唐代东都景教文化的存在提供了直接的考古学证据，也为探讨洛阳与丝绸之路的关系及洛阳在丝绸之路上的文化地位，提供了全新的史料支持。

除此之外，就在出土上述景教经幢的洛阳隋唐故城东郊的"感德乡"，2010 年末当地又出土了花献及其夫人安氏墓志。墓志记载了这一对夫妇出身西域、信仰景教的身份，从而为西域宗教孽乳中原再次提供了弥足珍贵的史料[2]。

花献墓志长、宽各 53 厘米，志文楷书，志文 27 行，满行 29 字。盖题篆书三行，文曰："唐故花 / 府君公 / 墓志铭。"墓志全文如下：

唐故左武卫兵曹参军上骑都尉 /

[1] 相关报道参见焦建辉：《龙门石窟红石沟唐代景教遗迹调查及相关问题探讨》，中国古迹遗址保护协会石窟专业委员会、龙门石窟研究院编：《石窟寺研究》（第 4 辑），北京：文物出版社，2013 年 12 月，页 17—22。

[2] 花献夫妇墓志最早刊布在郭茂育、赵水森等编著《洛阳出土鸳鸯志辑录》，北京：国家图书馆出版社，2012 年 10 月，页 211—214。

灵武郡花府君公神道志铭 /

　　洛阳圣善寺沙门文简撰 /

　　公讳献，字献，灵武郡人也。祖讳移恕，考讳苏邻。咸嗜道偃仰，浪心清闲，/ 以荣名为怯风之花，逍遥为绀霜之竹。而乃高尚无屈仕焉。延及府君，/ 纂延素风，有位而不登。弃禄养和，不争名于朝；澄心履道，尝隐逸于市。布 / 人信于戚属者，公不顾险艰，迎孀姊于砂塞之外，侍之中堂，聚食欢笑。累 / 岁倾殁，祔葬先茔，哭泣过制，人皆嗟焉。敷言行于朋从，守直道以度时。不 / 邪谄以矫媚，是以义声溢于天下，孝致盈于缙绅。常洗心事景尊，竭奉教 / 理。为法中之柱础，作徒侣之笙簧。而内修八景，外备三常，将证无元，永祇万 / 虑。于戏，日居月诸，否来泰往。忽遘微疾，未越一旬，有加无瘳，色沮神淬。召医 / 上药，拱手无所施。方知利剑先缺，甘泉先竭，干道变衰，而精魂归乎北斗。以 / 宝历三年（827）正月八日终于河南县修善里之私第，享年七十一。夫人安定郡 / 安氏，明洁宣慈，酌仁怡愉。好音韵，为丝竹，宫唱商和，礼翔乐优。以温恭而 成 / 妆，非粉黛为颜色。故穰穰百福，蓁蓁成阴。坤仪祸生，先归泉户，以长庆元 年（821）/ 夏四月五日终于旧里。孕子三人，长曰应元，次曰满师。皆为人杰，不 及时禄，/ 芳而不荣，具在前志。季子齐雅，行操松筠，为席之珍。招贤纳士，响慕 从风，江 / 海之心，罕议俦匹。泣血绝浆，有终天之恨，哭无常声，毁形过制。龟 兆从吉，即 / 以大和二年（828）二月十六日归葬于洛阳县感德乡柏仁村，启夫人故 坟，礼 / 及合祔。则龙剑合于下泉，琴瑟永沉蒿里。终天之义，从古如斯。南顾万 安，北 / 背洛涘。左瞻少室孤峰，右占土圭之墅。文简久承顾眄，眷抚情逾，邈志 之。性 / 多拙直，恐叙事不精，握管抽毫，记刻贞石，用虞陵谷之变。其词曰：/

　　灵武之氏，代不乏贤。谥物化洽，与时为天。□其叶□，松明竹鲜。/ 剑合重 泉，琴瑟初掩。永殄笙簧，世殁余念。景寺遗声，芳尘罢占。/ 峨峨淑德，克生休 命。履义蹈忠，含清体正。如玉之洁，如金之镜。/ 三光西没，百川东度。天道运 回，人随代故。倏忽嗟叹，凄凉薤露。/ 安氏夫人，祔葬终也。水合蛟龙，坟同松 槚。千载九原，嗣子泪下（图17）[1]。/

---

[1]　图版采自毛阳光：《洛阳新出土唐代景教徒花献及其妻安氏墓志初探》，《西域研究》2014年第2 期，页91。

图 17　2010 年末洛阳"感德乡"出土唐花献墓志

与花献墓志同时出土的其夫人安氏墓志，长、宽各 30 厘米，志文楷书，志文 22 行，满行字数不等。墓志有盖，盖文楷书曰："大唐故 / 夫人安 / 氏墓志。"墓志全文如下：

唐故安氏夫人墓志铭 /

夫人安氏苗裔，安定郡人也。世祖讳晟之女也。繁衍淑女，/ 彩黛纷敷。煜耀华叶，若斯之盛也。夫人幼而韶□，长而 / 婉穆。金声玉振，薜荣兰茂。恭守箴诫，昭彰六姻，则贤班、姜，/ 无以比也。适花氏之门，实秦晋之好。如琴如瑟，若埙若篪。和 / 鸣锵锵，有偕老之誉。保金石齐固，宜享椿松之寿。岂期素无 / 乖违之疾，奄倾西泉之驾。时长庆元年（821）四月五日终于修善 / 之里，春秋五十八。奈何运有数极，修短分定。金之坚不可 / 腐，松之贞不可不折。巷失规矩，宗倾母仪。夫哭气填其胸，/ 男哭血洒其地。古之常制，不可久留。卜兆川原，以为窀穸之 / 所。用其年十月廿二日葬于洛阳县感德乡柏仁村，不祔 / 先茔，别立松柏。南瞻万安，北背洛汭。长子应元、次子满师皆 / 幼而不禄，苗而不秀。幼子齐雅，克己复礼，乡党称善，友朋 / 敬之。徒跣茹蓼，折肝殒心。扶杖侍棺，叫绝道路。属时多 / 难，虑谷迁于陵。邀余志之，刊石作纪。文简不方者，沐 / 恩颇深，敢不课愚。抽毫叙事，乃为铭云：/

安氏之女，花氏之妻。兰馨芝茂，如璋如珪。凤桐半折，/ 孤鸾独栖。其一。孟

图 18　2010 年末洛阳 "感德乡" 出土唐花献夫人安氏墓志

母其萎，珠沉汉浦。精粹苞萝，参 / 衔万古。奚为奇灵，长夜盘幕。其二。伊洛之郊，/ 土地丰饶。周姬之□，宇宙之标。神归其下，德音 / 不遥。其三。册名刊日，封乎枝叶。志其坤房，北邙相接。/ 地久天长，子孙昌业（图 18）。/

　　两方墓志对安氏夫妇族源没有涉及，对其祖辈的记载也是寥寥数句。夫人安氏是安定郡人，中古时期的安姓源出于中亚粟特地区的安国，安氏是粟特人无疑。以往出土的粟特安氏墓志在籍贯的表述上多称出自河西姑臧或张掖，安定尚属首见。中古时期花姓较为少见，目前唐墓志中除花献之外，还未有其他花姓墓志出土。

　　有人认为，花献夫妇墓志揭示了唐代后期洛阳一个家庭的景教信仰以及洛阳景教徒的生活点滴。花献及其家庭既信仰景教，同时又遵循汉地儒家的行为规范，体现出中古洛阳多元文化的影响。花献及其妻安氏的墓志由僧人文简撰写，反映了当时洛阳佛教与景教之间的相互依存关系 [1]。

　　值得我们注意的是，花献的姓氏，极有可能是西域胡国国姓的音译，这从墓志记载

[1]　毛阳光：《洛阳新出土唐代景教徒花献及其妻安氏墓志初探》，《西域研究》2014 年第 2 期，页 85—91+144。

花献的父、祖具有摩尼教宗教背景可以揣摩一二——古代中亚的滑国，汉籍《魏书》载其为大月氏或高车的一支，也称白匈奴。公元 5 世纪初兴起于中亚阿姆河流域，原为游牧部落。立国之初，名为滑国。5 世纪初在阿姆河南岸建国，以拔底延（今阿富汗瓦拉巴德）为都城，史称"哒哒"。公元 5、6 世纪间国力强盛，控制地区东起葱岭，西达里海，北抵天山北麓，南至今阿富汗中部及印度西北部一带。哒哒公元 516—558 年间与中国有友好往来，迁移汉地者率以"滑"为姓氏。在此前后的岁月里，滑人曾有移民部落在敦煌石窟留下珍贵的艺术遗迹。

结合花献父、祖两代宗教信仰的倾向，及其与粟特人安氏通婚的家族形态，花献为西域哒哒人的民族身份基本可以得到肯定。

有关景教文明在中原地区的传播，有唐一代的文学叙事，更有绘声绘色的描述。这为人们了解唐代异教风俗的浸染内地，提供了更为开阔视野的思维依据。

唐代文学名士张说《十五日夜御前口号踏歌词》诗曰：

> 花萼楼前雨露新，长安城里太平人；龙衔火树千重焰，鸡踏莲花万岁春。帝宫三五戏春台，行雨流风莫妒来；西域灯轮千影合，东华金阙万重开。[1]

这里的"火树""灯轮"，诗中已经直接指明为"西域"之所出，实际即为西人景教信徒"圣诞节"里每每装饰的"圣诞树"之类的吉祥物。

四

通过本文的史料搜集和理论探讨，洛阳出土文物中如此珍贵的域外夷教信息，已给我们勾画了一幅充满生活情趣的大唐东都的多民族世界。可以说，这种种带有强烈异域色彩的人文景致，正是丝绸之路畅化时代中西方人际往来、文化交流的产物。由此人们不难理解，正是丝路年代的开放与包容，不仅造就了中华文明史上光彩夺目的一页，也使洛阳成为丝绸之路中外交往旅途中不容忽视的重要地域。

---

[1]（唐）张说：《十五日夜御前口号踏歌词》，见（清）彭定求等编：《全唐诗》卷八九，第三册，北京：中华书局，1960 年 4 月，页 982。

洛阳唐宫遗址出土铺地方砖装饰雕刻的文化学解读

一

在洛阳唐代宫城遗址出土的众多文物中，一种用于地面铺设的陶质方砖以其独有的装饰纹样而显现出引人瞩目的光彩。这类建筑构件，一般长、宽均 34 厘米，厚 7.5 厘米，其正面或雕饰以莲花纹样，或雕饰以双鸟纹样，从而显示出一种富丽堂皇、雍容华贵的审美意致，进而彰显出唐代宫殿建筑带有浓郁审美气息的文化格调。

例如 1978 年洛阳唐宫遗址出土的唐代某铺地方砖，正面雕饰为一组双鸟图案，中心图案为两只相向站立的凤鸟，它们各自伸出一只脚，踏在中心火坛之上（图 1）。其中心火坛有云头形的支架，变形覆莲状的盏托，以及正中心正在燃烧的火焰。凤鸟各有一足踏在变形的莲花之上，颈部系绶带。长期以来，当地文物界依据其禽鸟形态的装饰构图，将其称之为"双凤纹"方砖[1]。

图 1　1978 年洛阳唐宫遗址出土的
唐代铺地方砖

在一定层面上我们可以认为，这种"双凤纹"的题材称谓，就视觉判断上审视，并无几多的不妥——因为回顾两汉以降国内为数众多的汉砖装饰纹样，的确见有不少带有"双凤"图案的美术装饰题材——唐代铺地方砖的装饰题材，完全有可能取材于中国传统美术题材的库存。

然而，当我们以文化人类学（cultural anthropology）的思维理念对这一建筑装饰纹样进行"语境（context）"动态分析，并结合这一建筑构件相关装饰题材的文化丛（culture complex[2]）背景考察，我们发现，与其同在一个画面上的方砖四周一组联珠纹构图，提示受众这一建筑构件的装饰纹样，绝非一般意义上的汉地传统装饰形态，它实具有唐代流行已久的西域美术题材的因素。

[1]　参见洛阳市文物工作队编：《洛阳出土文物集粹》，北京：朝华出版社，1990 年，页 81/ 图版 66 图题说明。王绣主编：《洛阳文物精粹》，郑州：河南美术出版社，2001 年 8 月，页 150 图题说明，图版采自页 150/ 图 17。

[2]　渝按：徐嵩龄先生在本著"序"中，culture complex 译为"文化复合体"，特此说明。

二

世界文化史知识告诉我们，这类铺地方砖上环绕一周的"联珠纹"，实乃丝路开通以来，汉地美术世界模仿古代波斯帝国"联珠纹（row of tangential pearls）"构图的实例之一。

大家知道，构建于公元前 6 世纪时期的西亚阿契美尼德王朝的波斯波利斯都城故址（City Site of Persepolis），其建筑装饰雕刻中即采用了数量繁多的联珠纹浮雕图案（图 2、图 3）。这种为西亚早期国家建筑所热衷的装饰美术题材，随着东西方社会往来和文化交流的畅化，早在两汉时代便已传播到了华夏的腹地。

图 2　波斯波利斯故城的联珠纹浮雕一

图 3　波斯波利斯故城的联珠纹浮雕二

同一遗址更为常见的一种装饰美术题材——雪杉纹，亦为古代西亚诸国习常见的石刻艺术作品（图 4、图 5）[1]。如至今藏于巴黎卢浮宫的巴比伦萨贡王宫遗址石刻浮雕中，即多有雪杉纹装饰美术题材的展示。

随着西域文化循丝绸之路的东渐，地处中原的两汉时期的文物遗存中，即有上述两类造型风格的美术题材的出现。

如在洛阳两汉时期的画像砖中，这类联珠纹、雪杉纹业已成为惯常的雕刻样板，从中不难看出当年东西方文化交流的密切。

1984 年洛阳伊川县白元乡王庄村西汉砖室墓出土 70 余块空心画像砖。其中，第 11 砖砖面自上而下排列着六株雪杉纹美术形象（图 6）[2]。1992 年洛阳西郊浅井头村西汉壁画

---

[1]　图版 4、5 采自罗世平、齐东方：《波斯和伊斯兰美术》，北京：中国人民大学出版社，2004 年 10 月，页 49、46。

[2]　李献奇、杨海钦：《洛阳又发现一批西汉空心画像砖》，《文物》1993 年第 5 期，页 17—23，图版采自页 19/ 图六。

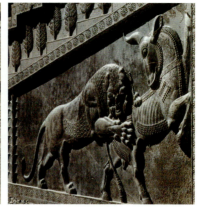

图 4　古波斯宫殿遗址联珠纹、雪杉纹雕刻一　　图 5　古波斯宫殿遗址联珠纹、
　　　　　　　　　　　　　　　　　　　　　　　　　　　雪杉纹雕刻二

墓后壁山墙空心砖中，更有上下分列、左右成行的雪杉纹刻
画（图 7）[1]。类似的美术遗迹，亦可见于洛阳周公庙、河南禹
县关庄约于 20 世纪 50 年代前后出土的汉代空心砖（图 8-1、
图 8-2、图 9）[2]。近年洛阳龙门地区出土的另一件汉代画像砖，
亦有雪杉纹和联珠纹的同时出现（图 10）。

　　构图相似的这类美术题材在中外文化遗产中的如此异彩
纷呈、大放光彩，无疑折射着纪元前后东西方文化沟通的客
观存在。

　　文物考察告诉我们，继上述联珠纹、雪杉纹美术题材流
播于东方，久享西域波斯故国的一种祆教美术题材——赫瓦
雷纳（hvarenah[3]）——一种口中衔有绶带或颈部系有绶带的鸟
类艺术形象，亦在北魏以降流播于丝路沿线一带的装饰美术作
品中。这更从文化史角度显示出西域文明东渐华夏的时态。

图 6　1984 年洛阳伊川县白
　　　元乡王庄村西汉砖室墓
　　　出土的雪杉纹画像砖

---

[1]　洛阳市第二文物工作队：《洛阳浅井头西汉壁画墓发掘简报》，《文物》1993 年第 5 期，页 1—16、
　　　97—100，图版采自页 3/ 图三 4。

[2]　图版采自河南省文化局文物工作队第一、二队编：《河南出土空心砖拓片集》，北京：人民美术出
　　　版社，1963 年 4 月，图 40、41、73。

[3]　有关 hvarenah 拼写问题，感谢北京大学外国语学院波斯语教研室沈一鸣讲师指教。

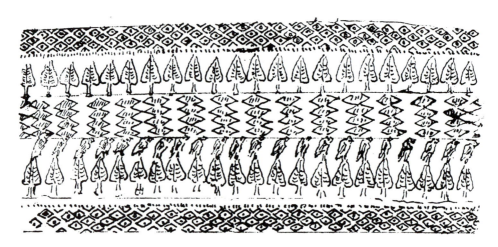

图 7　1992 年洛阳西郊浅井头村西汉壁画墓出土的雪杉纹画像砖

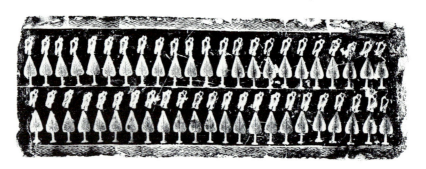

图 8-1

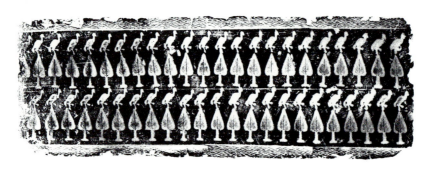

图 8-2

图 8　20 世纪 50 年代前后洛阳周公庙出土的雪杉纹汉画像砖
（高 39 厘米、宽 110 厘米）

图 9　20 世纪 50 年代前后河南禹县关庄出土的　　图 10　近年洛阳龙门地区出土的雪杉纹、联珠纹
　　　　雪杉纹汉画像砖（高 110 厘米、宽 39 厘米）　　　　　汉画像砖

三

　　据萨珊波斯时代流行中亚的祆教经典及其世俗社会的解经传说，这类颈部系扎绥带的动物形象，其实原本赋有祆教神祇的涵意。

　　西方学者阿扎佩（Guitty Azarpay）在《粟特绘画中的若干伊朗图像程式》（Some Iranian Iconographic Formulae in Sogdian Painting）一文中认为，这种颈部结扎绥带的鸟类美术形象，实乃描绘伊朗故地传统流行的"赫瓦雷纳"的美术概念。它是"表达运气、好运的概念……伊朗的 hvarenah 的概念，在表达好运的场合，据波斯作家的资料，总是与兽身鸟、光线、头光、光焰等表现形式联系在一起"[1]。

---

[1]　Guitty Azarpay, *Some Iranian Iconographic Formulae in Sogdian Painting*, Iranica Antiqua XI. 转引自姜伯勤：《中国祆教艺术史研究》，北京：生活・读书・新知三联书店，2004 年 4 月，页 67、69。

在贝利（H. W. Bailey）1943 年的语源学著作中，hvarenah 亦"被解释为'生命中的吉祥'，转义为幸运，使好运得以实现的幸运事业，与光明的性质相联系的好运，最后是关于王家无上光荣的思想"[1]。

"在波斯的语境中，与动物形式相联系的 hvarenah，意味着一种盛大的好运随之而来"[2]，姜伯勤先生称它们为"波斯式吉祥鸟图像"[3]。

对于这一盛行于西域一带的美术题材而言，有西方学者在其著作中使用"ring-bearing bird"一词，意谓"垂着绶带的鸟"（戴环鸟）[4]，显然是依据它们的视觉形象给出的直解。其实，就目前业已收集到的图像数据来看，这种颈部系扎有织物绶带的美术题材在西方应该称之为"ribbon-bearing bird"更为合适。

这种鸟"在粟特佛典资料中称作 farn（prn）"。因而我们相信画像石中频频出现的这些有头光的瑞鸟，就是上述称为 hvarenah 的吉祥鸟。"有的吉祥鸟颈部有中国传统称为'戴胜'的饰物"。这使我们联想起学者们曾经说过的，"在安息艺术中，戴环鸟（ring-bearing bird）是表达一种 hvarenah 式的繁盛或好运的概念……伊朗 hvarenah 的概念，在波斯史料中与好运相关联的场合，有好几种现象，包括有翼兽、有翼羊和有翼的'光'"。诚如姜伯勤先生论述有翼"异兽"图像时已经指出的那样，hvarenah 的另一种化身曾见于 Senmurv 的艺术母题[5]。

萨珊波斯艺术中亦有类似凤凰的神鸟，波斯人所谓之"森穆夫"（Senmurv），是波斯火祆教十大保护神之一。萨珊金银器和建筑构件上常见森穆夫图案，主要为有翼神犬、有翼骆驼形象，只是尾部经常采用孔雀尾巴的造型，显得冗缀飘逸、气息浪漫。

按这类系绶动物的美术形象，在波斯故地有着源远流长的历史传统。这从出土遗迹

---

[1] Guitty Azarpay, *Some Iranian Iconographic Formulae in Sogdian Painting*, Iranica Antiqua XI . 该论文页 175 注 23 引贝利（H. W. Bailey）：《九世纪典籍中的琐罗亚斯德教问题》，牛津，1943 年。转引自姜伯勤：《中国祆教艺术史研究》，北京：生活·读书·新知三联书店，2004 年 4 月，页 69。

[2] Guitty Azarpay, *Some Iranian Iconographic Formulae in Sogdian Painting*, Iranica Antiqua XI . 转引自姜伯勤：《中国祆教艺术史研究》，北京：生活·读书·新知三联书店，2004 年 4 月，页 48。

[3] 姜伯勤：《中国祆教艺术史研究》，北京：生活·读书·新知三联书店，2004 年，第 47 页标题。

[4] Guitty Azarpay, *Some Iranian Iconographic Formulae in Sogdian Painting*, Iranica Antiqua XI . 转引自姜伯勤：《中国祆教艺术史研究》，北京：生活·读书·新知三联书店，2004 年 4 月，页 48。

[5] 参见姜伯勤：《中国祆教艺术史研究》，北京：生活·读书·新知三联书店，2004 年 4 月，页 48。

的文化实例中可以得到相应的印证。

如德黑兰国立考古美术馆藏伊朗马赞德兰省出土的一件6—7世纪舞蹈纹银碗（图11）[1]，錾刻纹饰中即有含绶鸟形象。另如美国耶鲁大学艺术美术馆收藏一件西亚出土的6—8世纪萨珊系绶羊纹织锦（图12）[2]，从美术遗迹中显示出系绶动物之为西亚民族所喜爱。粟特美术遗迹中题材类同的典型实例，还可以从圣彼得堡艾尔米塔什博物馆的藏品中窥见一斑。该馆藏8世纪粟特山羊纹银杯一件，其中见有系绶动物的形象（图13）[3]。

图11 伊朗马赞德兰省出土6—7世纪舞蹈纹银碗所见含绶鸟形象（德黑兰国立考古美术馆藏）（直径23.4厘米）

图12 西亚出土6—8世纪萨珊系绶羊纹织锦
（耶鲁大学艺术美术馆藏）
（经线37.5厘米、纬线27厘米）

图13 8世纪粟特山羊纹银杯所见系绶动物形象（圣彼得堡艾尔米塔什博物馆藏）
（高11.6厘米）

---

[1] 图版采自罗世平、齐东方：《波斯和伊斯兰美术》，北京：中国人民大学出版社，2004年10月，页89。（渝按：此书页89图版介绍文字标注此件器物时代为"7—8世纪"，页88倒数第2段正文中描述该器物时代为"6—7世纪"。本著依正文，特此说明。）

[2] 图版采自罗世平、齐东方：《波斯和伊斯兰美术》，北京：中国人民大学出版社，2004年10月，页100。

[3] 图版采自罗世平、齐东方：《波斯和伊斯兰美术》，北京：中国人民大学出版社，2004年10月，页138。

许新国先生认为，作为视觉崇拜的对象，具有火祆教寓意的含绶鸟"来源甚古"，它"象征着王权"，是帝国权威的象征。"为了说明这一问题，不能不提到伊朗庇斯托的大流士（公元前 522—486）平定四海纪念碑。该碑虽残，但却保留了希腊化时的希腊文以及具有浓厚希腊风格的有翼天使岩刻。天使手中捧着象征王权和胜利的王冠，反映了波斯人王权神授的观念。这种神授王冠的图案在帕提亚（安息）以后频繁出现，图案中的天使也逐步演变成鸟。鸟与王冠的结合表现出以下特点：一是含绶鸟颈后的绶带与王冠相同。在安息诸王的货币上，均出现国王戴冠的肖像，冠后都毫无例外地有这种绶带。萨珊朝完全继承了这种传统。冠绶带不仅见于货币，在银器和岩刻肖像上也屡见不鲜。例如在塔夸·夷·布斯坦的波斯王阿尔达希尔二世（379—383）叙任图岩刻[1] 中，密特拉神、奥马兹德神和阿尔达希尔二世所戴王冠以及腰间，都具有这种绶带，甚至作为授权象征的环下，也垂有这种绶带。二是含绶鸟嘴中所衔项练[2]，与王者颈部所佩带的项练近似。这种饰以连珠纹的项练，多见于安息和萨珊银币；在前述塔夸·夷·布斯坦叙任图，以及那克希·夷·鲁斯塔姆的沙普尔一世骑马战胜图[3]，也都可以为证。三是含绶鸟身上和团窠环中常见的连珠带，在王冠上也被大量应用，这一点可从安息和萨珊银币图像中得到明证。四是将象征性的鸟翼安置在王冠上。巴拉姆二世、奥尔马兹德二世、巴拉姆六世、库斯老二世、布伦以及伊嗣俟三世时期的银币[4] 均有此例"[5]。

"与佛教相结合后的含绶鸟形象，还象征再生或永生，……一般认为是死者灵魂的象征，在以后的犍陀罗佛教浮雕中被反复描绘。其意义……即：鹅鸟是灵魂的住处、鸟是灵魂的搬运者。……综上所述，含绶鸟图案，象征着帝王的神格化、王权神授，或者说帝王作为神再生不死的观念。苏联学者 A. M. 别列尼茨基指出：这种图像反映了一种祖

---

[1] 日本朝日新闻社：《世界の美术》朝日百科丛书，1981 年，东京。卷 1 页 105；卷 9 页 122，页181。（按：转引处 5 条注文同出此书，并列三种页码，不甚了然，故而直录。）转引自许新国：《都兰吐蕃墓出土含绶鸟织锦研究》，《中国藏学》1996 年第 1 期，页 20、页 24 注释 51。

[2] 直引原文"项练"，应为"项链"。共计三处，不赘。顺及，所引"连珠"，本著作"联珠"。

[3] 日本朝日新闻社：《世界の美术》朝日百科丛书，1981 年，东京。卷 1 页 105；卷 9 页 122，页181。（按：同脚注 [1]，照转引文献直录。）转引自许新国：《都兰吐蕃墓出土含绶鸟织锦研究》，《中国藏学》1996 年第 1 期，页 20。

[4] 摩根：《东方古钱系手册》，1923—1936 年版，页 289—331。转引自许新国：《都兰吐蕃墓出土含绶鸟织锦研究》，《中国藏学》1996 年第 1 期，页 20、页 24 注释 52。

[5] 许新国：《都兰吐蕃墓出土含绶鸟织锦研究》，《中国藏学》1996 年第 1 期，页 20。

灵崇拜的宗教现象。所谓祖灵，相当于琐罗亚斯德教的'守护力'（fravashi）[1]"。[2] 因此，"这类图像不仅象征着帝王的荣光和幸运，对于一般庶民来说，自然也应当具有吉祥、繁荣昌盛等极广泛的含义"[3]。

四

这种带有浓郁祆教文化寓意的美术题材，随着丝绸之路的文化传播，亦像上述联珠纹、雪杉纹美术样本一样传播到东方。

如 1931 年 2 月，洛阳邙山半坡出土北魏孝昌三年（527）宁懋石室一座，石室仿木结构，高 1.38 米、宽 0.83 米、长 2 米。石室内壁即有这种颈部系有绶带的禽鸟形象的出现（图 14）[4]。值得人们注意的是，宁懋石室的这一铺石刻线画中，与含绶鸟图像毗邻的还有象征"化生"的佛教美术图样的出现，这恰恰从信息源角度反映出这一文化遗存受到多重西域文化影响的情势。

继此之后，洛阳地区的石刻文物中，这种含绶鸟图像急剧地增多起来，几至形成当地上层社会一道亮丽的人文风景线。仅以出土唐代石刻为例，近年洛阳地区至少面世了 15 铺含绶鸟线刻艺术作品[5]。

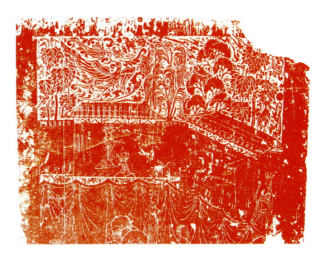

图 14　1931 年洛阳出土北魏宁懋石室所见含绶鸟
美术造型（美国波士顿博物馆藏）

[1]　［日］田道胜美：《安国の金驼座と有翼双峰骆驼》，《オリユント》25—1（1982），页 50—72。转引自许新国：《都兰吐蕃墓出土含绶鸟织锦研究》，《中国藏学》1996 年第 1 期，页 21、26 注释 59。

[2]　许新国：《都兰吐蕃墓出土含绶鸟织锦研究》，《中国藏学》1996 年第 1 期，页 21。

[3]　许新国：《由含绶鸟纹织锦说开》，《青海日报》2003 年 4 月 25 日，第 2 版。

[4]　图版采自黄明兰编著：《洛阳北魏世俗石刻线画集》，北京：人民美术出版社，1987 年 2 月，页 101。

[5]　参见张乃翥：《洛阳历史文物中含绶鸟美术遗迹的文化学考察》，《形象史学研究》（第 5 辑），北京：人民出版社，2015 年 6 月，页 107—143。

图15　2004年洛阳出土垂拱四年（688）
博州刺史韦师墓志盖所见含绶鸟线刻

在这些含绶鸟美术遗迹中，最重要的文物实例有如：

1. 2004年8月，洛阳邙山出土垂拱四年（688）博州刺史韦师墓志一合。志石长72.5厘米、宽72.5厘米，厚17厘米；志盖长72.5厘米、宽72.5厘米，厚14厘米，盖芯篆书"大唐故博／州刺史京／兆韦府君／墓志之铭"。志盖盝顶四刹的下侧和右侧，分别刊有绶带自身下飘于尾后的含绶鸟各一躯（图15）[1]。

2. 1981年，葬于景龙三年（709）的唐六胡州大首领安菩萨墓葬文物于洛阳龙门东山北麓出土。其中石刻墓门一套，通高173厘米、宽129.4厘米，门洞高92厘米、宽82厘米，是近代洛阳首先经考古发掘出土的一组珍贵的粟特人文物。在其拱形门楣的正面，有含绶鸟线刻画一铺（图16）[2]，从而由美术史料角度透露出唐代入附中原的胡人部落中，富有浓郁的西域文明的内涵。

3. 2004年10月，洛阳龙门东山北麓出土开元六年（718）饶州刺史来景晖墓志一合。志石长75厘米、宽75.5厘米，厚14厘米；志盖拓本长51厘米、宽50.5厘米，其四刹装饰图案纹样中，亦有含绶鸟线刻之一例（图17）[3]。

4. 2004年春，洛阳偃师县首阳山南麓出土开元十八年（730）许景先墓志一合。志石长88厘米、宽88厘米，厚15厘米，其四周装饰纹样中见有含绶鸟线刻两例（图18）[4]。许景先，《唐书》有传。此亦唐史传记人物历史遗物涉及含绶鸟美术题材的实例。

[1]　图版采自张乃翥辑：《龙门区系石刻文萃》，北京：国家图书馆出版社，2011年10月，页77。

[2]　洛阳市文物工作队：《洛阳龙门唐安菩夫妇墓》，《中原文物》1982年第3期，页21—26，图版引见图版8。

[3]　石刻拓本张乃翥购藏于洛阳古旧市场。

[4]　图版采自张乃翥辑：《龙门区系石刻文萃》，北京：国家图书馆出版社，2011年10月，页492。

图 16　1981 年洛阳龙门出土景龙三年（709）
安菩萨墓门石刻所见含绶鸟线刻

图 17　2004 年洛阳龙门东山北麓出土开元六年
（718）饶州刺史来景晖墓墓志盖所见含
绶鸟线刻

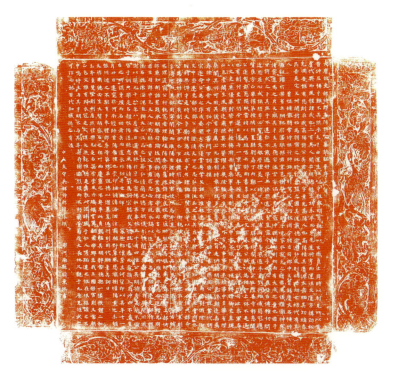

图 18　2004 年洛阳偃师县首阳山出土开元十八年（730）
许景先墓志四周所见含绶鸟线刻

图 19 近年龙门东山南麓出土开元十九年（731）卢正容墓墓门门楣所见含绶鸟线刻

5. 近年龙门东山南麓出土开元十九年（731）卢正容墓葬石刻一套。墓门通高 180 厘米、宽 116 厘米，石刻后为河南博物院收藏。其墓门门楣亦有含绶鸟线刻一铺（图 19）[1]。

6. 2005 年春，龙门西山出土开元二十七年（739）比丘尼悟因墓门石刻一套。墓门立面通高 172 厘米，宽 118 厘米。门楣底宽 97 厘米，楣拱高 37 厘米，其装饰刻画中亦见含绶鸟线刻一铺（图 20）[2]。

7. 1992 年 5—9 月龙门西山北麓发掘出土开元二十八年（740）唐睿宗故贵妃豆卢氏墓志一合。志石长 77 厘米、宽 77 厘米，厚 20 厘米；志盖长 75.5 厘米、宽 75.5 厘米，厚 18.5 厘米，盖芯篆书"唐故贵/妃豆卢/氏志铭"。志盖四刹"四神"装饰图案中，有系绶"朱雀"及系绶翼龙、系绶翼虎、系绶玄武的图像[3]。同墓出土石刻墓门一套，其圆拱形门楣底宽 122 厘米、拱高 57 厘米，厚 11 厘米，内有含绶鸟线刻一铺（图 21）[4]。

墓门门楣中这种呈对称刻画的含绶鸟美术图案，洛阳以外的唐墓中亦有发现。如山西万荣县发掘出土开元九年（721）薛儆墓石椁门楣中的含绶鸟线刻造型（图 22）[5]，即为一处著名的文物遗迹。此外，敦煌石窟的隋代、初唐壁画中，亦见有足下踩踏莲花的含绶鸟形象（图 23、图 24[6]）。

[1] 图版采自张乃翥：《龙门区系石刻文萃》，北京：国家图书馆出版社，2011 年 10 月，页 155。

[2] 图版采自张乃翥：《龙门区系石刻文萃》，北京：国家图书馆出版社，2011 年 10 月，页 186。

[3] 参见张乃翥：《龙门区系石刻文萃》，北京：国家图书馆出版社，2011 年 10 月，页 191。

[4] 洛阳市文物工作队：《唐睿宗贵妃豆卢氏墓发掘简报》，《文物》1995 年第 8 期，页 37—51，图版引见页 41/ 图六 1。

[5] 图版采自山西省考古研究所编著：《唐代薛儆墓发掘报告》，北京：科学出版社，2000 年 9 月，图版一四。

[6] 胡同庆、王义芝：《华丽敦煌：敦煌龙凤纹饰图录》，兰州：读者出版社，2018 年 2 月，页 74/ 图 19，欧阳琳临。

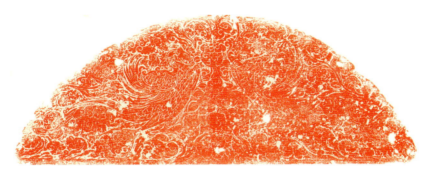

图 20　2005 年龙门西山出土开元二十七年（739）
比丘尼悟因墓墓门门楣所见含绶鸟线刻

图 21　1992 年龙门西山北麓出土开元二十八年（740）
豆卢氏墓墓门门楣所见含绶鸟线刻

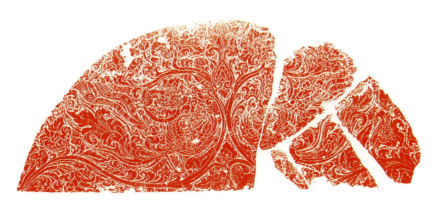

图 22　山西万荣县出土开元九年（721）薛儆墓石椁门楣中所见含绶鸟线刻

图23　敦煌石窟隋代壁画中所见含绶鸟图案　　图24　敦煌石窟第71窟初唐壁画中所见含绶鸟图案

从文化形态学（cultural morphology）角度考察，上述石刻中所见的这类所谓的"含绶鸟"美术造型，其典型的形象特征是颈部系有抑或口中含有向后飘拂的绶带，由此形成中古美术史上一种具有标识性形象特征的视觉样本。尤其是，连续刻画于石刻墓门门楣之间的那种身下踩踏莲花图案且呈现相向对称形态的美术造型，以颇具情节表演寓意的画面内容，更为高端社会阶层的审美需要所热衷。

洛阳出土的为数众多的唐代铜镜，其镜背装饰图案中每有足下踩踏莲花的含绶鸟刻画。著名的实例如20世纪80年代偃师杏园村唐开元十年（722）卢氏墓（M1137）出土一件编号M1137：35的含绶鸟纹铜镜（图25-1[1]、图25-2[2]），直径13.4厘米，即以构图对称、意境优美的画面造型，给人们留下了深刻的印象。

在墓葬器物中，源自含绶母题的图案亦不绝于络地出现，兹略举一二实例如下。

1997年，洛阳北郊唐颍川陈氏墓（M937）出土一件漆盒（图26）[3]，器盖外局部、盖

---

[1]　图版采自中国社会科学院考古研究所编著：《中国社会科学院考古研究所考古博物馆洛阳分馆》，北京：文化艺术出版社，1998年9月，页107。

[2]　图版采自中国社会科学院考古研究所编著：《偃师杏园唐墓》，北京：科学出版社，2001年10月，页75/图70。又谢虎军、张剑编著：《洛阳纪年墓研究》，郑州：大象出版社，2013年11月，页312/图一二3。

[3]　洛阳市文物工作队：《洛阳北郊唐颍川陈氏墓发掘简报》，《文物》1999年第2期，图版引见页47/图一一—图一四、页50/图一九1、2、3。

内局部都带有凤鸟衔绶带图案，凤呈站立状，翅膀展开，口衔花草。

2000 年，洛阳市东明小区唐墓（C5M1542）出土一件鎏金三足银盒（图 27）[1]，口径 5.2 厘米、通高 2.8 厘米。器身为圆形，侈口，浅弧腹，圈底，三蹄形足。盖捉手内饰花瓣纹，盖周以鱼子纹满铺地，錾刻凤鸟衔花草。盒面纹饰以鱼子纹为地，腹部錾刻三组凤鸟衔草纹，足上部錾刻叶纹。

图 25-1　　　　　　　　　　　图 25-2　线图

图 25　20 世纪 80 年代洛阳偃师杏园村唐开元十年（722）
卢氏墓（M1137）出土含绶鸟纹铜镜

图 26　1997 年洛阳北郊唐颍川陈氏墓　　图 27　2000 年洛阳市东明小区唐墓（C5M1542）
（M937）出土漆盒盖外局部　　　　　出土凤鸟折枝花纹鎏金三足银盒

[1]　洛阳市文物工作队：《洛阳市东明小区 C5M1542 唐墓》，《文物》2004 年第 7 期，页 55—66。

五

有关含绶鸟艺术形象在中古时期汉地上层社会中的文化影响，唐人诗歌作品曾有脍炙人口的讴歌。

一代文豪张说《十五日夜御前口号踏歌词二首》诗曰：

> 花萼楼前雨露新，长安城里太平人；龙衔火树千重焰，鸡踏莲花万岁春。帝宫三五戏春台，行雨流风莫妒来；西域灯轮千影合，东华金阙万重开。[1]

诗中"火树""灯轮"之遣词，作者已经直接指明为"西域"之所出，实际即为西方东来景教信徒"圣诞节"里每每装饰的"圣诞树"之类吉祥物。由此可见有唐一代西域文明湮染华夏的氤氲。

至于诗中所谓"鸡踏莲花"之描述，结合以上美术遗迹的探讨，无疑则是对魏唐时代洛阳石刻中时常见到的"含绶鸟"美术题材的俗称，其文化背景又来源于西域祆教美术传统的湮染。

从比较美术学（comparative arts）视域对上述文化遗迹进行相互整合（integration）的考察，我们显然可以从不同民族间美术题材的比对研究中，感受到美术与人类其他领域内活动事态的关联。由此我们能够理解，由于北魏以来这一美术题材时常以一种身下雕刻莲花的禽鸟来表现，以致被世人习称为"鸡踏莲花"而视为当时社会风俗的一种。上述文化遗产的系统研究已经表明，这一美术题材盛唐前后曾经流行于洛阳地区上层社会的文化遗迹中，从中折射出西域宗教文化对东方视觉艺术和审美需要的影响。

史载神龙元年（705）八月三十日中宗"御洛城南门观斗象"[2]。十一月十三日，"御洛城南门楼观泼寒胡戏"[3]。景龙三年（709）十二月"乙酉,令诸司长官向醴泉坊看泼胡

---

[1]（唐）张说：《十五日夜御前口号踏歌词二首》，见（清）彭定求等编：《全唐诗》卷八九，第三册，北京：中华书局，1960 年 4 月，页 982。

[2]（后晋）刘昫等：《旧唐书》卷七《中宗纪》，北京：中华书局，1975 年 5 月，页 140。

[3]（后晋）刘昫等：《旧唐书》卷七《中宗纪》，北京：中华书局，1975 年 5 月，页 141。

王乞寒戏"[1]。先天二年（713）"上元日夜，上皇御安福门观灯，出内人联袂踏歌，纵百僚观之，一夜方罢"[2]。同年二月"有僧婆陁请夜开门燃灯千百炬，三日三夜。皇帝御延喜门观灯纵乐，凡三日夜"[3]。

帝廷如此之取法异邦民俗，难怪当世名辈张说能有生花妙笔传神于篇章——封建国家对西域胡风的热衷，正是一代朱紫学士意识形态潜移默化、风从跟进的基本动因，这无疑为我们的这种学理观念提供了文化动力学（cultural dynamics）的语境印证。

至此我们可以明了，洛阳唐宫遗址中出土的那些刻画有联珠纹和"双凤"纹的铺地方砖，其美术创作渊源，原本来自西域文明对华夏故土的浸染——"双凤"图案的原本语源，应该更准确地称之为"含绶鸟"，它是当年中西文化交互影响、审美需要跨地域补偿的硕果。

[1]（后晋）刘昫等：《旧唐书》卷七《中宗纪》，北京：中华书局，1975年5月，页149。

[2]（后晋）刘昫等：《旧唐书》卷七《睿宗纪》，北京：中华书局，1975年5月，页161。

[3]（后晋）刘昫等：《旧唐书》卷七《睿宗纪》，北京：中华书局，1975年5月，页161。

洛阳唐墓陶俑造型
中的西域文化元素

一

在洛阳地区近代数以千计的唐代墓葬中，出土了不计其数的陪葬陶俑。这些形态各异、个性鲜明、雕饰精美、生动传神的人物形象，从物象传感和视觉审美角度折射了唐代社会生活的人间事象，从而为我们认识唐代历史的文化景深提供了绝佳的"形象史学"的文物素材。

考古调查告诉我们，在洛阳地区——甚至洛阳以外地区的唐代墓葬中，以往出土的明器陶俑中有相当一大部分都是具有西域胡人风貌的艺术形象，从中可以看出当年西方胡人移民在唐代艺术家心目中有着不可等闲视之的创作价值。我们认为，文物系列中这一突出的艺术现象，应该与当年西域胡人在内地社会生活中充当有重要社会角色有着内在的联系。

二

在洛阳地区出土的所有纪年唐墓中，1981 年龙门东山发掘的景龙三年（709）唐六胡州大首领安菩萨墓葬在研究中原胡人部落的人文情节中具有重大的学术价值。

该墓出土了四躯高达 60 厘米左右的三彩牵马、牵驼俑，均以其高鼻深目的西域胡人体格特征给人们留下了深刻的印象。他们或头戴卷檐虚帽，或冠以幞头，或卷发束带，或谢顶无发，但均身着翻领过膝束腰的窄袖长袍、足履深筒勒靴，这一共同样式则是他们衣饰服装源自西域绿洲的旧邦传统（图 1）[1]。毫无异议，这种来自西域异邦的服饰样式，以别样色彩的靓丽形象为汉地社会各界留下了强烈的感官冲击——雕塑艺术家之"传移模写"的美术再现，确确实实地折射出内地审美阶层对于域外衣饰样范的敏感与喜爱。

---

[1] 图版采自洛阳市文物工作队编：《洛阳出土文物集粹》，北京：朝华出版社，1990 年，页 88—89/图 75。

图 1　1981 年洛阳龙门东山北麓唐安菩萨墓出土三彩胡人俑

图 2　1952 年采集洛阳出土初唐负载行走胡俑
（洛阳博物馆藏）

在上述式样别致、品色陆离的西域服装胡俑的美术遗迹之外，洛阳唐代文物遗存中更有一些颇具个性化色彩的实例给人们留下了难以磨灭的深刻印象。这些富有时代气息的美术遗迹，向人们叙述着唐代中原地区流淌着域外人文行为的业绩。

1952 年洛阳县文教局采集[1]到一件通高 23.5 厘米的初唐胡人行走俑，高鼻深目、胡腮满面，手执长颈胡瓶，肩负满荷行囊（图 2）[2]，整体形象充斥着一幅长途跋涉、风尘仆仆的神情，生动地勾画出一位老

---

[1]　文物采集信息引自洛阳博物馆编：《河洛文明》，郑州：中州古籍出版社，2012 年 6 月，页 328。

[2]　图版采自周立、高虎编：《中国洛阳出土唐三彩全集》（上），郑州：大象出版社，2007 年 4 月，页 68。

年丝路商胡的音容形貌。

我们知道，生活于中亚七河流域瀚海绿洲的粟特人凤以善于经商著称中古。他们长期操纵着丝绸之路上的转贩贸易，是沟通东西方经济往来、文化交流的一支充满了生力的民族群体。早在东汉时期，洛阳就有粟弋（即粟特）贾胡成为汉地交通域外的"传播使者"。1907 年，斯坦因在敦煌西北汉代长城烽燧遗址（斯坦因编号 T. XII. A，甘肃省博物馆编号：D22[1]）中曾发现了 8 封用粟特文书写在纸上的信件（发现号 T. XII. a. ii. 2，编号8212/95（信）；8212/99.1（信封）），统称为粟特文"古信札"，现珍藏于大英图书馆。这是迄今所知年代最久远的粟特文商业文件，也是帮助我们了解粟特商人在中国早期活动的重要资料。其中 2 号信札中有这样的语句："因而，我必须写信告诉你们有关进'内地'的粟特人的情况，他们所到的国家及经历了怎样的遭遇。先生们，据他们说，最后一位皇帝从洛阳逃走，由于饥荒，城市和宫廷遭到火灾，宫殿被焚烧，城市被毁。洛阳已不是昔日的洛阳，邺城已经不是昨日的邺城！此外…，远到邺城，这些所谓的匈奴人，昨天还受制于君王！先生们，我们不知道，其他中国人是否有能力把匈奴人赶出中国，赶出长安，或者他们把国家置于一边。（…在…那里）来自撒马尔罕的上百个自由民…在…有四十人。先生们，（…是…）三年了，从（…来）自'内地'…（图 3）[2]

信中描述东汉末（一说西晋末）粟特人在洛阳及河西一带的经商组织和活动的情况，以及一个重大的事件——洛阳严重的饥荒，中国皇帝在与匈奴人的战争中逃跑，洛阳和邺城遭到洗劫。

---

[1] 甘肃省博物馆编号据麦超美：《粟特文古信札的断代》，《魏晋南北朝隋唐史资料》2008 年 00 期，页 219—238。

[2] ［英］Sims-Williams, Nicholas（NS-W）著、苏银梅译：《古粟特文信札（Ⅱ号）》，《考古与文物》2003 年第 5 期，页 76—77。英文本见 Sims-Williams, Nicholas (2001), *Sogdian Ancient Letter II*, In: Juliano, Annette L., (eds.) and Lerner, Judith A., (eds.), *Monks and Merchants: Silk Road Treasures from Northwest China, Gansu and Ningxia, 4th-7th Centuries*. New York: Harry N. Abrams Inc., with The Asia Society, pp.47-49. 图版采自该书页 48。

渝按：此信中译本所列作者"安妮特·L·朱丽安娜、朱迪思·A·莱莉"有误，应为 Sims-Williams, Nicholas。文献路径梳理如下：Sims-Williams, Nicholas 翻译此信，此信作为安妮特·L·朱丽安娜、朱迪思·A·莱莉论文 The Silk Road in Gansu and Ningxia 的附件 8（附件 8 最末标注译者信息为 NS-W），发表于二位编撰的 Monks and Merchants: Silk Road Treasures from Northwest China, 4th-7th Centuries 书中。

图 3　斯坦因发现粟特文古信札（发现号 T. XII.
a. ii. 2）（时间：公元 313 年 6 月 /7 月 [1]；信
件：41.5×24 厘米；封面：14×9.5 厘米）

南北朝以来，昭武九姓经商范围更加扩大，并不时为一些国家承担外交使命，如 545 年北周曾派遣酒泉胡安诺盘陀出使突厥。在唐代，经商的昭武九姓胡人常被称为"兴生胡"或简作"兴胡"。从敦煌、吐鲁番出土文书看，兴胡与县管百姓、行客在社会身份上等第并列，表明他们可能是有一定特殊身份或社会地位的移民。

另如上述安菩萨墓葬出土的一对高 36 厘米的三彩女俑（图 4 [2]、图 5 [3]）。其一头戴黑色绣花虚帽，身着酱色窄袖翻领长袍，足履黑色深筒胡靴。其二头戴白色绣花幞头，身着绿色窄袖翻领长袍，足履黄色深筒胡靴。这两躯三彩明器人物富于个性化的艺术造型，是其周身体态及面部刻画的女性化定型，明显可以看出"女扮男装"的形象定位。这为《旧唐书·舆服志》记载当年内地效仿域外"或有着丈夫衣服靴衫"[4] 的风俗纪实，提供了形象的文物例证。

不过，对于这类头戴花鬘冠的女性人物，实际上中古时代内地更有"菩萨蛮"的称谓，此中反映出时人对这类人物形象源自蛮夷的时空认知。

盛传中古的《菩萨蛮》（Bodhisattva Pretty），本唐教坊曲，用以歌颂入服汉地的东南亚胡姬。后用为词牌，也用作曲牌，亦作《菩萨鬘》等。李白《菩萨蛮》词曰："平林漠

---

[1]　援引文献中此信书写时间有两种：本期页 76 开篇为"公元 313 年 6 月 /7 月"，本期封二图题说明为"公元 313 年 6 月 /7 日"。本著从其正文，特此说明。

[2]　图版采自洛阳博物馆编：《唐代洛阳》，郑州：文心出版社，2015 年 5 月，页 125。

[3]　图版采自洛阳博物馆编：《唐代洛阳》，郑州：文心出版社，2015 年 5 月，页 124。

[4]　（后晋）刘昫等：《旧唐书》卷四五《舆服志》二五，北京：中华书局，1975 年 5 月，页 1957。

图 4　1981 年洛阳龙门东山北麓唐六胡州大
首领粟特人安菩萨墓出土三彩女俑之一
（洛阳博物馆藏）

图 5　1981 年洛阳龙门东山北麓唐六胡州大
首领粟特人安菩萨墓出土三彩女俑之二
（洛阳博物馆藏）

漠烟如织，寒山一带伤心碧。暝色入高楼，有人楼上愁。玉阶空伫立，宿鸟归飞急。何
处是归程？长亭更短亭。"[1] 即描写一位来自蛮乡的女子思念故国的情怀。

　　文化史上的同类掌故，又传唐宣宗大中年（847—860）间，女蛮国派遣使者进贡。
她们身上披挂珠宝，头戴金冠，梳着高高的发髻，让人感觉宛如菩萨一般，当时教坊就
因此制成《菩萨蛮》曲，于是后来《菩萨蛮》又成了词曲牌名。可见唐代南蛮女子之频
频来华及其日积月累演绎的人间因缘，已给当地人民留下了深刻的印象。

　　1984 年夏至 1985 年秋，中国社会科学院考古研究所在洛阳市偃师县杏园村发掘了

[1]　（唐）李白：《菩萨蛮》，见（清）彭定求等编：《全唐诗》卷八九〇，第二十五册，北京：中华书局，
　　1960 年 4 月，页 10051。

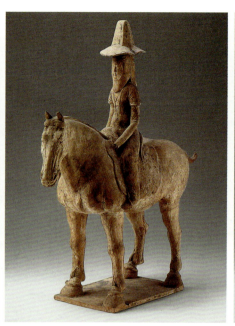

图6　1984—1985 年洛阳偃师
　　杏园 M1928 号唐墓出土
　　骑马女俑一

图7　1984—1985 年洛阳偃
　　师杏园 M1928 号唐墓
　　出土骑马女俑二

图8　1984—1985 年洛阳
　　偃师杏园 M1928 号唐
　　墓出土骑马女俑三

六座纪年唐墓。其中编号为 M1928 的墓葬，出土有三件粉彩骑马女俑。第一件头戴卷檐虚帽，身着翻领窄袖紧身上衣，下着深筒长裤（图 6）。第二件头戴帷帽，身着开襟半臂衫，下着深筒长裤（图 7）。第三件衣饰与前者类同，只是在帷帽的上端，加戴一顶高高的幂离——虚顶之内，储以随时可以下垂的罗帷（图 8）[1]。

　　洛阳地区唐墓明器人物中的这些带有浓郁西域人文风采的美术形象，无疑来源于当年雕塑艺术家对现实生活中诸多常见世俗人物的摹画——唯其西域入华移民群体数量的繁多，上述赋有典型视觉认知意义的人物形象，始能为当地艺术家做出形神兼备的传情描画。

　　隋唐时代，社会开放，外化内浸，士家妇女多步男子后尘，热衷于冠戴帷帽，从事户外集体运动如骑马、击球等，由此可以看出唐代女子追求自由豪放的生活风尚。故

---

[1]　图版采自中国社会科学院考古研究所编著：《考古博物馆洛阳分馆》，北京：文化艺术出版社，1998 年 9 月，页 101—102。

《旧唐书》有"则天之后，帷帽大行，幂离渐息"[1]的记事。《新唐书·车服志》亦记载"永徽（650—655）中，始用帷帽，……武后时，帷帽益盛，中宗后乃无复幂离矣"，武则天时代每以骑代车，以致"宫人从驾，皆胡帽乘马，海内效之"[2]。唐代无名氏《咏美人骑马》所谓"骏马娇仍稳，春风灞岸晴。促来金镫短，扶上玉人轻。帽束云鬟乱，鞭笼翠袖明。不知从此去，何处更倾城"[3]的诗意，殆即唐代仕女高束帷帽、策马京门之状写。

史籍记载，开元（713—741）以来，"从驾宫人骑马者，皆着胡帽，靓妆露面，无复障蔽。士庶之家，又相仿效，帷帽之制，绝不行用。俄又露髻驰骋，或有着丈夫衣服靴衫，而尊卑内外，斯一贯矣。……太常乐尚胡曲，贵人御馔，尽供胡食，士女皆竞衣胡服，故有范阳羯胡之乱，兆于好尚远矣"[4]。

又从微观美术要素上审视，上述三身粉彩陶俑的面部造型，带有明显的汉人特征的塑造定型。这无疑表明，汉地原住居民的衣饰习惯，已经随着中外社会频繁的人际往来，浸染了浓郁的中亚胡人风俗形态。西域风习的流淌，实际已贯穿于汉地故有居民的意识形态中。在这里，西风胡化、天方异俗，已经深入到内地传统社会的精神腠理——洛阳唐代陶俑传载古代人文信息的精微玄妙，足以令人们从"心史"视域洞见其幽邃。

在此之前的 1964 年，洛阳邙山南麓北窑庞家沟村出土了一件通高 26 厘米的唐代仕女俑（图 9）[5]。该俑束发成倭堕髻，身着绿色曳地长袖襦衣，外套宽领打

图 9　1964 年洛阳邙山庞家沟村出土唐代仕女俑所见胡风装扮

[1]（后晋）刘昫等：《旧唐书》卷四五《舆服志》，北京：中华书局，1975 年 5 月，页 1957。

[2]（宋）欧阳修、宋祁：《新唐书》卷二四《车服志》，北京：中华书局，1975 年 2 月，页 531。

[3]（唐）无名氏：《咏美人骑马》，见（清）彭定求等：《全唐诗》卷七八六，第二十二册，北京：中华书局，1960 年 4 月，页 8865。

[4]（后晋）刘昫等：《旧唐书》卷四五《舆服志》，北京：中华书局，1975 年 5 月，页 1957—1958。

[5] 图版采自洛阳市文物工作队编：《洛阳出土文物集粹》，北京：朝华出版社，1990 年，页 96/ 图 83。

结半臂，肩绕素色帔帛。其盛装矜持的整体造型及意象定格，使其周身洋溢着丰腴柔美、仪态沉稳、气色安娴、神情迷离的一派时世气质。这一陶俑人物盛饰半臂、帔帛的衣着造型，实乃效仿西域胡风的时世装束。如史载波斯国，"丈夫剪发、戴白皮帽，衣不开襟，并有巾帔，多用苏方青白色为之，两边缘以织成锦。夫人亦巾帔裙衫，辫发垂后，饰以金银"[1]。由此可知这一仕女装束所见之帔帛，亦为西域胡人日常装束之沿袭。

与上述陶俑造像相媲美，龙门石窟魏唐造像中的众多菩萨石刻形象，其臂间亦恒有缭绕肩上的巾帔。这种颇具西域世俗情调的服饰装扮，在同期石窟造像中的童子、飞天和供养伎乐中更有相同地再现（图10、图11、图12）。由此可知世俗明器人物与宗教艺术造像中的巾帔装饰，本即取材西域现实生活中的日常元素——洛阳、长安唐代墓葬中出土的大量身披巾帔的三彩仕女形象，正是这一历史生活的形象写照。

图 10　龙门石窟魏唐造像　　　图 11　龙门石窟魏唐造像　　　图 12　龙门石窟魏唐造像
　　　　所见肩上缭绕巾帔　　　　　　　所见肩上缭绕巾帔　　　　　　　所见肩上缭绕巾帔
　　　　的菩萨形象一　　　　　　　　　的菩萨形象二　　　　　　　　　的菩萨形象三

[1]　（后晋）刘昫等：《旧唐书》卷一九八《西戎传》，北京：中华书局，1975 年 5 月，页 5311。

三

　　在洛阳唐代墓葬出土的另外一些明器陶俑中，见有不少更具社会情节化寓意的文物遗存。鉴于其在复原当年汉地社会生活的原真性（authenticity）方面具有弥足珍贵的文化学价值，本节我们将选择这类雕塑构图中带有明显动态情节寓意的若干美术实例予以探讨。

　　1987年，洛阳邙山南麓一座唐墓出土一套具有浓郁演艺色彩的舞马俑（图13）[1]。其中驯马师冠幞头，着半臂，束马裤，双臂开展，传情眼眸，浑身洋溢着一派动静转换、调御舞伴的神色。而鞍鞯俱全、四蹄抑扬而与之呈现互动格局的马匹，则目光凝视，踏节合拍，突出地传达了人畜顾盼、动态契合的演艺场景。

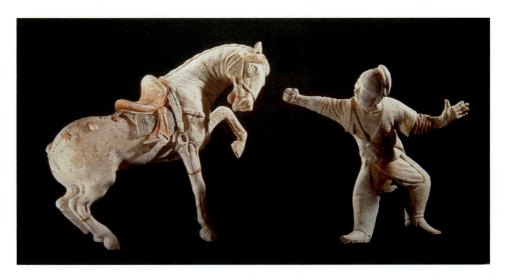

图13　1987年洛阳邙山南麓唐墓出土舞马俑

　　与这件历史文物文化信息不意有所关联的，是一位久居洛阳的历史名人张说。他的一组乐府诗词叙事，涉及这件出土文物的文化背景。如他的《舞马千秋万岁乐府词》诗曰：

---

[1]　图版采自洛阳市文物工作队编：《洛阳出土文物集粹》，北京：朝华出版社，1990年，页80/图65。

　　按唐《礼乐志》，明皇曾以马百匹，盛饰，分左右。施三重榻，舞《倾杯》数十曲。壮士举榻，马不动，乐工少年姿秀者十数人，衣黄衫，文玉带，立左右。每千秋节，舞于勤政楼下。千秋节者，明皇以八月五日生，因以其日名节云。

　　金天诞圣千秋节，玉醴还分万寿觞；试听紫骝歌乐府，何如骥骦舞华冈；连骞势出《鱼龙变》，蹡蹀骄生《鸟兽行》；岁岁相传指树日，翩翩来伴庆云翔。

　　圣皇至德与天齐，天马来仪自海西。腕足徐行拜两膝，繁骄不进踏千蹄。鬅鬙奋鬣时蹲踏，鼓怒骧身忽上跻。更有《衔杯》终宴曲，垂头掉尾醉如泥。[1]

同人《舞马词六首》又曰：

　　万玉朝宗凤扆，千金率领龙媒；晒鼓凝骄蹡蹀，听歌弄影徘徊。
　　天鹿遥征卫叔，日龙上借羲和；将共两骖争舞，来随八骏齐歌。
　　彩旄《八佾》成行，时龙五色因方；屈膝衔杯赴节，倾心献寿无疆。
　　帝皂龙驹沛艾，星兰骥子权奇；腾倚骧洋应节，繁骄接迹不移。
　　二圣先天合德，群灵率土可封；击石骏骦紫燕，拟金顾步苍龙。
　　圣君出震应箓，神马浮河献图；足踏天庭鼓舞，心将帝乐踌蹰。[2]

　　这两首歌词以极富传情的文学笔触，将当年庆贺唐明皇生日献寿的乐府《舞马》节目，描绘得生动逼真、酣畅淋漓——在驯马骑手的引导下，这些来自"海西"的名马"紫骝""骥骦"，承《鱼龙变》《鸟兽行》或《八佾》乐府音声的伴奏，在"腕足徐行""繁骄不进"为主体的场地演艺中，时而"奋鬣"，时而"蹲踏"，在驯马"壮士"按节"举榻"、"乐工少年"列队扮演的曲牌旋律下，以击石（磬）、拟金（钟）的器乐节奏为步点，表演了《倾杯》《八佾》等中外马戏剧目。具有压轴观赏意义的是，当节目进

[1] （唐）张说：《舞马千秋万岁乐府词》，见（清）彭定求等：《全唐诗》卷八七，第三册，北京：中华书局，1960年4月，页961—962。

[2] （唐）张说：《舞马词六首》，见（清）彭定求等编：《全唐诗》卷八九，第三册，北京：中华书局，1960年4月，页981。

入阕尽曲终之时，这类极富灵性的西域驯马，竟以
"垂头掉尾醉如泥"的滑稽卖萌神态定型，点出了
那一名为"醉杯"的剧目主题，从而将观赏者引向
超乎想象、不可思议的审美遐想中。中古时代内地
上层文艺生活之西风扇化，仅此文体之献艺，足以
使我们感知那段丝路开放时代中外文化对接交流的
繁荣。

图 14　西安何家村唐窖藏遗址出土含绶
舞马纹银壶

　　无独而有偶，近代西安出土文物带有典型叙事
寓意的另一例美术造型（图 14）[1]，则为我们复原张
说诗歌"《衔杯》之舞"提供了明快的视像依据。这
件不期而至的地下文物，以绝佳的画面构图和极具
西域驼载"革囊"仿品的形体构造，将上述《舞马》
节目的异域背景引入了我们的视野。唐代高端社会
如此之饮誉西域文明，一代名士的诗词文献与宫廷御库的器皿储备，竟有这般不约而同
的意象反映，这不能不引起我们对"中国史料"信息价值的重新认识与评价。

　　出土文物中这些再现当年社会文艺生活的实例，其实反映的正是丝路开放年代，西
域演艺节目畅化内地的一个缩影——中原上层社会热衷西来文艺的情势，端的缘起于丝
路畅通年代中外文化交流的贯通。

四

　　1966 年，洛阳关林 58 号盛唐墓考古发掘一套牵驼三彩胡俑（图 15）[2]。牵驼者卷发，
高鼻深目。上身着窄袖翻领束腰大衣，下身履深筒皮靴。骆驼仰首嘶鸣，双峰间托架上
可见皮囊祆神造型及丝卷、长颈壶、圆扁壶等器用物品。这一套美术图像显示的主题意
义，显然在于反映胡人丝路兴贩的情节。值得我们格外留意的是，这件显示丝路胡人生

[1]　图版采自齐东方：《唐代金银器研究》，北京：中国社会科学出版社，1999 年 5 月，彩图 44。
[2]　图版引见洛阳博物馆编：《洛阳唐三彩》，北京：文物出版社，1980 年 12 月，图 79。

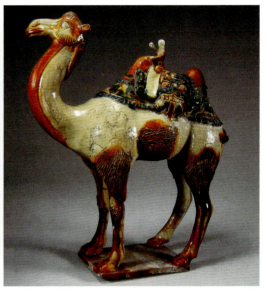

图15　1966年洛阳关林58号盛唐墓出土　　图16　1965年洛阳关林59号盛唐墓出土三彩
三彩骆驼所见驼载祆神造型　　　　　　载丝胡人乘驼俑所见驼载祆神造型

计的雕塑作品，其驼载器物中那件居于核心位置的"皮囊祆神"。

考古资料表明，这类驼载"祆神"道具的文物造型，在东、西两京等地考古发现的唐代三彩骆驼中曾有络绎不绝的发现。仅就洛阳地区的出土文物而言，1965年，洛阳关林59号盛唐墓考古发掘一件胡人载骑骆驼三彩俑（图16[1]、图17[2]）。在这件三彩明器的驼峰鞍鞯上，乘一着窄袖交领长袍的胡人，胡人身后载一皮囊质地的祆神道具。

又1963年，洛阳关林车圪垱村唐墓出土的一件三彩骆驼（图18[3]），驼峰间亦有形制类同的皮囊祆神造型。另如1981年龙门石窟东山北麓考古发掘唐景龙三年（709）六胡州大首领安菩萨夫妇墓出土的一件三彩骆驼，驼峰间同样见有这样的皮囊祆神头像（图19）[4]。2010年，洛阳发掘唐张文俱墓出土负载祆神和扁壶的粉彩骆驼一躯（图20），再次透露出东来胡人与祆教信仰的联系。

[1]　图版采自王绣主编：《洛阳文物精粹》，郑州：河南美术出版社，2001年8月，页175/图35。
[2]　图版采自周立、高虎编：《中国洛阳出土唐三彩全集》（上），郑州：大象出版社，2007年4月，页247。
[3]　图版采自洛阳博物馆编：《洛阳唐三彩》，北京：文物出版社，1980年12月，图78。
[4]　洛阳市文物工作队：《洛阳龙门唐安菩夫妇墓》，《中原文物》1982年第3期，页21—26。

图 17-1   图 17-2

图 17   1965 年洛阳关林 59 号盛唐墓出土三彩载丝胡人乘驼俑所见驼载袄神造型细部

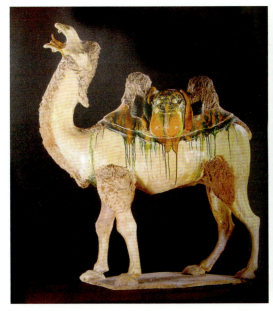

图 18   1963 年洛阳关林车圪垱村 2 号盛唐墓出　图 19   1981 年洛阳龙门东山考古发掘唐六胡州大首
土载丝三彩驼所见驼载袄神造型　　　　　　　　领安菩萨墓所见驼载袄神造型

图20　2010年洛阳发掘唐张文俱墓出土负载
　　　祆神和扁壶的粉彩骆驼

对于这种安置于驼马鞍具褡裢之上的形象道具的用途，古代笔记文献亦有相应的透露："突厥事祆神，无祀庙，刻毡为形，盛于皮袋，行动之处，以脂苏涂之。或系之竿上，四时祀之。"[1]学者们的研究已经表明，当粟特商人部落进入中亚北方的阿尔泰草原地区之后，便将这种祆神信仰传播于突厥游牧部落[2]。姜伯勤先生据此研究后认为，洛阳安菩萨墓葬出土的这件唐代文物，正是西域胡人从事宗教祭祀时必须供奉的祆神。这种载有"神兽形神像"的美术样本，即为突厥化粟特移民祭祀祆神的状模，它实际上从一个侧面反映了中原一带内徙粟特部落宗教生活的一个场面[3]。

洛阳地区如此繁密的考古史料，无疑折射出当年中原一带粟特移民的宗教信仰的需要，而围绕着祆祠所在地段发生的富有西风胡韵的人文情节，则尤其传达出域外文明输入中原社会的精彩细节：

唐人张鷟《朝野佥载》记东都洛阳遗事有："河南府立德坊及南市西坊皆有胡祆神庙。每岁商胡祈福，烹猪羊，琵琶鼓笛，酣歌醉舞。酹神之后，募一胡为祆主，看者施钱并与之。其祆主取一横刀，利同霜雪，吹毛不过，以刀刺腹，刃出于背，仍乱扰肠肚流血。食顷，喷水咒之，平复如故。此盖西域之幻法也。"[4]

[1]　（唐）段成式：《酉阳杂俎》卷四《境异篇》，北京：中华书局，1981年12月，页45。

[2]　王小甫：《弓月部落考》，见氏著：《唐、吐蕃、大食政治关系史》，北京：北京大学出版社，1992年12月，页246—247。

[3]　洛阳三彩骆驼承载祆神图像及其有关问题，参见姜伯勤：《唐安菩墓所出三彩骆驼所见"盛于皮袋"的祆神》，《唐研究》第七卷，北京：北京大学出版社，2001年12月，页55—70。又姜伯勤：《唐安菩墓三彩骆驼所见"盛于皮袋"的祆神》，见氏著：《中国祆教艺术史研究》，北京：生活·读书·新知三联书店，2004年4月，页225—236。

[4]　（唐）张鷟：《朝野佥载》卷三，北京：中华书局，1979年10月，页64—65。

清徐松《两京城坊考》卷五，引宋敏求《河南志》记事又谓：东都"会节坊，袄祠""立德坊，胡袄祠"[1]。

以上史料显示，西域胡人在东都城内建有多处的火祆教神庙，且于祭祀、庆典场合每有旧邦文艺的表演。由此可见，西域来华的诸部胡民，曾以难以割舍的胡风习俗，在东方都会市井中展示着域外文明的存在，由此为东方社会注入"文化交汇"的活力。

不仅如此，已有的研究已经表明，在商胡络绎往来的丝路沿线，西域胡乡行之久远的祆教习俗，亦曾有过不辍岁月的上演。

如学者们通过对敦煌遗书民俗纪事的发掘，得知东来胡人每年尝有名为"赛祆"的一种集会仪式——这种主要为粟特胡人的集会活动，曾在归义军时代的敦煌地区蔚然成风，流行一时，成为当地一种颇具异域特色的民俗[2]。姜伯勤先生在研究西域商胡的生活形态时，认为"赛祆是一种祭祀活动，有祈福、酒宴、歌舞、幻术、化装游行等盛大场面，是粟特商胡'琵琶鼓笛、酺歌醉舞'的庙会式的娱乐活动"[3]。

洛阳唐代文化遗迹中尚未见到祆教赛神场合的图像，但同期墓葬遗存中则有火祭用具火坛的出土（图21）[4]，这也从一定层面上折射出当地赛祆仪式的存在。

围绕着东都祆祠展开的如此让人心驰神往的祆神崇拜，无疑透露出当年洛阳地区社会人文行为因胡人杂居而呈现出来的斑斓纷织、别样光彩！

图21　1987年洛阳吉利区唐墓出土
火祆教祭祀用具火坛

[1]　（清）徐松：《唐两京城坊考》卷五，北京：中华书局，1985年8月，页164、171。

[2]　参见林悟殊：《波斯琐罗亚斯德教与中国古代的祆神崇拜》，刊余太山主编：《欧亚学刊》第1辑，
　　　北京：中华书局，1999年12月，页207—227；又氏著：《中古三夷教辨证》，北京：中华书局，
　　　2005年6月，页316—345。

[3]　姜伯勤：《敦煌吐鲁番文书与丝绸之路》，北京：文物出版社，1994年2月，页255—256。

[4]　图版采自王绣主编：《洛阳文物精粹》，郑州：河南美术出版社，2001年8月，页207/图58。

在洛阳唐墓出土的这类三彩明器中，最能传达当时中外丝路交通的文物实例，当属上述遗存中最为常见的牵驼胡俑。这类驼骑题材的美术作品，驼背褡裢上往往见有扁壶、长颈鹰首壶、成卷的丝束及"盛于皮袋"内的祆神形象，从而传达出中亚祆教信徒不远万里跋涉中原且祀奉故乡宗教神祇的人文背景。

中原唐三彩骆驼造型中这种特定画面的典型美术程式，集中反映了中古时代粟特部落东渐华夏过程中，缘于征途生计的必须而装配首要设备的最低限度——因始终处于"随遇平衡"状态而便于携带液体饮料的长颈扁壶，对于往来千里荒漠而倍感干渴的行人来说，其功能价值已远远超出日常使用范畴而赋有随时"救生"的特殊意义！"盛于皮袋"内的祆神形象，则体现出漫漫征程中宗教信仰对羁旅生活不可或缺的精神支撑作用。至于成束成卷的丝绸，毫无疑问，那正是东西方往来行旅舍生忘死追逐经济利益的首选目标！

由此看来，一种随葬于唐人冥间世界而有传模意致的艺术品，其文化含蕴中竟浸透着古人源自现实生活的文化生态结构——文化遗产承载往日历史信息之意趣隽永、令人刮目，洛阳唐三彩骆驼的美术造型可谓昭然燎亮之一例。

五

北京故宫博物院旧藏一件高 74 厘米的唐代胡人载猴骑驼三彩俑（图 22）[1]，胡人高鼻深目，络腮胡须，冠戴尖顶虚帽，身着开襟窄袖长袍，足蹬深筒鞡靴，脑后肩头披载一只似有惊恐之状的猕猴。此中显示出来的西域胡人饲养猕猴以为宠物的信息，洛阳同期文物遗迹中亦有典型案例可资参照。

洛阳近年出土的垂拱四年（688）韦师墓志，志盖四周十二相动物装饰纹样雕刻中，其"申猴"一相所刻之猕猴，项部见有一条斜向垂落的锁链（图 23）。虽然这一石刻画面并无与之相关的人物形象的显示，但画面特有的道具性题材设置，以视觉语言（language of vision）的典型信息，毫无疑义地透露出这一动物形象与人类保持着宠物豢

---

[1] 故宫博物院编：《雕饰如生——故宫藏隋唐陶俑》，北京：紫禁城出版社，2006 年 12 月，页 159/图 106。

养的关系。石刻文物中这一美术意象（artistic
imagery）的画面定格，无疑揭示了唐代中原现
实生活中流淌着西域蕃客豢养动物的时尚。

这里需要说明的是，洛阳地区唐代文物中如
此人与动物生态关联的图像信息，实际上文化渊
源至少可以上溯到丝路畅化年代的北魏。

2013 年，洛阳邙山南麓衡山路考古发掘了
北魏节愍帝的墓葬。墓葬出土遗物中有彩绘载
猴骆驼残片一件（图 24）[1]，这无疑透露出，至迟
在北魏王朝的晚季，洛阳一带业已流行着乘驼
胡人豢养宠物猕猴的习俗。这一出土实物的创
作意境，显然透露出中古时期丝绸之路畅通的年
代，域外某些生活传统曾经随着驼马游弋播迁于
东方。

在这类涉及人与动物相互关联的美术作品

图 22　唐代胡人载猴骑驼三彩俑
（故宫博物院藏）

图 23　洛阳近年出土唐韦师墓志盖所见索猴图像

[1]　资料来源：光明网—《光明日报》2013 年 10 月 29 日报道。摄影：高虎。

图24　2013年洛阳邙山南麓衡山路北魏
晚期节愍帝墓出土载猴骆驼残片

中，在一定场合下还可能潜藏着一些鲜为人知的人文情节，这为人们从深层意义上体验历史提供了可能。

众所周知，在西域胡风奢靡一时的北齐末叶，曾经出现过为主流史家舆论诟病的声音艺人"封王开府"的记载。史载当年邺都宫廷热衷西域胡乐之事有谓："乐人曹僧奴进二女，大者忤旨，剥面皮；少者弹琵琶，为昭仪。以僧奴为日南王。僧奴死后，又贵其兄弟妙达等二人，同日皆为郡王。为昭仪别起隆基堂，极为绮丽。陆媪诬以左道，遂杀之。"[1]

甚哉齐末之嬖幸也，盖书契以降未之有焉。心利锥刀，居台鼎之任；智昏菽麦，当机衡之重。刑残阉宦、苍头卢儿、西域丑胡、龟兹杂伎，封王者接武，开府者比肩。[2]

（北齐）杂乐有西凉鼙舞、清乐、龟兹等。然吹笛、弹琵琶、五弦及歌舞之伎，自文襄以来，皆所爱好。至河清以后，传习尤盛。后主唯赏胡戎乐，耽爱无已。于是繁手淫声，争新哀怨。故曹妙达、安未弱、安马驹之徒，至有封王开府者，遂服簪缨而为伶人之事。后主亦自能度曲，亲执乐器悦玩无倦，倚弦而歌。别采新声，为无愁曲，音韵窈窕，极于哀思，使胡儿阉官之辈，齐唱和之，曲终乐阕，莫不殒涕。虽行幸道路，或时马上奏之，乐往哀来，竟以亡国。[3]

然而，北齐小朝廷"智昏菽麦"而至"乐往哀来，竟以亡国"的历史结局并未引起后人的警惕[4]。联缀于本文上述"豢养宠物"的经典后续，竟有以下一段甚于北齐的历史

[1]　（唐）李延寿：《北史》卷一四《后妃传》，北京：中华书局，1974年10月，页526—527。
[2]　（唐）李百药：《北齐书》卷五〇《恩幸传》，北京：中华书局，1972年11月，页685。
[3]　（唐）魏徵等：《隋书》卷一四《音乐志》，北京：中华书局，1973年8月，页331。
[4]　参见王小甫：《试论北齐之亡》，见王元化主编：《学术集林》卷十六，上海：上海远东出版社，1999年10月，页120—160。

闹剧的上演。

晚唐诗人罗隐写道："十二三年就试期，五湖烟月奈相违。何如买取胡孙弄，一笑君王便着绯。"虽乃讥刺晚唐道消日甚之世风，然亦足资管窥当年西来杂艺流行中华之日甚。

与之相关的文史背景，《幕府燕闲录》尝云："唐昭宗播迁，随驾伎艺人止有弄猴者。猴颇驯，能随班起居。昭宗赐以绯袍，号'孙供奉'。故罗隐有诗云云。朱梁篡位，取此猴，令殿下起居。猴望殿陛，见全忠，径趣其所，跳跃奋击，遂令杀之。"[1]

以上文化史例的绵延流播，说明有唐一代宠物的豢养，有着深厚的中外文化交流社会背景的蕴载。其源远流长之波澜，昭示了中外文明交汇的历史必然。

六

通过本文对洛阳唐俑遗迹的以上管窥，一个充满了西域生活情节的东都社会便事象鲜活地呈现在我们的面前。这种种洋溢着西域人文情调的生活断面，无疑从形象史学（historiography of images）的角度，重现了当年洛阳地区充斥着一派胡乡异俗的往昔岁月。

如果我们善于以文化生态学（cultural ecology）和行为人类学（action anthropology）的史学理念来审视这一文化现象，则我们自然可以明了，有唐一代西域文明之焕然欣动于东土，殆由丝绸之路人类生存资源的互补曳引而使然。

---

[1] 罗隐：《感弄猴人赐朱绂》，见（清）彭定求等：《全唐诗》卷六六五，第十九册，北京：中华书局，1960 年 4 月，页 7623。

洛阳唐王雄诞夫人魏氏墓出土"马球"俑与西域时尚的东传

一

2011 年 7—10 月和 2012 年 5—6 月，洛阳文物部门考古发掘了位于邙山南麓红山乡华山路的垂拱三年（687）唐左骁卫大将军王雄诞夫人魏氏墓（M56）。该墓虽经盗扰，但仍然出土了各类遗物 220 余件，数量之多，为当地历年考古发掘所罕见。墓室内同时出土墓志一方，由此我们得以了解墓主人的身份和墓葬的纪年[1]。

在这些制作精美的墓葬遗物中，最值得人们引起注目的，是其四件状模马球运动的仕女三彩俑（M56：68）（图 1、图 2[2]）。作为特定的美术题材，这一组墓葬遗物在洛阳

图 1　2012 年洛阳邙山南麓唐垂拱三年（687）王雄诞夫人魏氏墓出土马球仕女俑（张乃翥摄）

---

[1] 张晓理：《洛阳发现唐代左骁卫将军夫人墓》，2012 年 6 月 7 日报道，来源：新华网。 洛阳市文物考古研究院：《洛阳唐代王雄诞夫人魏氏墓发掘简报》，《华夏考古》2018 年第 3 期，页 15—29。洛阳市文物考古研究院编：《唐·王雄诞夫人魏氏墓》，郑州：中州古籍出版社，2016 年 8 月。

[2] 图版采自中国大运河博物馆编：《中兹神州：绚烂的唐代洛阳城》，南京：江苏凤凰文艺出版社，2022 年 3 月，页 170。

图 2　2012 年洛阳邙山南麓唐垂拱三年（687）王雄诞夫人魏氏墓出土马球仕女俑

乃至中原一带的唐代墓葬遗物中，因其描摹了盛唐时代内地一宗长盛不衰的体育运动，而在中国文化史上享有崇高的历史学价值和文化学价值。

从这一组雕塑作品的设计意图和表现手法上审视，艺术家显然对这一艺术对象的活动形态有着深刻的了解——大约出于游戏规则的设定，这一组马上仕女人物的着装，有其统一的格式。这些女性驭手，俱束涡髻，右袒窄袖翻领通身长衣，内着绯色长袖汗衫，汗衫外挂厚质马甲。下身着纨绔，履裹足勒靴。值得人们特别留意的是，这一组模拟现实生活中体育角色的明器陶塑，其装束仪式含有更为细腻的文化人类学信息元素——其长衣袖内缚有质地坚硬可以伸缩的护腕，折射出当年竞技驭手有于关键运动部位采取保护身体的措施，以免举撬击球之际意外伤及胳臂。而其所有击球者外着风衣区分为黄、绿两种色彩，大抵反映的是对垒双方各以"运动服"颜色便于区别队友的需要。

魏氏墓出土的这一组马球仕女三彩俑，人物刻画形神兼备，工艺造型仪态完美，其目不转睛、聚精会神的形象定格，炉火纯青地再现了当年鞠场上人马奔突、群情激昂的场景。唐代女性如此全神贯注、心神投入的体育生活，无疑折射出古代社会文化因西域移民的波澜激扬而开放。

马球运动盛行洛都的情节，唐三彩艺术遗迹之外，当地同期文化遗产中亦有美术题材的反映。

如 2003 年 9—12 月，洛阳伊川县城关镇大庄村唐墓（M3）中，考古发掘出土了一枚马球纹铜镜（图3、图4）[1]。这枚铜镜外廓呈八瓣菱花状，直径 18.8 厘米，镜背圆纽的外围，以浮雕形式刻画了四躯手执撬棒的马球人物竞技图像。其图形状摩之准确洗练，美术意象之生动传神，将这一运动场景生机活泼、炽情热烈的文化气氛表达得栩栩如生、淋漓尽致。从这一青铜图画极具写实意境的画面构图来审视，当年中原一带的工艺美术家无疑因熟悉马球运动而积淀出如此娴熟的创作技艺。这一金属文物的图像刻画，以其活泼轻快的图画效果，生动地再现了当年洛中一带马球运动的流行。

图3　2003 年洛阳伊川城关镇大庄村唐墓出土马球纹铜镜

图4　2003 年洛阳伊川城关镇大庄村唐墓出土马球纹铜镜（拓本）

2011 年，洛阳市文物工作者在孟津新庄发掘了一座晚唐五代时期墓葬。这座墓直径约 5 米，在墓室西壁砖雕中有马球杆出现，表明直至唐末五代之际，洛阳地区仍有马球

---

[1]　洛阳市第二文物工作队：《洛阳伊川大庄唐墓（M3）发掘简报》，《文物》2005 年第 8 期，页 47—51。图版采自霍宏伟、史家珍编：《洛镜铜华》，北京：科学出版社，2013 年 11 月，页 259/ 图版 228、页 399/ 图 107。

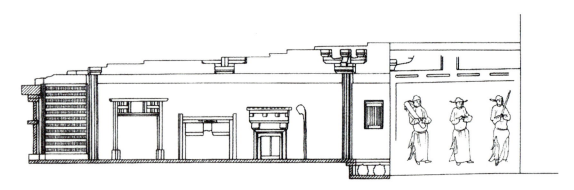

图5　2011年洛阳孟津新庄晚唐五代墓墓室西壁砖雕马球杆

图6　2001年河北宣化城东南晚唐张庆宗墓
墓室东南壁砖雕马球杆

运动的流行（图5）[1]。

可与上述墓葬出土马球杆相比较的，是2001年6月22日河北宣化城东南约2.3千米处发现的晚唐张庆宗墓，此人为幽州雄武军要员。该墓南北长4.4米，东西宽4.5米，残存最高处为2.5米。其墓室东南壁上雕有马球杆，杆柄细长，首部弯曲（图6）[2]。据此壁"宽1.68米，残高1.42米"目测，马球杆高逾1米。

以上文物考古事例还表明，马球运动在唐至五代曾是社会中上阶层以及军队贵族中流行的时尚运动项目。

---

[1]　洛阳市文物考古研究院：《洛阳孟津新庄五代壁画墓发掘简报》，《洛阳考古》2013年第1期，页29—36，图版采自页30/图二。

[2]　张家口市宣化区文保所：《河北宣化纪年唐墓》，《文物》2008年第7期，页23—48，图版采自页26/图六。

二

马球运动兴起于古代的波斯，习称为"波斯球"或"波罗球"（Polo）。唐初时代，在以军事立国的唐太宗李世民的倡导下，一花独放，风靡全国。该运动所用的球为木质或皮毛质，轻而坚韧，易于弹跳。击打所用之球杆，外形为弦月状，类似今天的曲棍球杆，便于自上而下用力落地横扫。球场有单、双两种球门，视鞠场大小或参赛人员多寡而确定。单球门是一个木板墙，墙下开一个一尺左右的圆孔，并有球网，先入网者为胜，称作头筹。双球门是在球场两边各设一间。比赛时没有裁判和守门员，以进球多少定胜负。

马球自李唐初叶渐兴中国以来，唐代文献称之谓"击球"。关于马球传播的线路，有传自西域、波斯、西藏等几种说法。这与丝绸之路的日益畅达有所关联。在唐太宗、玄宗、宣宗诸位皇帝的倡导下，马球运动很快得以盛行于中原一带，历经宋、金、元、明，于明末、清初逐渐退出中国的竞技舞台。

马球运动在唐代之所以深受人们的喜爱，除了它是一项高雅、有趣和富有挑战性的娱乐活动之外，还因为它是一项带有浓厚军事色彩的运动。唐阎宽在《温汤御球赋》中说：马球"盖用兵之技也，武由是存，义不可舍"[1]。在太平盛世的年代，皇帝提倡这项运动应该是有一定积极意义的。参赛者在马球场上相互配合、驰骋拼搏，无疑是体力、技能与智谋的综合训练与竞争，这为培养人们的勇猛精神提供了必要的锻炼。

随着马球运动的日益盛行，马球场的建设也不断引起人们的重视，使之逐步得到发展与完善。唐朝前期，以梨园球场最为闻名，后期则以含光殿球场著称，1956年西安北郊唐大明宫遗址就出土刻有"含光殿及球场等，大唐大和辛亥岁（831）乙未月建"的石碑（图7）。说明中晚唐时代马球一仍盛行于两京。据李肇《国史补》、司马光《资治通鉴》的记载，在唐代后期甚至还出现有别具一格的"灯光球场"和"草地球场"[2]。

---

[1] （清）董诰等：《全唐文》卷三七五，第四册，北京：中华书局，1983年11月，页3811。
[2] 资料来源：《陕西历史博物馆"周秦汉唐"系列教育课程之会"玩"的古人》，搜狐网，2020-04-02。

**图7　1956 年唐大明宫含光殿
遗址出土的球场碑拓本**

唐代盛极一时的马球运动，也为诗人和艺术家提供了生动的创作题材，有关吟咏马球运动的诗词作品绕人耳聪，音声不绝。如崔湜《幸梨园亭观打球应制》、蔡孚《打球篇》、武平一《幸梨园观打球应制》、张建封《酬韩校书愈打球歌》、张祜《观泗州李常侍打球》等[1]。

王建《宫词》中有诗描写唐朝宫廷内马球活动的景象："对御难争第一筹，殿前不打背身球。内人唱好龟兹急，天子鞘回过玉楼。"[2] 另有鱼玄机"坚圆净滑一星流，月杖争敲未拟休"[3]，沈佺期"宛转萦香骑，飘飘拂画球"[4]，韩愈"汴泗交流郡城角，筑场十步平如削"[5]之作，不绝如缕。

盛唐文学巨擘、宰相张说其人，也以朝廷高端仕宦的资历，从庙堂文艺的层面，用诗歌记叙了唐代宫廷热衷域外文艺时尚的情节。

如其《奉和圣制寒食作应制》诗曰："寒食春过半，花秾鸟复娇；从来禁火日，会接清明朝；斗敌鸡殊胜，争球马绝调；晴空数云点，香树百风摇；改木迎新燧，封田表旧烧；皇情爱嘉节，传曲与箫韶。"[6]

---

[1]　程旭：《唐韵胡风：唐墓壁画中的外来文化因素及其反映的民族关系》，北京：文物出版社，2016年 5 月，页 191。

[2]　（唐）王建：《宫词一百首》，见（清）彭定求等：《全唐诗》卷三〇二，第十册，北京：中华书局，1960 年 4 月，页 3440。

[3]　（唐）鱼玄机：《打球作》，见（清）彭定求等：《全唐诗》卷八〇四，第二十三册，北京：中华书局，1960 年 4 月，页 9049。

[4]　（唐）沈佺期：《幸梨园亭观打球应制》，见（清）彭定求等：《全唐诗》卷九六，第四册，北京：中华书局，1960 年 4 月，页 1030。

[5]　（唐）韩愈：《汴泗交流赠张仆射（建封）》，见（清）彭定求等：《全唐诗》卷三三八，第十册，北京：中华书局，1960 年 4 月，页 3786。

[6]　（唐）张说：《奉和圣制寒食作应制》，见（清）彭定求等：《全唐诗》卷八八，第三册，北京：中华书局，1960 年 4 月，页 963。

诗中描绘的"斗鸡"与"马球",作为创自西域的两种民间文体项目,随着丝绸之路的畅通,日渐行化于中原,成为唐代两京习习常见的贵族文娱活动,进而纳入一代名流的文学创作视野。这无疑折射出当年两京盛行西域文明的时代气息。

史籍记载,中宗女儿长宁公主,曾于洛阳长夏门内道德坊宅邸近旁辟有球场,徐松《河南志》记京城道德坊有曰:"并一坊为长宁公主宅及鞠场。"[1]

《封氏闻见记》记载,"景云(710—711)中,吐蕃遣使迎金城公主,中宗于梨园亭子赐观打球。吐蕃赞咄奏言:'臣部曲有善球者,请与汉敌。'上令仗内试之。决数都,吐蕃皆胜。时玄宗为临淄王,中宗又令与嗣虢王邕、驸马杨慎交、武秀等四人,敌吐蕃十人。玄宗东西驱突,风回电激,所向无前。吐蕃功不获施,其都满赞咄犹此"[2]。

史载从小就酷爱马球的李隆基,有时练球竟至废寝忘食,故而民谣曾有"三郎少时衣不整,迷恋马球忘回宫"的说法。

《册府元龟》有载,开元十二年(724)六月乙巳,"河南府之告成县王利文……上表曰:'……臣宅北坂之下,陛下以为球场,自夏徂秋,往来游赏……'诏赐利文绢三十匹,遣之"[3]。可知,洛都告成县王利文居宅北坂也曾辟有球场。

天宝(742—756)佞相李林甫,"年二十尚未读书。在东都,好游猎打球,驰逐鹰狗。每于城下槐坛下,骑驴击,略无休日"[4]。

《资治通鉴》记叙唐人"打球"之事有引:"上(玄宗)好击球,由是风俗相尚。驸马武崇训、杨慎交洒油以筑球场。"[5]

此后唐家诸帝,好球者多有:玄宗"初即位,为长枕大被与兄弟同寝。诸王每旦朝于侧门,退则相从宴饮,斗鸡、击球"[6]。

---

[1] (清)徐松辑、高敏点校:《河南志》,北京:中华书局,1994年6月,页10。

[2] (唐)封演:《封氏闻见记校注》卷六,北京:中华书局,2005年11月,页53。

[3] (宋)王钦若等:《册府元龟》卷二四《帝王部·符瑞三》,北京:中华书局,1960年6月,页258—259。

[4] (宋)李昉等:《太平广记》卷一九《神仙部》,北京:中华书局,1961年9月,页129。

[5] (宋)司马光:《资治通鉴》卷二〇九《唐纪二五》,北京:中华书局,1956年6月,页6624。转引自向达:《唐代长安与西域文明》,北京:生活·读书·新知三联书店,1957年4月,页83。

[6] (宋)司马光:《资治通鉴》卷二一一《唐纪二七》,北京:中华书局,1956年,页6701。

宣宗弧矢击鞠，皆尽其妙。所御马，衔勒之外，不加雕饰。而马尤矫捷，每持鞠杖，乘势奔跃，运鞠于空中，连击至数百，而马驰不止，迅若流电。二军老手，咸服其能。[1]

马球运动在唐代风靡一时除了见诸文学描述之外，陶俑、铜镜、画像砖等文物中也有表现马球运动的美术图像。两京地区的一些高层历史遗存中，更有马球遗事的显示。

图 8-1

图 8-2（局部）

图 8　1971 年发掘陕西乾县唐章怀太子墓马球壁画

1971 年考古发掘的陕西省乾县章怀太子李贤墓，于墓道西壁发现了高 229 厘米、长 688 厘米的马球图。这幅壁画以其场面之宏伟，构图之绝妙被视为国宝级美术遗产。图中 20 余位骑手，均着深浅两色窄袖长袍，戴幞头，穿黑靴。壁画突出了五位持弦月球杖的骑者驱马抢球的情景。前一骑作反身击球状，其余纵马迎击。后十余人骑枣红马，或山间奔行，或驰骋腾空。止者着绿色长袍，红翻领，仁目凝神，无球杖。背景衬起伏山峦，五棵孤零零的古树点缀在空旷的画面上，与墓道东壁"出行图"中的古树遥相对应。此图是有关唐代马球运动最早的形象资料（图 8-1、图 8-2）[2]。

---

[1]　（宋）王谠：《唐语林》卷七，上海：上海古籍出版社，1978 年 6 月，页 240。

[2]　陕西省博物馆、乾县文教局唐墓发掘组：《唐章怀太子墓发掘简报》，《文物》1972 年第 7 期，页 13—25，图版采自该期插页图版壹 2。

图9　2004年春发掘陕西富平县唐嗣虢王
李邕墓前甬道西壁马球壁画一

图10　2004年春发掘陕西富平县唐嗣
虢王李邕墓前甬道西壁马球壁
画二

　　2004年春，陕西省考古研究院考古发掘了陕西省富平县吕村塬唐高祖献陵陪葬墓之一的嗣虢王李邕墓，墓内甬道西壁发现一幅描绘马球运动的精美壁画（图9、图10）[1]。

　　两京墓葬文物中表现以上马球题材的造像、图画，在流入国外的文化遗存中亦见有同类。法国巴黎吉美国立亚洲艺术博物馆（Musée National des Arts Asiatiques-Guimet）藏唐代仕女马球彩绘俑一套（图11），即以极具奔逐表演神态的彩绘马球仕女俑造型，为人们复原了一次唐代马球竞技的场景。

图11　中国唐代仕女马球俑一套
（巴黎吉美国立亚洲艺术博物馆藏）

[1]　张蕴、卫峰：《唐嗣虢王李邕墓前遗址发掘简报》，《文物》2009年第7期，页21—25+73。陕西省考古研究院：《唐嗣虢王李邕墓发掘简报》，《考古与文物》2012年第3期，页22—25+67，图版采自封三图1、图3。陕西省考古研究院编著：《唐嗣虢王李邕墓发掘报告》，北京：科学出版社，2012年8月，图版一九。

三

考马球作为一项竞技运动，至迟在我国三国时代已有流行的事实。这一来自西域的技艺，在当年中原地区较早接与佛教唱赞文艺的社会名流曹植的《名都篇》中已见记载。由此可见有唐一代洛阳地区之流行马球运动，有其源远流长的人文传统。

图 12　2012 年洛阳邙山南麓唐垂拱三年（687）王雄诞夫人魏氏墓出土三彩瘤牛

不仅如此，由魏氏墓中出土的另外一些带有浓郁域外文化色彩的文化遗迹看，人们可以感受到当年中外文明交流的不拘一格、丰富多彩。

在魏氏墓劫后余存的 220 余件历史文物中，除了见有艺术性格独具特色的胡人骑马俑之外，一件色彩光亮的三彩瘤牛（Zebu，拉丁学名：Bos indicus）更引起了我们的注意（图 12）。这一来自南亚次大陆的动物形象的独特构成，是其肩胛之上突兀隆起的肉瘤，2015 年 4 月孟买博物馆即收藏有印度古代的瘤牛造像（图 13）。

图 13　印度古代的瘤牛造像（孟买博物馆藏）（张乃翥 2015 年 4 月摄）

2015 年 5 月，笔者于斯里兰卡波隆纳鲁沃古城（Ancient City of Polonnaruwa）亦曾见到瘤牛悠然横卧之生活呈现（图 14）。

作为文物系统中的生物学信息，瘤牛之东渐华夏并被社会上层用作出行身份象征的排场，至迟在北魏时代的洛阳，已经引起人们的注目。

图 14　斯里兰卡波隆纳鲁沃古城所见瘤牛（张乃翥 2015 年 5 月摄）

1965 年 7 月，洛阳博物馆在洛阳北郊邙山南麓盘龙冢村清理发掘了北魏武泰元年（528）的元邵墓，墓中出土各式胡人俑及驾车瘤牛一件（图 15）[1]。2005 年 4 月，洛阳博物馆收藏了位于洛阳市西南郊丰李镇马窑村北魏永熙二年（533）杨机墓出土的一套明器陶俑和墓志，其中亦有多躯胡人俑及驾车瘤牛一件（图 16）[2]。

图 15　1965 年洛阳邙山北魏元邵墓
　　　　出土的瘤牛驾车造型
　　　（张乃翥摄于洛阳博物馆）

图 16　2005 年洛阳丰李镇北魏杨机墓
　　　　出土的瘤牛驾车造型
　　　（张乃翥摄于洛阳博物馆）

元邵、杨机俱为北魏晚期见于史传的政治人物，他们的墓葬遗迹代表了当年中原地区上流社会的文化取向，所以这两座墓葬文物的题材构成，正是那一时代主流社会文化理念的浓缩。

洛阳北魏墓葬中一再出现的驾车瘤牛，从美术视像透露出中原地区与南亚次大陆动物交流的不辍和人际结缘的繁荣——这一美术题材自北魏以来即连篇累牍出现于当地的墓葬明器中，无疑证实南亚瘤牛引进中原的持续。这一文化现象的本身，反复地揭示了丝路畅通年代，洛阳与西域地区社会往来的频密。

这样看来，王雄诞夫人魏氏墓葬陶俑如此具有域外文化时尚的题材设定，从文化史角度提示了当年中外文明交流的持续积淀，这由当年两京及周围一带的文化遗迹可以窥

[1]　洛阳博物馆：《洛阳北魏元邵墓》，《考古》1973 年第 4 期，页 218—224+243，图版另参该期图版拾贰 3。感谢林润娥女士 2023 年 12 月 5 日专访洛阳博物馆复核图片拍摄地，该组文物时展出于洛阳博物馆第二展室。

[2]　洛阳博物馆：《洛阳北魏杨机墓出土文物》，《文物》2007 年第 11 期，页 56—69，图版另参页 63/图三三。感谢林润娥女士同日复核图片拍摄地，该组文物亦展出于洛阳博物馆第二展室。

见其端的。

以当年中原地区频繁发现久行西域的"含绶鸟"美术遗迹为例，人们对当年中外文化交流的密切可以有着视觉的记忆与回溯。

例如1995年秋，山西省万荣县开元九年（721）薛儆墓出土的石刻构件中，即有众多颈部见有系绶的"含绶"美术形象的刻画（图17、图18）[1]。该墓石椁线刻画中另有翼马和胡人骑狮的形象（图19-1、图19-2、图19-3、图20-1、图20-2）[2]，从中可以看出这一盛唐文化单元含有浓郁的西域文明的色彩。

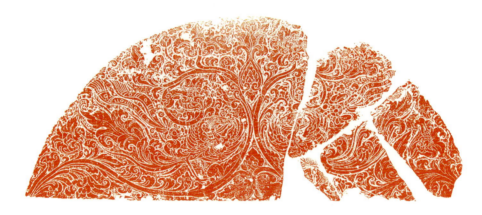

图17　1995年山西省万荣县出土开元九年（721）薛儆墓石椁门楣上的含绶鸟线刻造型

图18　1995年山西省万荣县出土开元九年（721）薛儆墓石椁门槛中的含绶鸟线刻造型

---

[1]　山西省考古研究所编著：《唐代薛儆墓发掘报告》，北京：科学出版社，2000年9月，图版引见图版一四，采自图版二四1。

[2]　山西省考古研究所编著：《唐代薛儆墓发掘报告》，北京：科学出版社，2000年9月，图版引见图版一六1，采自页21/图一二、页40/图五〇，引见图版四六2，采自页39/图四六。

图 19-1

图 19-2

图 19-3

图 19　1995 年山西省万荣县出土开元九年（721）薛儆墓石椁门额上的翼马线刻造型

图 20-1

图 20-2

图 20　1995 年山西省万荣县出土开元九年（721）薛儆墓石椁内的胡人骑狮线刻造型

翼马之美术造型，更早还可见诸敦煌石窟隋代第 277 窟西壁龛上沿的对马联珠纹、第 425 窟西壁龛沿的翼马联珠纹等作品中（图 21、图 22、图 23）[1]。前图环形联珠纹内为两匹对面站立的翼马，马头之间画一五叶纹，寓意生命之树。龛沿边饰中此类环形联珠纹单元纹样源于西亚，盛行于中亚，沿丝路渐次流布于东方。

	图 21
图 22	
	图 23

图 21　敦煌石窟隋代第 277 窟西壁龛上沿的翼马联珠纹
图 22　敦煌石窟隋代第 425 窟西壁龛沿的翼马联珠纹
图 23　敦煌石窟隋代第 425 窟西壁龛沿联珠纹中展翅腾跃的翼马

[1]　敦煌研究院主编：《敦煌石窟艺术全集》（13）·图案卷（上），上海：同济大学出版社，2016 年 1 月，图版采自页 222/ 图 202、页 217/ 图 197、页 218/ 图 198。

"含绶鸟"等西域美术题材，又可见诸开元二十五年（737）卒于长安兴庆宫的唐玄宗贞顺皇后敬陵石椁。该文物曾于 2004 年被盗，2010 年 6 月由美国追索回归国内。这组盛唐墓葬石刻的装饰线刻艺术品中（图 24、图 25、图 26、图 27）[1]，至少刻画了十一

图 24　唐贞顺皇后敬陵石椁构件 L1a 所见　　　　图 25　唐贞顺皇后敬陵石椁构件 L2a 所见
　　　　胡人骑狮、含绶鸟等西域美术题材　　　　　　　　　胡人骑狮、含绶鸟等西域美术题材
　　　　（陕西历史博物馆藏）　　　　　　　　　　　　　　（陕西历史博物馆藏）

[1]　程旭、师小群：《唐贞顺皇后敬陵石椁》，《文物》2012 年第 5 期，页 74—96，图版采自页 76 / 图四、
　　　页 77/ 图六、页 78/ 图一〇、页 78 / 图九。

图26　唐贞顺皇后敬陵石椁构件 L4a 所见
　　　胡人骑狮、含绶鸟等西域美术题材
　　　（陕西历史博物馆藏）

图27　唐贞顺皇后敬陵石椁构件 B3a 所见
　　　含绶鸟、胡人牵狮等西域美术题材
　　　（陕西历史博物馆藏）

幅含绶鸟形象（如 L1a 左下、L2a 下、B1a 下、B3a 上）。这一墓葬石椁中，同时见有以西方"密体风格"刻画的诸多美术题材，如胡人牵狮（如 B3a 下）、胡人骑神兽（如 L1a 左上、L2a 中、L4a 左下）及众多神异动物和卷草纹样，充分从艺术视域传达出西方美术风尚流寓华夏的情势。

　　1988 年 8—11 月，山西省大同市城南 3 公里红旗村至七里村一带"张女坟"第 107 号北魏墓中，出土了一件具有萨珊风格的玻璃碗（M107：17）和一件鎏金刻花银碗

（M107：16）（图 28、图 29-1、图 29-2）[1]。这件玻璃碗呈淡绿色透明状，高 7.5 厘米、腹径 11.4 厘米、口径 10.3 厘米，直口、鼓腹、圜底。腹部有 35 个磨花椭圆形凸起装饰，分四行交错排列，圜底有六个磨花凹圆装饰。银碗高 4.6 厘米、口径 10.2 厘米，敞口、圆腹、圆底。口沿下錾联珠纹两道，腹部外壁饰四束"阿堪突斯（Acanthus）叶纹"联成，每束叶纹中间的圆环内，各錾一高鼻深目、长发披肩的男子头像。圜底有八等分圆圈叶纹。

中古时代魏唐墓葬中所承载的诸多美不胜收的域外艺术题材和造型风尚，鲜明地反映出中原地区对域外胡风美术发生着文化濡化（enculturation）的真实情节。凡此引人瞩目的文化现象，足以引起人们对丝路畅通时代中外文化交流的思考。

图 28　1988 年山西大同北魏"张女坟"墓出土具有萨珊风格的玻璃碗

图 29-1

图 29-2　线图

图 29　1988 年山西大同北魏"张女坟"墓出土具有萨珊风格的鎏金刻花银碗

[1]　山西省考古研究所、大同市博物馆：《大同南郊北魏墓群发掘简报》，《文物》1992 年第 8 期，页 1—11，图版采自该期彩色插页 1、2，页 9/ 图二四。

魏唐历史文物中如此斑斓多彩的美术视像，无疑从审美视角折射出中古一代中外社会往来的密切，这从古籍记事中可以得到相应的印证。

史载贞观十三年（639），"高丽、新罗、西突厥、吐火罗、康国、安国、波斯、疏勒、于阗、焉耆、高昌、林邑、昆明及荒服蛮酋，相次遣使朝贡"[1]。又：

> 波斯国，在京师西一万五千三百里，东与吐火罗、康国接，北邻突厥之可萨部，西北拒拂菻，正西及南俱临大海。……其王冠金花冠，坐狮子床，服锦袍，加以璎珞。俗事天地日月水火诸神，西域诸胡事火祆者，皆诣波斯受法焉。……男女皆徒跣，丈夫剪发，戴白皮帽，衣不开襟，并有巾帔，多用苏方青白色为之，两边缘以织成锦。妇人亦巾帔裙衫，辫发垂后，饰以金银。……气候暑热，土地宽平，知耕种，多畜牧。有鸟，形如骆驼，飞不能高，食草及肉，亦能啖犬攫羊，土人极以为患。又多白马、骏犬，或赤日行七百里者，骏犬，今所谓波斯犬也。……（其王）卑路斯龙朔元年（661）奏言频被大食侵扰，请兵救援。诏遣陇州南由县令王名远充使西域，分置州县，因列其地疾陵城为波斯都督府，授卑路斯为都督。是后数遣使贡献。咸亨（670—674）中，卑路斯自来入朝，高宗甚加恩赐，拜右武卫将军。仪凤三年（678），令吏部侍郎裴行俭将兵册送卑路斯为波斯王，行俭以其路远，至安西碎叶而还，卑路斯独返，不得入其国，渐为大食所侵，客于吐火罗国二十余年，有部落数千人，后渐离散。至景龙二年（708），又来入朝，拜为左威卫将军，无何病卒，其国遂灭，而部众犹存。自开元十年（722）至天宝六载（747），凡十遣使来朝并献方物。四月，遣使献玛瑙床。九年（750）四月，献火毛绣舞筵、长毛绣舞筵、无孔珍珠。[2]

> 拂菻国一名大秦，……贞观十七年（643）拂菻王波多力遣使献赤玻璃、绿金精等物，太宗降玺书答慰，赐以绫绮焉。……大足元年（701），复遣使来朝。开元七年（719）正月，其主遣吐火罗大首领献狮子、羚羊各二。不数月，又遣大德僧来朝贡。[3]

---

[1] （后晋）刘昫等：《旧唐书》卷三《太宗纪下》，北京：中华书局，1975年5月，页51。

[2] （后晋）刘昫等：《旧唐书》卷一九八《西戎传》，北京：中华书局，1975年5月，页5311—5313。

[3] （后晋）刘昫等：《旧唐书》卷一九八《西戎传》，北京：中华书局，1975年5月，页5313—5315。

上元元年（674）高宗在东都，十二月"戊子，于阗王伏阇雄来朝。辛卯，波斯王卑路斯来朝"[1]。

唐代两京地区入附蕃客的繁多，文物遗迹已有重复地反映。据荣新江先生的研究，长安延寿里、普宁坊、金城坊、醴泉坊、怀远里、居德里、兴宁里、崇化里、道政坊、亲仁坊、金光里、修德坊、胜业坊、通化里、光德里、开化里、群贤里、永乐里、崇仁里、义宁里、靖恭里、崇贤坊；洛阳惠和坊、章善里、弘敬里（归义里）、嘉善里、敦厚里、思顺里、利仁坊、陶化里、河南里、履信坊、温柔里、福善坊等等，均有大量西域粟特移民不辍时月的居住[2]。

由以上汉文史籍之辑录，已可窥见北魏、隋唐时代内地与波斯等西域国家经济、文化交流的频繁。

而正是这些域外移民依照旧邦习俗的生活连接，致使远在西域的佛教、祆教、景教及摩尼教等西方宗教习俗迤逦迁徙于中原一带。内地包括豹猎、马球、泼寒胡戏、胡腾、胡旋等等文体杂艺的络绎上演，端的昭示着胡风习俗在内地社会生活中的斑斓风采。

四

回顾以上林林总总的文物实例与史籍记载，我们不难感受到中古一代由于丝绸之路的拓展，东方世界在中外文化广泛交流的时潮下，曾经融纳了波斯故国等西域各族人民喜闻乐见而渐浸中原的文明成果。

王雄诞夫人魏氏墓出土的一组描摹仕女马球的三彩作品，正是上述开放时代中原地区传延域外文明生活的一个带有样板意义的文化案例。

事实上，人们通过文物遗迹得以窥见内地仕女的马上功夫，其实亦有社会风气开放效仿西域胡风的根本缘由。洛中古籍记载北朝宋云、惠生游方西域时，亲见"（于阗）王头着金冠似鸡帻，头后垂二尺生绢，广五寸以为饰。威仪有鼓角、金钲、弓箭一具，戟

---

[1]（后晋）刘昫等：《旧唐书》卷五《高宗纪下》，北京：中华书局，1975年5月，页99。

[2] 唐代两京粟特移民的居住情况，详见荣新江：《北朝隋唐粟特人之迁徙及其聚落》所列两表，见荣新江：《中古中国与外来文明》，北京：生活·读书·新知三联书店，2001年12月，页83—84、86—87。

二枝，槊五张。左右带刀不过百人。其俗，妇人裤衫束带，乘马驰走，与丈夫无异"[1]。

　　作为一项美术创作的技术实践，魏氏墓葬明器的艺术塑造具有炉火纯青的专业水平，其人物角色之形象确定、神情刻画，无不传达出艺术家对这类生活情节经验感受的深邃和创作技巧的纯熟——一种潜藏在艺术家肺腑中的创作激情，正通过美术形象的审美再现，传达了中国封建繁荣时代因丝路畅化赋予唐代"女性世界"的靓丽风采！

---

[1]（北魏）杨衒之：《洛阳伽蓝记》卷五《城北》条，上海：上海古籍出版社，1978年12月第1版，1982年第2次印刷，页271。

洛阳出土隋唐酒具与东西方物质文化的交流

一

在唐代文化史上，西域葡萄酒的引进及其在汉地的饮用普及，曾经形成了丝绸之路人文故事中一道亮丽的风景。洛阳地区近代出土的一批实物酒具，无疑是这一历史生活的文物揭示。

如1984年洛阳宜阳县张坞乡出土唐代八棱银杯一件（图1）[1]，杯高4.1厘米、口径5.9厘米，重57.6克。通体呈花瓣口沿，八棱弧腹状，有喇叭花状圈足。腹部饰以鱼子纹为底的莲瓣纹、葡萄纹。

又洛阳博物馆藏1991年洛阳伊川县鸦岭乡唐齐国太夫人吴氏墓出土一件唐穆宗长庆四年（824）花瓣口草叶纹高足银杯（图2）[2]，矮柄、圈足，杯高5.7厘米、口径7.4厘米、底径3.7厘米，通体呈花瓣形结构，周身饰以草叶纹和鱼子纹，腹壁中部饰以隔断形凸棱一周，使器物整体充满了视觉的旋律感。其技艺考究，做工精美，具有极高的艺术审美价值，反映了产地工匠在消费生活中赋予了器具欣赏品格的追求。

图1　1984年洛阳宜阳县张坞乡
　　　出土唐八棱银杯

图2　1991年洛阳伊川县唐齐国太夫人吴氏墓
　　　出土花瓣口草叶纹银杯（洛阳博物馆藏）

[1]　图版采自王绣主编：《洛阳文物精粹》，郑州：河南美术出版社，2001年8月，页68/图11。

[2]　图版采自洛阳博物馆编：《唐代洛阳》，郑州：文心出版社，2015年5月，页66。

图3 1981年洛阳伊川县水寨村唐墓出土高足银杯

1981年洛阳伊川县水寨村唐墓出土高足银杯一件（图3）[1]。其口沿略奢，杯高4厘米、口径6厘米、底径3.1厘米。器身外表于卷草缠枝纹底衬间隙中，满布錾刻鱼子纹。其工艺做法构图繁缛，制作精丽，具有极其完美的使用价值和视觉欣赏价值。

从制作工艺和美术形象上考察，这几件银杯应该是唐代西域诸国的产品。而其迤逦东来流落至东都，势必与中古时期西域胡人络绎内徙有着密切的关联。有唐一代洛阳地区出土了为数众多的带有西域胡风的各类生活器具，无疑与这几件银杯有着共同的历史背景。

与上述几件银杯的出土相映照，洛阳唐墓中另有一类仿制西方饮酒器具的文物发现，从中可以窥见唐人饮食文化的不拘一格、丰富多彩。

如1962年（一说1974年，另说1976年）洛阳孟津县周寨村唐墓出土一套三彩子母盘（图4-1[2]、图4-2[3]），底盘直径24厘米、高4.2厘米[4]，其整体由盘、豆、杯、盅及手

图4-1 1962年洛阳孟津县周寨村出土唐三彩子母盘（洛阳博物馆藏）　　图4-2 执角杯的卷发胡人

[1] 图版采自洛阳文物工作队编：《洛阳出土文物集粹》，北京：朝华出版社，1990年，页107/图101。

[2] 图版采自王绣主编：《洛阳文物精粹》，郑州：河南美术出版社，2001年8月，页196/图49。1974年之说参洛阳博物馆编：《河洛文明》，郑州：中州古籍出版社，2012年6月，页396。

[3] 图版采自周立、高虎编：《中国洛阳出土唐三彩全集》（下），郑州：大象出版社，2017年4月，页536。援引处图版方向有误，本著已改正。

[4] 高度据洛阳博物馆编：《河洛文明》，郑州：中州古籍出版社，2012年，页396。

执角杯的卷发胡人所组成。其器物创作的功能意向，除了含有实用的价值外，明显赋有
西方"酒神崇拜"的寓意。

又近代洛阳北郊苗湾村出土唐龙首三彩杯一件（图 5）[1]，口径 19 厘米、底径 13 厘
米。杯把饰以龙首形，龙口吐水柱向上翻卷至口沿形成螯指。周身施黄、绿、白三色釉，
中有片状鱼子纹环绕器身。器物整体构图色泽协调，造型优美，具有极高的审美价值。

与这一件有动物造型的杯具设计理念相类似，近代洛阳出土的另一件唐三彩鸭衔荷
叶杯亦颇引起人们的留意（图 6）[2]。这件酒具在工艺技巧上以富于运动感的线条造型，将
自然界习习常见的荷叶与水鸭有机地黏连在一起，从而使这一生活实用具的审美意趣表
现得情意契合、浑然天成。

图 5　近代洛阳苗湾村出土唐龙首三彩杯　　　图 6　近代洛阳出土唐三彩鸭衔荷叶杯

除此之外，洛阳唐代墓葬中出土的另外一类长颈环柄三彩瓶，则更加富有丝绸之路
生活色彩的浓郁特质，因而值得人们给予更多的关注。

如 1981 年（一说 1977 年高 27.5 厘米 [3]）洛阳邙山葛家岭村唐墓出土的一件高 28 厘
米、口径 4 厘米、底径 9.4 厘米的兽首长柄三彩瓶（图 7）[4]。这件被称为"胡瓶"的三彩
仿制品，长颈、小口，鼓腹、斜肩，平底假圈足，颈部塑兽头，一侧安莲花状圆柱环柄。

[1]　图版采自洛阳博物馆编：《河洛文明》，郑州：中州古籍出版社，2012 年 6 月，页 394。

[2]　图版采自洛阳博物馆编：《河洛文明》，郑州：中州古籍出版社，2012 年 6 月，页 395。

[3]　数据采自参见洛阳博物馆编：《河洛文明》，郑州：中州古籍出版社，2012 年 6 月，页 386。

[4]　图版采自洛阳文物工作队编：《洛阳出土文物集粹》，北京：朝华出版社，1990 年，页 101/ 图 91。
　　该书列举器物尺寸为腹径 13 厘米、高 28 厘米。

通身施以绿、褐色釉为主的外彩。这件做工精细的酒具，给人们留下了清丽、淡雅的审美愉悦，实属唐代三彩器物中一件品格上乘的艺术品。

与这件三彩胡瓶形态接近的同类器物，近代洛阳唐墓中另有两件"凤首"三彩长颈瓶的出土。

其中 1965 年洛阳东郊塔湾村唐墓出土的一件三彩鹰首瓶（图 8）[1]，高 32 厘米，口径 3.8—5.1 厘米。其鼓腹之两则，分别堆塑团花簇拥下的含绶鸟和胡人骑射图像，形象活泼，动感强烈，给人们留下强烈的审美愉悦。瓶身通体施绿、黄褐、白色釉，格调鲜明，气质高雅，从而形成洛阳唐三彩兼融中外美术造型技巧的独特风格。

另一件洛阳出土的唐三彩凤首瓶高 29.4 厘米（图 9）[2]，长颈、小口，鼓腹，斜肩，平底假圈足，唯颈部塑连接环柄的"凤首"。这件仿制西域长颈胡瓶的三彩器，通体施以绿色与褐黄色的彩釉，光泽浓郁，气势浑厚，与上件器物形成明显的对比，从而让我们感受到当年三彩制品的创作，有着各显其能的艺术思维空间。

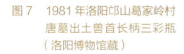

图 7　1981 年洛阳邙山葛家岭村　　　　图 8　1965 年洛阳东郊塔湾村唐墓出土三彩鹰首瓶
　　　　唐墓出土兽首长柄三彩瓶
　　　　（洛阳博物馆藏）

[1]　图版采自洛阳文物工作队编：《洛阳出土文物集粹》，北京：朝华出版社，1990 年，页 102/ 图 92。
[2]　图版采自洛阳博物馆编：《河洛文明》，郑州：中州古籍出版社，2012 年 6 月，页 387。

相对于这种单柄的长颈瓶来说，中原地区尚有形制与之接近的一种双柄长颈瓶的出现。

1987年，洛阳唐墓出土了一件高44.5厘米的龙首双柄白瓷尊（图10）[1]。瓷尊杯口、长颈上有多层环状凸棱，鼓腹丰肩，圆形平底。二龙形手柄自肩部曲躬上伸达于尊口，龙头之上各落一鸟相向对峙。

在中原地区彩釉文物的系列中，另有一类见有系扣结构的扁壶出现在魏唐时期的墓葬中。

图9　近代洛阳出土
唐三彩凤首长柄瓶
（洛阳博物馆藏）

图10　1987年洛阳出土
唐龙首双柄白瓷尊
（洛阳博物馆藏）

如1996年洛阳邙山杨文村C5M1045号唐墓出土一件高19.7厘米的三彩驯兽纹扁壶（图11-1[2]、图11-2[3]）。壶身画面中，一卷发胡人足履深筒鞓靴，手执披帛道具，与一奔腾袭来的雄狮进行着带有强烈演艺效果的格斗互动。这一画面饰以鱼子纹底纹，其间勾画以忍冬卷草纹，加之扁壶双肩系口若隐若现的一组联珠纹装饰，则以更加富于胡人风俗情调的美术构图，显示出这类器物本乃来自西域的信息。

检索出土文物发现，与这类扁壶形制类同的器物，北魏时期的洛阳亦曾有过连续的发现。

1984年文物部门于洛阳孟津采集到一件当地出土的北魏绿釉扁壶（图12）[4]，为洛阳博物馆所收藏。壶高13.2厘米，盘口下方双肩有忍冬纹样造型的系孔，壶身两面均有联珠纹镶嵌于乐舞图案的外围，画面中间有两个圆形联珠纹装饰。每面有高鼻深目的胡人

[1]　图版采自洛阳博物馆编：《河洛文明》，郑州：中州古籍出版社，2012年6月，页411。

[2]　图版采自洛阳博物馆编：《河洛文明》，郑州：中州古籍出版社，2012年6月，页409。

[3]　图版采自洛阳市文物工作队：《洛阳杨文村唐墓C5M1045发掘简报》，《考古与文物》2002年第6期，页20/图四。

[4]　图版采自洛阳博物馆编：《河洛文明》，郑州：中州古籍出版社，2012年6月，页286。

图 11-1   图 11-2　线图   图 12　1984 年采集洛阳出土
                                              北魏绿釉扁壶（洛阳博
图 11　1996 年洛阳邙山杨文村唐墓出土三彩驯兽纹扁壶（洛阳博物馆藏）   物馆藏）

乐舞者各七身——中心一人立在台上，头戴尖顶帽，身穿窄袖翻领长衫，足套长统靴，
摇臂、扭胯作腾空跳跃、翩翩起舞状，外围四人执琵琶、箜篌、横笛、笙箫等胡跪而伴
奏，上方左右亦有两人伴奏。

　　1983 年由洛阳市公安局查获的一件北魏黄釉扁壶（图 13）[1]，亦为洛阳博物馆所收
藏。壶高 18 厘米，壶肩有联珠纹环绕一周，壶身亦有胡貌伎乐人各五身——中心一人头
戴尖顶胡帽，身穿窄袖翻领长衫，腰系宽带，衣襟披在腰间，足套长统靴，立于莲花圆
毯之上，正摇臂、扭胯、提膝，顾盼起舞。外围一人伴舞，一人敲响鼓；再后各有一弹
奏琵琶、吹奏横笛的乐工以和律音声伴奏于身侧。

　　不仅如此，同类的扁壶，河南地区亦有另外的发现，如 1971 年河南安阳洪河屯北齐
范粹墓出土一件高 20 厘米的乐舞纹黄釉扁壶（图 14）[2]，尤属同类器物中最为精美者，其
画面布局与上述洛阳北魏黄釉扁壶如出一辙。可见这类器物在北朝时期的流行已然相当
普遍。

　　另外，1966 年洛阳机瓦厂出土高 23 厘米唐越窑系仿皮囊穿带青瓷壶[3]（图 15）、

[1]　图版采自洛阳博物馆编：《河洛文明》，郑州：中州古籍出版社，2012 年 6 月，页 287。
[2]　图版采自孙英民主编：《河南博物院精品与陈列》，郑州：大象出版社，2000 年 4 月，页 73/ 图 57。
[3]　感谢北京大学考古文博学院丁雨助理教授校准瓷壶名称。

图 13　1983 年洛阳采集北魏黄
　　　釉扁壶（洛阳博物馆藏）

图 14　1971 年安阳北齐范粹墓
　　　出土黄釉扁壶

图 15　1966 年洛阳出土唐越
　　　窑系仿皮囊穿带青瓷壶

图 16　1979 年洛阳出土唐仿
　　　皮囊三彩穿带瓶
图 17　2005 年洛阳新区出土
　　　唐仿皮囊黄釉穿带瓶

1979 年洛阳出土残高 21 厘米唐仿皮囊三彩穿带瓶（图 16）、2005 年洛阳新区出土高
18.5 厘米唐仿皮囊黄釉穿带瓶（图 17）[1]，这三件器物的共同特点是：器型扁圆，瓶口较
小，都有用来穿系悬挂的穿带。其中三彩穿带瓶和黄釉穿带瓶器物表面装饰有草叶纹或
雁纹，瓶身两侧还有仿皮囊的缝线。

[1]　图版采自商春芳：《精美的仿皮囊壶（洛阳出土的"洋物件"）》，洛阳网—洛阳晚报，2015 年 10 月
　　20 日。

二

洛阳地区以上出土的古代酒具，按其使用功能大抵可以划分为饮用酒具和盛载酒具两个系统。

其中饮用酒具包括图 1 至图 6 共六件杯具，显然用于个人饮酌之把握。盛载酒具则包括图 7 至图 17 共十一件长颈或有系胡瓶，大抵因其重心偏低而便于满载移动所致然。

文化史研究告诉我们，以上形态稍异的用于饮酒的六件杯具，前三件银杯造型风格极具西域"密体意致"的美术风尚，我们判断其应为域外舶来的器物。后三件因其质地出于内地特有的唐三彩，所以无疑应是当地工艺界模仿西域金属器物的仿制品。

在西域，这种用于斟酌的杯具，人们称其为"叵罗"，亦称"颇罗"[1]。据粟特学家研究，"叵罗"一词源出伊朗语 padrōd，意指"碗""杯"之类盛饮器。以往出土有一

图 18　西安何家村唐代窖藏出土鎏金伎乐
纹八棱银杯（陕西历史博物馆藏）

件杯状银碗，上镌粟特文 patrōδ，是为语证之一。在西方的希腊语中，其转写形式为 φάλη，即"碗""杯"之意；东方的突厥语称此物为 ПИЛà 或 фиалà；汉语"叵（破、颇）罗"即其音译[2]。

西域地区日常流行的这类酒具，内地出土文物中，可以陕西历史博物馆藏西安何家村唐代窖藏所出的一件鎏金伎乐纹八棱银杯最称精美（图18）。该杯高 6.7 厘米、口径 6.9—7.4 厘米、足径 4.4 厘米，重 285 克，"纹样中人物的形象和服饰，均无中国传统风格，却能在西方地区的金银器皿

----

[1]　按古代汉译无定字，"叵""颇"乃一音之转借，在习惯上有"通假"使用的可能。

[2]　Edward H. Shafer, "The Golden Peaches of Samarkand: a Study of T'ang Exotics Edward" 俄译本，［苏联］里夫什茨译，Э. Шефр, Золотые персики Самарканда, M., 1981，莫斯科：科学出版社，页 459—460 注释。参［美］薛爱华（Edward H. Shafer）著、吴玉贵译：《撒马尔罕的金桃：唐代舶来品研究》，北京：社会科学文献出版社，2016 年，序言页 6；彭安妮：《试论唐代陶瓷发展所受中外文化交流的影响》，《景德镇陶瓷》2018 年第 2 期，页 29。

上找到许多一致因素"。有关研究表明，此杯可能是一件外国输入或外国工匠在中国制造的器物，"年代在 7 世纪后半叶或 8 世纪初"[1]。

截至目前，我们看到的原产西域的这类原真器物，最为精美的一件，当属 1983 年秋宁夏固原南郊乡深沟村北周大将军李贤夫妇合葬墓出土的一件堪称珍宝的萨珊鎏金银壶（图 19-1、图 19-2）。该壶高 37.5 厘米、颈高 6 厘米、流长 9 厘米、最大腹径 12.8 厘米、足座高 8 厘米。长颈，鸭嘴状流，上腹细长，下腹圆鼓，单把，高圈足座。壶把两端铸两个兽头与壶身相接，把上方面向壶口铸一深目高鼻戴帽的胡人头像。壶颈腹相接处焊一周 13 个突起的圆珠，形成一周联珠纹饰，可见焊接痕。壶腹与高圈足座相接处也焊一周 11 个突起的圆珠，形成一周联珠纹饰。足座下部饰一周由 20 个突起的圆珠组成的联珠纹饰。壶身腹部锤鍱一周突起的人物图像，为男女相对的三组，共六人[2]。

 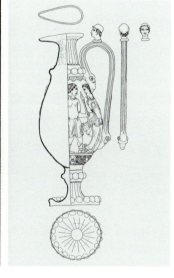

图 19-1　　　　　　　　　　图 19-2　线图

图 19　1983 年秋宁夏固原北周李贤墓出土萨珊鎏金银壶

---

[1] 图版采自陕西历史博物馆等编著：《花舞大唐春：何家村遗宝精粹》，北京：文物出版社，2003 年 5 月，页 81。

[2] 宁夏回族自治区博物馆、宁夏固原博物馆：《宁夏固原北周李贤夫妇墓发掘简报》，《文物》1985 年 第 11 期，页 1—20，图 19-1 采自文末彩色插页。图 19-2 采自罗丰：《北周李贤墓出土的中亚风 格鎏金银瓶——以巴克特里亚金属制品为中心》，《考古学报》2000 年第 3 期，页 312/ 图一。

由于这类杯具质地上乘、做工考究，具有极高的生活实用价值和审美收藏价值，所以在盛产葡萄酒的广大西域地区，成为人们视为心爱的个人资本。而其迤逦东来辗转流播至两京，势必与中古时期西域胡人络绎内徙有着密切的关联。

饶有趣味的是，有关西域地区传入内地的各式胡风杯具，中国古籍文献中多有相应的涉及，从中可以看出汉地有识阶层对这类珍奇舶来品的高度重视。

《隋书》卷八三《西域传》："（曹）国中有得悉神，自西海以东诸国并敬事之，其神有金人焉。金破罗阔丈有五尺，高下相称，每日以驼五头、马十匹、羊一百口祭之，常有千人食之不尽。"[1]

《北史》卷四七《祖珽传》："神武（高欢）宴僚属，于座失金叵罗。窦泰令饮酒者皆脱帽，于珽髻上得之，神武不能罪也。"[2]

《新唐书》卷二一六《吐蕃传》："显庆三年（658），献金盎、金颇罗等。"[3]

《册府元龟》卷九六四："上元二年（675）正月，右骁卫大将军龟兹王白素稽献银叵罗，赐帛以答之。"[4]

《唐语林》卷五："又开元（713—741）中，上（玄宗）与内臣作历日，令高力士挟大戴置黄幡绰口中，曰：'塞穴吉！'幡绰遽取上前叵罗纳靴中，走下曰：'内财吉！'"[5]

《太平广记》卷一四四："宅南有一井，每夜常沸涌有声，昼窥之，或见铜叵罗，或见银熨斗者，水腐不可饮。"[6]

与史籍、笔记以上叙事相呼应的，汉地文学作品亦对葡萄酒及其饮具有着情感色彩的诉说。

盛唐著名边塞诗人岑参《酒泉太守席上醉后作》诗曰："琵琶长笛曲相合，羌儿、胡

[1]（唐）魏徵等：《隋书》卷八三《西域传》，北京：中华书局，1973年8月，页1855。

[2]（唐）李延寿：《北史》卷四七《祖珽传》，北京：中华书局，1974年10月，页1737。

[3]（宋）欧阳修、宋祁：《新唐书》卷二一六《吐蕃传》，北京：中华书局，1975年2月，页6075。

[4]（宋）王钦若等：《册府元龟》卷九七〇《外臣部·朝贡三》，北京：中华书局，1960年6月，页11402。

[5]（宋）王谠：《唐语林》卷五，上海：上海古籍出版社，1978年6月，页172。

[6]（宋）李昉等：《太平广记》卷一四四《征应十》"王涯"条，北京：中华书局，1961年9月，页1036。

雏齐唱歌；浑炙犛牛烹野驼，交河美酒金叵罗。"[1]

李白《对酒》诗谓："蒲萄酒，金叵罗，吴姬十五细马驮；青黛画眉红锦靴，道字不正娇唱歌；玳瑁筵中怀里醉，芙蓉帐底奈君何。"[2]

唐彦谦《送许户曹》诗曰："沙头小燕鸣春和，杨柳垂丝烟倒拖；将军楼船发浩歌，云樯高插天嵯峨；白虹走香倾翠壶，劝饮花前金叵罗；神鳌驾粟升天河，新承雨泽浮恩波。"[3]

天宝（742—756）末年，进士鲍防在《杂感》一诗中这样描绘了胡人向唐王朝入贡的盛况："汉家海内承平久，万国戎王皆稽首，天马常衔苜蓿花，胡人岁贡葡萄酒。"[4] 此已生动道出当年域外风物络绎流播中原的盛况。

开放时代唐人诗歌中有关葡萄酒的传唱，正以绘声绘色的音声咏叹回溯了古代岁月葡萄酒在中外物资交流过程中的重要地位。

需指出，上文之所以将图 7 等十一件酒具的主要用途认定为盛载，根本原由在于这类器物自身固有的长颈或系口，并辅以事物物理原理的综合判断。古代中外社会中之所以流行这类长颈、曲柄、敛口的生活用瓶，与当时胡人部落普遍的驼、马迁徙生态传统有着内在的联系——从物理学上说，只有这种重心偏下且便于悬挂的"随遇"型器物，才能适应颠簸游荡的驼、马征程的饮品盛载——客观生活形态的选择与取舍，是任何一种实用工具的存在前提！正是由于两京一带胡人部落众多，东来胡人遂以丝路传承播植乡风于中原。此类生活用具及其仿制产品在汉地的流播，端的折射出此类域外器物实已引起华夏旧邦的熟识与借鉴。

史载太宗赐书李大亮有曰："贞观元年（627）[5]……今赐卿胡瓶一枚，虽无千镒之

[1] （唐）岑参：《酒泉太守席上醉后作》，见（清）彭定求等：《全唐诗》卷一九九，第六册，北京：中华书局，1960 年 4 月，页 2055。

[2] （唐）李白：《对酒》，见（清）彭定求等：《全唐诗》卷一八四，第六册，北京：中华书局，1960 年 4 月，页 1881。

[3] （唐）彦谦：《送许户曹》，见（清）彭定求等：《全唐诗》卷六七一，第二十册，北京：中华书局，1960 年 4 月，页 7680。

[4] （唐）鲍防：《杂感》，见（清）彭定求等：《全唐诗》卷三〇七，第十册，北京：中华书局，1960 年 4 月，页 3485。

[5] 《资治通鉴》记事在贞观三年（629），参见（宋）司马光：《资治通鉴》卷一九三《唐纪九》，北京：中华书局，1956 年 6 月，页 6066。

重，是朕自用之物。"[1] 可见当时中国高端阶层已视这类天方旧物为珍奇的情势。由此可见，这种便于执掌或系带的域外胡瓶广泛流布于中原，有其器物本身的构成优势而使然。

而两京地区频频出土的西域风尚的三彩胡瓶仿制品，则透露出中原当地匠作行业对域外传入器物形态风尚的接纳与饮誉。

1952 年洛阳县文教局采集[2]到洛阳出土初唐负囊执瓶行走胡俑一件（图 20）[3]，俑高23.5 厘米，高鼻深目，络腮胡须，头戴尖顶卷檐虚帽，上着窄袖交领长袍，下束裤，足履尖头勒靴。肩负背囊，手执长颈鹰首壶。弯腰弓背，侧脸凝视，表情严峻，行色匆匆的瞬间神态，生动地传达着丝路古道上一幅胡商贩客络绎往来、驰命不息的逆旅图画。

1965 年洛阳关林 59 号唐墓出土载丝、系瓶胡人驼俑（图 21）[4]，其驼峰鞍鞯的一侧，即见有系挂这类长颈胡瓶的美术刻画（见页 203 图 17-2 下），这已形象地展示了当年这类长颈器皿在丝路饮品转输中承担的角色。

图 20　洛阳出土唐负囊执瓶行走胡俑（洛阳博物馆藏）　图 21　1965 年洛阳关林 59 号盛唐墓出土三彩载丝胡人乘驼俑

[1]　（后晋）刘昫等：《旧唐书》卷六二《李大亮传》，北京：中华书局，1975 年 5 月，页 2387—2388。
[2]　文物采集信息引自洛阳博物馆编：《河洛文明》，郑州：中州古籍出版社，2012 年 6 月，页 328。
[3]　图版采自周立、高虎编：《中国洛阳出土唐三彩全集》（上），郑州：大象出版社，2007 年 4 月，页 68。
[4]　图版采自王绣主编：《洛阳文物精粹》，郑州：河南美术出版社，2001 年 8 月，页 175/ 图 35。

　　由此看来，这种饮具在东都洛阳的层出叠现，从潜信息（potential information）意义上透露了葡萄酒在内地日常生活中已占有相当的市场分量，从而为人们了解丝路敞开年代内地与域外文明接触的广博提供了文物依据。

　　值得指出的是，从文化人类学的理念出发，我们可以发现，洛阳地区业已出土的酒具文物，不仅在物质视域透视出古代社会东西方物产沟通的存在，更在精神领域折射出中外社会意识形态演绎的微观信息。

　　前举 1962 年洛阳孟津县周寨村出土的一套唐三彩套装酒具（图 4-1），即形象地传递出东西方世界在观念领域的融汇，这从文物本身所包含的形式要素亦可得到有力的证明。

　　这件又被称为"七星盘"[1]的饮具，居中三彩豆内雕塑一尊手捧角杯的胡人形象（图 4-2）——其胡装卷发、高鼻深目之形貌，一再折射出这一美术形象的域外人文背景。尤其是，胡人手中抱持肩头的角杯，乃古希腊、罗马文物遗迹中随处可以见到无数的实例。这种含有地中海文明因素的生活用具之代表，即首推希腊故地享之久远的"来通"（rhyton），它们不仅是希腊人民日常生活的用具，更是当地人民用来供奉"酒神"的祭器，1986 年片治肯特（Panjikent）P-86XXIV-28 地点南壁壁画中即见有手执牛首"来通"杯的饮者（图 22）[2]。当时人们都相信来通角杯是圣物，用它注酒能防止中毒。如果举起来通将酒一饮而尽，则是向酒神致敬的表示。西域地区这种用于祭祀酒神的礼器，可由圣彼得堡艾尔米塔什博物馆（The State Hermitage Museum）收藏的一件公元前 2 世纪、高 55 厘米雕饰华美的古希腊角杯为代表（图 23）[3]，从中可以看出西域古国人民对酒神崇拜的执着。

　　无独有偶，1958 年 3 月洛阳北大渠吕庙村北出土一件高 14 厘米的初唐三彩人俑（图 24），长期以来被误读为"三彩人荷灯"[4]、"荷叶形"尊口"三彩人形尊"[5]，或"三彩

[1]　"七星盘"之谓见周立、高虎编：《中国洛阳唐三彩全集》（下），郑州：大象出版社，2007 年 4 月，页 536 图名。

[2]　B. I. Marshak, V. I. Raspopova, "Wall Paintings from a House with a Granary; Panjikent, 1st Quarter of the Eighth Century A.D," *Silk Road Art and Archaeology (1)*. Kamakura, Japan, 1990. 图版采自姜伯勤：《中国祆教艺术史研究》，北京：生活·读书·新知三联书店，2004 年 4 月，页 46/ 图 4-14。

[3]　图版采自罗世平、齐东方：《波斯和伊斯兰美术》，北京：中国人民大学出版社，2004 年 10 月，页 61。

[4]　图版及名称采自洛阳博物馆编：《洛阳唐三彩》，郑州：河南美术出版社，1985 年 7 月，页 103。

[5]　洛阳博物馆编：《洛阳唐三彩》，北京：文物出版社，1980 年 12 月，图 91 图名及说明文字。顺及相关文字，"高 13.5 厘米，1958 年洛阳吕庙唐墓出土"——"13.5""唐墓"与此前、此后两处引用资料微有不同。

图 22-1　　　　　　　　　　　　图 22-2　壁画细部的牛首"来通"杯

图 22　1986 年片治肯特 P-86XXIV-28 地点南壁壁画中的牛首"来通"杯

图 23　公元前 2 世纪古希腊角杯（圣彼得堡艾尔米塔什　　图 24　1958 年洛阳北大渠吕庙村北出土持角
　　　博物馆藏）　　　　　　　　　　　　　　　　　　　　　杯唐三彩人俑（洛阳博物馆藏）

人执荷叶注"[1]。近年有研究者认为其实则为胡人抱持装葡萄酒的皮囊，也为我们认识唐代胡人东来、葡萄美酒的盛行提供了可资参考的实物例证。但我们认为，此为另一种形式的角杯或许更具合理性。

因此，洛阳出土的类似酒具文物，已从符号学（semiotics）层面折射出唐人向慕西域精神风化的情态。

至此，我们亦可理解国内层出不穷的与此有相似造型的酒具，其脱胎于此的模拟之意。

1970 年 10 月，西安市何家村唐代器物窖藏坑中出土一件镶金牛首玛瑙杯（图25）[2]，口呈椭圆形，牛头上仰，牛角接于杯口。整器以酱红色玛瑙雕琢，雕刻者利用了玛瑙本身颜色不同的自然花纹，琢磨精细，艳丽夺目，是唐代少有的艺术珍品。

1976 年郑州市后庄王村出土一件唐三彩牛角形孔雀杯（图 26），杯口呈椭圆形，杯身向上弯曲成弧形，孔雀口中衔一花枝，头向后反转成杯把，周身刻画翎羽。

图 25　1970 年西安何家村出土镶金牛首玛瑙杯

这二器虽取自不同形象动物，但造型颇为相似，都带有角杯的取向性孑遗特征。

如上述地区一样，洛阳一带的唐代文物遗存中，以往也发现了一种带有西域"角杯"风尚的三彩器物。

如前图 5 洛阳博物馆收藏的一件唐三彩角杯，杯身塑造成为一个口吐化生莲花的龙首。龙首后部，外表以鳞纹装饰一周，并向上方斜向扩张，形成杯身的口沿。这

图 26　1976 年郑州市后庄王村出土唐三彩牛角形
孔雀杯（张乃翥摄）

---

[1]　2023 年 12 月 11 日，洛阳博物馆提供该文物登记信息为，"三彩人执荷叶注，1958 年 3 月 13 日洛阳北大渠吕庙村正北采"。

[2]　陕西省博物馆：《西安南郊何家村发现唐代窖藏文物》，《文物》1972 年第 1 期，页 30—38。

种器形的构图模式，在龙门石窟北魏小型佛龛的龛楣装饰刻画中时常见到，从中可以明显看出其所包含的西域文化的因素。

1982 年 6 月，天水市区石马坪文山顶发现了一座隋唐之际的屏风石棺床墓。屏风间刻画有内容丰富的事祆风俗画面（图 27-1、图 27-2）。考古报告中称："屏风 1，高 87、宽 38 厘米。位于石床右侧第一合。此图以山涧浮桥、林谷村野为背景，上首山崖上站一身背背篓的男子，似为农夫。浮桥边一骑马男子仰着面向山上农人，似在询问什么。下首山林之侧一方形单层古塔建筑，砖石基座，踏步台阶，塔身像亭子，顶上有覆钵宝珠刹。塔内一挺胸凸腹、身着紧身衣的男子坐在束腰圆凳上，手执牛角杯正在饮酒，脚下跪一小侍。"[1] 姜伯勤先生认为，此屏风"图像中的'牛角杯'即波斯祆教史上著名的'来通'。6 至 7 世纪萨珊器皿中，来通作为一种礼仪的用具。克利夫兰艺术博物馆的一件萨珊银器上，一男子持来通饮。D. Shepherd 观察了这一图像指出，'正在演礼'"[2]。由此推知，屏风 1 中的绘事情节，表达的同为祆教世界"正在演礼"的场景，不同美术作品中同类器物之意象，传达的正是西域胡人演绎故国风俗的瞬间定格。

现藏美国波士顿艺术博物馆传安阳出土的一件北齐画像石刻中，亦曾见有胡人手持牛首杯在葡萄架下作"角杯之饮"的画面（图 28）[3]。

由此而推理，洛阳以往出土的一些模仿西域风格的唐三彩角杯，无疑透视着汉地各界行之有素的崇尚西风胡俗的生活背景。

至于上述三件器物造型别致、制作精美的仿皮囊瓷壶（图 15、图 16、图 17），它们都具有浓厚的外来色彩，器型均仿自唐代草原游牧民族悬挂于马鞍上的饮水器具——皮囊壶（或瓶）。制作者将外来器型移植于中原传统制作工艺之中，是外来文化与中原传统工艺完美结合的经典之作。它们与屡屡出现的扁壶一样，是西域民族日常生活中习用之物的描摹。如今，仍有类似的皮囊酒具为当地百姓所喜闻乐见（图 29）。它们的不断涌现，既是东西方频仍交流的历史见证，也是彼此间文化交流、相互借鉴的有效保证。

---

[1] 天水市博物馆：《天水市发现隋唐屏风石棺床墓》，《考古》1992 年第 1 期，页 46—54，图版采自页 48/ 图三，及该期插页图版柒 2。

[2] 参见姜伯勤：《隋天水"酒如绳"祆祭画像石图像研究》，见氏著：《中国祆教艺术史研究》，北京：生活·读书·新知三联书店，2004 年 4 月，页 163。

[3] 图版采自孙机：《中国圣火——中国古文物与东西文化交流中的若干问题》，沈阳：辽宁教育出版社，1996 年 12 月，页 186/ 图八。

图27-2 屏风1中胡人以角杯饮酒的画面

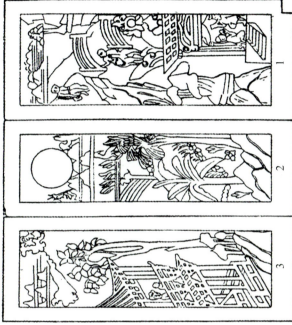

图27-1 左右侧壁屏风线图

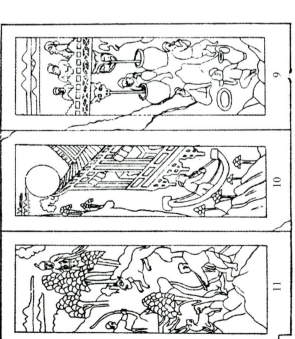

图27 1982年天水石马坪文山顶发现隋唐屏风石棺床墓中的事袄风俗画画面

图 28　传安阳出土北齐画像石刻中的"角杯之　　图 29　新疆库克尔皮囊酒具（新疆维吾尔
　　　　饮"胡人形象（波士顿艺术博物馆藏）　　　　　　　　自治区博物馆藏）（张乃翯摄）

考汉地的饮酒习尚，最早可以上溯到公元前 20 世纪至 16 世纪的夏代。考古发掘证实，有夏建都斟鄩期间，即有饮酒铜爵的使用。1974 年洛阳偃师二里头夏墟遗址四期墓葬出土一件乳丁纹青铜爵（图 30），编号 VII KM7∶1[1]，即是这一文化习俗的确凿遗物。这是中国截至目前发现的最早的青铜器酒具之一。

1952—1953 年发掘于洛阳老城区西北的烧沟西汉壁画墓（M61），其主室后壁山墙上部被称为"大傩宴饮图"的壁画中，即见有持角杯的体形庞大的饮者，表明中原一带

[1]　图版采自中国社会科学院考古研究所编著：《偃师二里头 1959 年～1978 年考古发掘报告》，北京：中国大百科全书出版社，1999 年 6 月，图版 169-1。

汉代已有的饮酒风尚（图 31）[1]。

　　1956 年，洛阳涧西区考古发掘的曹魏正
始八年（247）墓，出土了一枚高 11.5 厘米
的和田白玉杯（图 32）[2]，由此可知三国时代
中原地区一仍有着饮酒的风俗。

　　值得我们思考的是，就同一地区的洛阳
一带来说，持续百年的考古发现表明，截止
北魏、隋唐在中原地区的经略，这一带有史
以来的酒具文物的出土，其数量和种类都与
隋唐以降有着过于显著的差别。质而言之，
中原地区的文物发现表明，相对于上古时代

图 30　1974 年洛阳偃师二里头夏墟遗址考古发
掘的夏代酒具青铜爵

仅仅发生于社会高端的饮酒文化来说，隋唐时代的酒具发现史则透露出，随着丝绸之路
的日逾畅通，以葡萄酒引进为主导的汉地饮酒生计，已经形成一种带有社会公共化抑或
平民化的人文生态，这在史籍文献中已有充足的史料予以证实。

图 31　1952—1953 年洛阳烧沟西汉壁画墓后山墙壁画中的持角杯饮者　　图 32　1956 年洛阳涧西区
　　　　　　　　　　　　　　　　　　　　　　　　　　　　　　　　　　　　　出土的曹魏白玉酒杯

[1]　洛阳区考古发掘队、中国科学院考古研究所编：《洛阳烧沟汉墓》，北京：科学出版社，1959 年 12
　　　月，页 3。图版采自洛阳市文物管理局、洛阳古代艺术馆编：《洛阳古代墓葬壁画》（上卷），郑州：
　　　中州古籍出版社，2010 年 12 月，页 66/ 图十四。

[2]　图版采自王绣主编：《洛阳文物精粹》，郑州：河南美术出版社，2001 年 8 月，页 121/ 图 29。

　　史载："康国者，……人皆深目高鼻，多须髯。善于商贾，诸夷交易多凑其国。……俗奉佛，为胡书。气候温，宜五谷，勤修园蔬，树木滋茂。……多葡萄酒，富家或致千石，连年不败。大业（605—616）中，始遣使贡方物，……"[1] 这条史料提示我们，一个盛产葡萄酒的中亚绿洲邦国，必以"遣使贡方物"的规模化方式，向汉地输出着这一令东方人爱不释口的西方酪浆。

　　这一点，以"言为心声"为标志的文学作品正有脍炙人口的讽诵。

　　唐人王绩《过酒家》诗曰："有客须教饮，无钱可别沽；来时长道贳，惭愧酒家胡。"[2]

　　李白《前有樽酒行》诗云："琴奏龙门之绿桐，玉壶美酒清若空；催弦拂柱与君饮，看朱成碧颜始红；胡姬貌如花，当垆笑春风；笑春风，舞罗衣，君今不醉将安归！"[3]

　　王建《凉州行》诗谓："凉州四边沙浩浩，汉家无人开旧道；边头州县尽胡兵，将军别筑防秋城；万里人家皆已没，年年旌节发西京；多来中国收妇女，一半生男为汉语；蕃人旧日不耕犁，相学如今种禾黍；驱羊亦着锦为衣，为惜毡裘防斗时；养蚕操茧成匹帛，那堪绕帐作旌旗；城头山鸡鸣角角，洛阳家家学胡乐。"[4]

　　杨巨源《胡姬词》诗云："妍艳照江头，春风好客留；当垆知妾惯，送酒为郎羞；香渡传蕉扇，妆成上竹楼；数钱怜皓腕，非是不能留。"[5]

　　元稹《法曲》诗云："自从胡骑起烟尘，毛毳腥膻满咸洛；女为胡妇学胡妆，伎进胡音务胡乐；火凤声沉多咽绝，春莺啭罢长萧索；胡音胡骑与胡妆，五十年来竞纷泊。"[6]

[1]　（唐）魏徵等：《隋书》卷八三《西域传》，北京：中华书局，1973 年 8 月，页 1848—1849。

[2]　（唐）王绩：《过酒家》，见（清）彭定求等：《全唐诗》卷三七，第二册，北京：中华书局，1960年 4 月，页 484。

[3]　（唐）李白：《前有樽酒行》，见《李太白集》卷三；又（清）彭定求：《全唐诗》卷一六二，第五册，北京：中华书局，1960 年 4 月，页 1685—1686。

[4]　（唐）王建：《凉州行》，见（清）彭定求等：《全唐诗》卷二九八，第九册，北京：中华书局，1960 年 4 月，页 3374。

[5]　（唐）杨巨源：《胡姬词》，见（清）彭定求等：《全唐诗》卷三三三，第十册，北京：中华书局，1960 年 4 月，页 3718。

[6]　（唐）元稹：《法曲》，见《元氏长庆集》卷二四；又（清）永瑢、纪昀等：《景印文渊阁四库全书》第 1079 册，台北：台湾商务印书馆股份有限公司，1986 年 3 月，页 1079-475。又（清）彭定求等：《全唐诗》卷四一九，第十二册，北京：中华书局，1960 年 4 月，页 4616—4617。

不仅如此，这种根源于域外东迁内地胡人部落习俗感染的"两京景致"，亦有史籍记事的旁证。

《旧唐书》卷四五《舆服志》载，开元（713—741）年间以来，朝廷"太常乐尚胡曲，贵人御馔尽供胡食，士女皆竟衣胡服"[1]。

又据文献记载，开元十五年（727）"五月，康国献胡旋女子及豹，史国献胡旋女子及蒲萄酒，安国献马"[2]，兹可说明，西域胡人确有进献葡萄酒及胡旋女于中国的史事，此虽中国史乘关于域外进献葡萄酒的唯一记事，然而由此可见，唐代京畿内外大凡当垆贾酒之市廛，必多胡姬摇曳妖媚之身影——盛唐京都充斥域外胡人风情万种之景致，盖以极盛一时之中外往来所致也。

回顾这些流传千古的文献叙事，我们可以感受到两京地区的朝野市井，无处不洋溢着一派域外文明浸染华夏的况景。

由此看来，这种承载了西方"酒文化"的日用器物在洛阳地区的出土，无论从物质使用视域抑或意识形态领域，都能为复原盛唐时代中原地区与西域文明的沟通与融合，提供绝佳的文化依据。

---

[1]（后晋）刘昫等：《旧唐书》卷四五《舆服志》，北京：中华书局，1975 年 5 月，页 1958。

[2]（宋）王钦若等：《册府元龟》卷九七一《外臣部·朝贡四》，北京：中华书局，1960 年 6 月，页 11408。

洛阳唐墓出土文物与丝绸之路上的交通运载

一

中古以降，随着丝绸之路人际交通的拓展，以洛阳为辐辏的中原地区，与西域各部发生了日益密切的社会交往，从而形成汉地历史上一段五彩斑斓、缤纷多织的人文乐章。

史载晋"泰始元年（265）冬十二月丙寅，设坛于南郊，百僚在位及匈奴南单于四夷会者数万人"[1]。这数以万计的四夷来客，端的折射出当年汉胡交会的空前盛况。

逮及元魏，洛都"永桥以南，圜丘以北，伊洛之间，夹御道有'四夷馆'。道东有四馆：一曰归正，二曰归德，三曰慕化，四曰慕义。吴人投国者处金陵馆，三年已后赐宅归正里。……北夷来附者处燕然馆，三年已后赐宅归德里。……东夷来附者处扶桑馆，赐宅慕化里。西夷来附者处崦嵫馆，赐宅慕义里。自葱岭已西，至于大秦，百国千城，莫不欢附，商胡贩客，日奔塞下，所谓尽天地之区已。乐中国土风因而宅者，不可胜数，是以附化之民万有余家。门巷修整，阊阖填列，青槐荫陌，绿柳垂庭。天下难得之货，咸悉在焉"[2]。

杨隋时代的东都，一仍演绎着中原王朝诸胡来宾的故事。其大业十一年（615）"春正月甲午朔，大宴百僚。突厥、新罗、靺鞨、毕大辞、讹咄、传越、乌那曷、波腊、吐火罗、俱虑建、忽论、靺鞨[3]、讹多、沛汗、龟兹、疏勒、于阗、安国、曹国、何国、穆国、毕（国）、衣密、失范延、伽折、契丹等国并遣使朝贡。……乙卯，大会蛮夷，设鱼龙曼延之乐，颁赐各有差"[4]。

历史古籍如此绘声绘色的人文记事，无疑从文献角度给我们勾画出了当年丝绸之路上络绎往来的各式人缘。然而，这些充满了抽象叙事的往日岁月，究竟有着怎样的赋有写真寓意的内涵，则无疑有待我们回到同期出土文物的具象视域，做一带有生活景象式

[1]（唐）房玄龄等：《晋书》卷三《武帝纪》，北京：中华书局，1974年11月，页50。

[2]（北魏）杨衒之：《洛阳伽蓝记》卷三《城南》，上海：上海古籍出版社，1978年12月新一版，1982年第二次印刷，页160—161。

[3] 渝按：此处"靺鞨"与此引稍前"靺鞨"重复。其次的"讹多"应与引文稍前的"讹咄"所指相同，再次的"沛汗"可能是钹汗（拔汗那），"（失）范延"应当是"帆延"。

[4]（唐）魏徵等：《隋书》卷四《炀帝纪》，北京：中华书局，1973年8月，页88。

复原的历史回溯。

二

众所周知，在漫长的跨越欧亚的丝绸之路上，活跃着一个以转贩贸易为生计目的的民族——粟特人，人们往往称其为"兴生胡"。其"本康居之苗裔也。……先居祁连之北昭武城，为匈奴所破，南依葱岭，遂有其地。支庶强盛，分王邻国。皆以昭武为姓氏。……深目高鼻。多须髯。……习善商贾，争分铢之利。……利之所在，无所不至"[1]。

图1　1981年洛阳马坡村隋唐墓出土粗黄釉胡俑（洛阳博物馆藏）

这种往来丝路的异邦身影，无疑给古代美术家留下难以忘怀的印记。洛阳出土文物中比比皆是的西胡陶俑，正是当年留心人文风化的艺术家，通过美术创作对于这一人间形象的摹画与记录。

如洛阳博物馆藏1981年洛阳郊区马坡村出土隋唐之际的粗黄釉胡人俑一件，高30.3厘米，其形象塑造高鼻深目，八字胡须，络腮垂面。此俑头戴卷檐虚帽，身着窄袖束腰长袍及裤褶，足履扁头皮靴。手执长颈鹰首酒壶，一副中亚胡人老成持重、沽酒自恣的神态（图1）[2]。

该馆另藏1952年洛阳县文教局采集[3]到初唐负载行走胡俑一件，高23.5厘米，亦高鼻深目，络腮胡须。头戴尖顶卷檐虚帽，上着窄袖交领长袍，下束裤褶，足履尖头勒靴。肩负背囊，手执长颈鹰首

[1]　（宋）王溥：《唐会要》卷九九《康国传》，京都：中文出版社，1978年10月，页1774。又上海：上海古籍出版社，2006年12月，页2105。

[2]　图版采自王绣主编：《洛阳文物精粹》，郑州：河南美术出版社，2001年8月，页159/图22。又见洛阳市文物管理局编：《洛阳陶俑》，北京：北京图书馆出版社，2005年5月，页140。

[3]　文物采集信息引自洛阳博物馆编：《河洛文明》，郑州：中州古籍出版社，2012年6月，页328。

壶。其弯腰弓背、行色匆匆的模样，生动地传达了丝路古道上一幅胡商贩客络绎往来、
驰命不息的逆旅图画（图2-1、图2-2）[1]。有唐一代同类的胡商负载俑，中原出土品中
尚有流散国外者，如法国吉美国立亚洲艺术博物馆（Musée National des Arts Asiatiques-
Guimet）即藏有一件高24.5厘米，形制与此相类的作品，可见中古时期这类世俗人物为
社会各界所熟视（图3）[2]。

　　2001年，洛阳偃师前杜楼村出土了一件彩绘胡人陶俑。陶俑高鼻深目，口施红彩，
眉、须施黑彩，头戴黑、红两色卷檐平顶高帽，上身着翻领半袖袍服，袖口施红彩，腰
系黑色革带，下身着缚裤（图4）[3]。

图2-1　正面　　　　　　　图2-2　背面　　　　　图3　唐负载行走胡俑（法国吉美
　　图2　1952年采集洛阳出土初唐负载行走胡俑（洛阳博物馆藏）　　国立亚洲艺术博物馆藏）

---

[1]　图版采自周立、高虎编：《中国洛阳出土唐三彩全集》（上），郑州：大象出版社，2007年4月，页68。

[2]　图版采自林树中主编：《海外藏中国历代雕塑》（中卷），南昌：江西美术出版社，2006年12月，
　　　页472。

[3]　洛阳市文物管理局编：《洛阳陶俑》，北京：北京图书馆出版社，2005年5月，页175。

图4　2001年偃师前杜楼村出土
的初唐彩绘男胡俑

与此同时，对于不远万里驰命跋涉的西域胡人来说，占有主流交通方式的运动形式，无疑应该是络绎为伍的驼马转载。这不仅因为中外交通路途的遥远，更与往来胡人追逐商贸的贩运转输有着内在的联系。这种人畜结缘的丝路流程，洛阳出土文物中不乏艺术题材的再现。

2012年8月，洛阳邙山南麓垂拱三年（687）王雄诞夫人魏氏墓出土三彩骑马胡人俑一件。骑者高鼻深目，举目远望，身着窄袖交口的翻领大衣，足登深口皮靴，一副气宇轩昂的神色（图5）。

1981年，龙门石窟东山北麓景龙三年（709）六胡州大首领安菩萨与夫人何氏合葬墓出土一件胡人骑马俑，骑手高鼻深目，络腮胡须，神情凝重。其头着幞头，身着绿色窄袖交口翻领大衣，足履深筒皮靴。从整体美术意境上审视，艺术家无疑刻画了一位饱经风霜的丝路行者的胡人形象（图6）[1]。

洛阳博物馆藏当地出土盛唐胡人骑马俑一件，形象地刻画了一位高鼻深目、浓眉大眼的长途骑手驻目凝视的神情（图7）[2]。

另近代洛阳偃师出土一件粉彩骑马俑，其高鼻深目，络腮胡须。头戴仆头冠，身着窄袖翻领外套，下束裤褶，足履尖头皮靴。昂首执辔，端坐于马上，传达出西来胡人风尘仆仆驰骋于丝绸之路的生活细节（图8）[3]。

这类马载胡俑的粉彩、三彩艺术形象，在洛阳唐代文物中占有一定的份额比重，从中可以折射出隋唐时代马匹在丝绸之路的人际转输中享有举足轻重的地位。不仅如此，考古研究尚且显示，就出土实例来看，目前业已发现的隋唐陶马遗存，很少见有驮载骑手之外其他货物的迹象，这应该显示出马匹在当年丝路转运中，主要用于载人乘骑以发

---

[1]　王绣主编：《洛阳文物精粹》，郑州：河南美术出版社，2001年8月，页169/图31。

[2]　该文物具体出土地点为：洛阳杨文中铁十五局五处医院家属楼工地唐墓。感谢洛阳博物馆谢虎军先生提供相关信息。

[3]　图版采自中国社会科学院考古研究所编：《考古博物馆洛阳分馆》，北京：文化艺术出版社，1998年9月，页100。

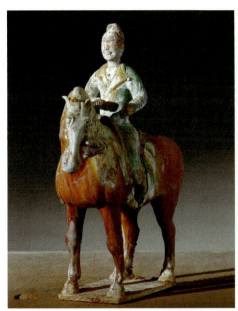

图 5　2012 年洛阳邙山王雄诞夫人
　　　魏氏墓出土三彩骑马胡人俑

图 6　1981 年洛阳龙门唐安菩萨墓
　　　出土胡人骑马俑

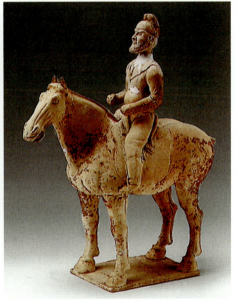

图 7　洛阳出土盛唐胡人骑马俑
　　　（洛阳博物馆藏）（林润娥女
　　　士 2023 年 11 月 1 日摄于
　　　洛阳博物馆）

图 8　近代洛阳偃师出土粉彩骑马俑

挥交通速度的职能——自两汉以降中原王朝高度重视西域骏马的引进，几成中外国家相互交往的政治命题。

相对于胡人骑马俑来讲，中原地区唐代墓葬中出土的骆驼及其骑载俑，曾以更加突出的数额份量进入人们的文物视野。

在洛阳唐墓出土的三彩冥器中，最能传达当时中外丝路交通的文物实例，当属遗存中一类最为常见的骑驼、牵驼胡人俑。这类驼骑题材的美术作品，驼背褡裢上往往见有成卷的丝束及黄、白、绿等诸色的丝帛织品，从而折射出当年东来胡人从事丝绸贩贸的主要行业职能。如 1965 年洛阳关林 59 号盛唐墓中，即出土一件驮载丝帛的胡人乘驼俑（图 9-1[1]，图 9-2[2]）。与这类驼载丝绢相联系的胡人三彩俑，当地尚有数量更多的牵驼胡俑的出土（图 10-1[3]、图 10-2[4]、图 11 ）。

图 9-1　　　　　　　　　　　图 9-2

图 9　1965 年洛阳关林 59 号盛唐墓出土三彩载丝胡人乘驼俑
（洛阳博物馆藏）（高 38 厘米、长 32 厘米）

[1]　图版采自王绣主编：《洛阳文物精粹》，郑州：河南美术出版社，2001 年 8 月，页 175/ 图 35。
[2]　图版采自周立、高虎编：《中国洛阳出土唐三彩全集》（上），郑州：大象出版社，2007 年 4 月，页 246。
[3]　图版引见洛阳博物馆编：《洛阳唐三彩》，北京：文物出版社，1980 年 12 月，图版图 79。
[4]　图版采自周立、高虎编：《中国洛阳出土唐三彩全集》（上），郑州：大象出版社，2007 年 4 月，页 178。

图 10-1   图 10-2

图 10　洛阳唐墓出土的牵驼胡俑（洛阳博物馆藏）（俑高 45 厘米）

图 11　洛阳出土的唐代牵驼胡俑   图 12-1　左侧
（洛阳博物馆藏）（俑高 67.5 厘米）

　　值得指出的是，随着近年当地古旧市场唐代出土文物的增多，在洛阳地区业已出土
的数以百计的唐墓陶制骆驼中，绝大多数均有驮载丝绸的美术题材的塑造。其中著名者
如 1981 年龙门东山北麓景龙三年（709）安菩萨与夫人何氏合葬墓出土一件三彩骆驼，

图 12-2　右侧　　　　　　　　　　　　图 12-3　右侧局部

图 12　1981 年洛阳龙门东山北麓唐六胡州大首领粟特人安菩萨墓出土的载丝三彩骆驼

即有驮载丝绸的美术设计（图 12-1、图 12-2[1]、图 12-3[2]）。同类的美术主题仅洛阳博物馆的收藏品，即有做工至为精湛的作品（图 13[3]、图 14[4]、图 15[5]）等等，从中可以看出丝绸贩贸在当年中外交通领域占有重要的地位。

　　不仅如此，上述出土文物中的人、畜美术作品，尚且包含了一些带有具体生活含义的文化元素，从而丰富了人们对当年丝绸之路生活细节的认识。

　　以本文图 1、图 2、图 3 的文物显示为例，这些往还丝绸之路上的域外胡人，匆匆行程中时刻以一件装盛葡萄酒的长颈瓶或鹰首壶作为必备的用具，这给人们留下了鲜明的印象。

---

[1]　图版采自周立、高虎编：《中国洛阳出土唐三彩全集》（下），郑州：大象出版社，2007 年 4 月，页389、388。

[2]　图版采自周立、高虎编：《中国洛阳出土唐三彩全集》（下），郑州：大象出版社，2007 年 4 月，页309 下。

[3]　图版采自洛阳博物馆编：《洛阳唐三彩》，北京：文物出版社，1980 年 12 月，图 78。

[4]　图版采自洛阳博物馆编：《洛阳唐三彩》，北京：文物出版社，1980 年 12 月，图 79。

[5]　图版采自周立、高虎编：《中国洛阳出土唐三彩全集》（下），郑州：大象出版社，2007 年 4 月，页400—401。

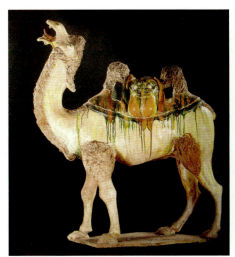 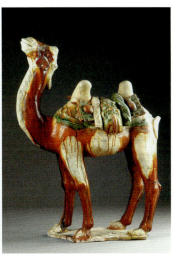

图 13　1963 年洛阳关林 2 号盛唐墓出土　图 14　1966 年洛阳关林 58 号
载丝三彩驼（洛阳博物馆藏）　　　　　　　盛唐墓出土载丝三彩驼
　　　　　　　　　　　　　　　　　　　　　　（洛阳博物馆藏）

图 15-1

图 15-2（局部）　　　　　　　　　　图 15-3

图 15　初唐绿釉载丝骆驼（洛阳博物馆藏）（长 49.5 厘米、高 49.5 厘米）

无独而有偶，上述列举的几例三彩驼，几无例外地在驮载丝绢货物的双峰间，都悬挂有不止一个的长颈瓶，从中折射出包括奶、葡萄酒和水等软体饮料在丝路人际转输中不可等闲视之的地位。

又如本文图 10、图 12 等文物实例显示，作为承载液体饮品的工具，与长颈壶同时出现于载丝骆驼上的，还有一种体型扁圆、留有系口的扁壶。

另在本文图 13、图 15 的驼载器物中，尚且见有一种形体硕长、近乎"褡裢"的皮囊的出现，似与丝路行者某种饮食的纵向柔韧储备有着密切的关联。

从物理学原理出发，我们认为正是这些在人、畜运动中因时刻处于"随遇平衡"状态而便于携带液态饮品的"胡瓶"的出现，才首要地保证了络绎征程间的各式行者的运动化生存。

更具符号学（semiotics）认知意义的是，在本文图 9、图 11（见页 203 图 17-2 下）的驼载物品中，竟然见有牛、羊排骨等悬挂，这不啻丰富了人们对丝路行者生活细节的认识。

与上述带有鲜明物化意义的文物信息相对应，洛阳反映丝绸之路交通运载史迹的驼、马美术作品还有极富精神寓意的视觉题材可供人们反复地思索。

如本文图 9 至图 14 几件三彩骆驼鞍鞯当间的显著部位，一律悬挂着一种体量硕大、长舌翻卷、面目可怖的兽头艺术形象。这种形态固定的美术作品，在唐代三彩骆驼的整体艺术造型中，占有极其突出的地位和数量众多的几率。

近年文物研究告诉我们，唐三彩骆驼造型中这种形态怪异的道具形象，实乃西域胡人信奉已久的火祆神偶像。它们无一例外地出现在骆驼的承载物品中，实际上传达出胡人丝路行踪中，时常从事祆教祭祀活动的人文取向。

学者们据唐人笔记"突厥事祆神，无祠庙，刻毡为形，盛于皮袋。行动之处，以脂苏涂之，或系之竿上，四时祀之"[1] 的记载，指出上述载有"神兽形神像"的美术样本，即为突厥化粟特移民祭祀祆神的状模，它实际上从一个侧面反映了中原一带内徙粟特部落宗教生活的一个场面 [2]。

---

[1]（唐）段成式：《酉阳杂俎》卷四《境异》，北京：中华书局，1981 年 12 月，页 45。

[2] 洛阳三彩骆驼承载祆神图像及其有关问题，参见姜伯勤：《唐安菩墓所出三彩骆驼所见"盛于皮袋"的祆神》，见《唐研究》第七卷，北京：北京大学出版社，2001 年 12 月，页 55—70。

正是这些粟特移民的居住及其信仰活动的需要，适此之间的长安、洛阳率有多处祆祠的出现[1]。而围绕着祆祠所在地段发生的富有西风胡韵的人文情节，则尤其传达出域外文明落植中原社会的精彩细节：

唐人张鹭《朝野佥载》记东都洛阳轶事有谓："河南府立德坊及南市西坊皆有胡祆神庙。每岁商胡祈福，烹猪羊，琵琶鼓笛，酬歌醉舞。酹神之后，募一胡为祆主，看者施钱并与之。其祆主取一横刀，利同霜雪，吹毛不过，以刀刺腹，刃出于背，仍乱扰肠肚流血。食顷，喷水咒之，平复如故。此盖西域之幻法也。"[2]

清徐松《两京城坊考》卷五，引宋敏求《河南志》记事亦谓：东都"会节坊，祆祠"[3]"立德坊，胡祆祠"[4]。

由此看来，唐代三彩骆驼背上的这种源自西域的祆神道具，不但透露着当年丝路故道上胡人移民聚落内部宗教信仰理念的传承与寄托，而且也折射出当年东都社会人文行为的斑斓纷织、别样光彩！

就西域夷教传输中国而言，与上述火祆教文物出土相伯仲，两京地区尚有景教遗物的发现。

2006年5月，洛阳隋唐故城东南郊出土了一件珍贵的唐代景教经幢石刻（图16）[5]。

图16　2006年洛阳隋唐故城东南郊出土
唐代景教经幢石刻（洛阳博物馆藏）

---

[1]　有关长安、洛阳两地祆祠宗教活动的细节，参见林悟殊：《波斯拜火教与古代中国》相关章节，台北：新文丰出版公司，1995年10月。

[2]　（唐）张鹭：《朝野佥载》卷三，北京：中华书局，1979年10月，页64—65。

[3]　（清）徐松：《唐两京城坊考》卷五，北京：中华书局，1985年8月，页164。

[4]　（清）徐松：《唐两京城坊考》卷五，北京：中华书局，1985年8月，页171。

[5]　这件景教文物的首次报道，见张乃翥：《一件唐代景教石刻》，刊《中国文物报》2006年10月11日第7版。其最早的学术研究专论，见张乃翥：《跋河南洛阳新出土的一件唐代景教石刻》，《西域研究》2007年第1期，页65—73；又氏著：《佛教石窟与丝绸之路》，兰州：甘肃教育出版社，2014年4月，页112—124；此文英译本Zhang Naizhu, "Note on a Nestorian Stone Inscription from the Tang Dynasty Recently Unearthed in Luoyang"，刊《景教遗珍——洛阳新出唐代景教经幢研究》，北京：文物出版社，2009年5月，页17—33。该石刻张乃翥（2007）录文《补正说明》刊《西域研究》2007年第2期，页132。

这是继天启五年（1625）陕西出土《大秦景教流行中国碑》及近代敦煌石窟、吐鲁番古城遗址等出土景教经典写卷之后，中国境内又一具有世界文化史意义的文物发现。

此外，洛阳此件幢记关于"大秦寺寺主法和玄应，俗姓米；威仪大德玄庆，俗姓米；九阶大德志通，俗姓康"的记载，不但印证唐人韦述《两京新记》及元《河南志》有关唐代洛阳已有景教寺院记载的可靠，而且说明当时洛阳的景教寺院中，昭武九姓的粟特人尚且居于教门领袖的地位，这或许与当时粟特人在中原景教中占有信众优势有着密切的关系。结合对这一景教文物出土地点的考察，我们发现唐代东都的东城区内外，曾是中原地区一个包括粟特人在内的西域胡人人文聚落的重要地带。

其次，考察本件石刻经幢的文物学形态，我们认为中晚唐时代的中原景教信众，在意识形态领域内明显吸收了内地佛教文化的一些文物时尚，这与当时佛教在中原地区享有源远流长的文化地位有所关联——原本信仰祆教的粟特胡人东迁中原后见有众多的佛教信徒，也是这一历史现实的一个典型的写照[1]。

由这件珍贵的景教遗物在洛阳地区的出土，可见当年宗教信仰这种非物质文化遗产亦为丝绸之路精神资源互动传输的重要内容，它们和负载于驼马之躯的所有物质产品一样，都是东西方资源互补过程中必然出现的事物。

饶有趣味的是，两京地区业已出土的骆驼美术制品，其题材设置尚且包含有一些极富生活情趣的视觉内容。

故宫博物院收藏据传早年出土于中原唐墓的明器文物中，有"三彩胡人背猴骑驼俑"一件（图 17）[2]。此中透露的西域胡人饲养猕猴以为宠物的信息，在洛阳同期文物遗迹中亦有典型案例可资参照。

2013 年洛阳邙山南麓发掘北魏节愍帝墓葬，出土遗物中有彩绘载猴骆驼残片一件，

---

[1] 参见张乃翥:《洛阳出土景教经幢与唐代东都"感德乡"的胡人聚落》,《中原文物》2009 年第 2 期,
页 98—106, 此文英译本 Zhang Naizhu, "The Luoyang Nestorian Pillar and the Gande Township:
A Settlement of Foreigners in the Area of Luoyang of the Tang Dynasty", 刊: Li Tang, and Dietmar
W. Winkler, eds., *From the Oxus River to the Chinese Shores: Studies on East Syriac Christianity in
China and Central Asia*. Berlin: Lit Verlag, 2013. pp177-202.

[2] 图版采自故宫博物院编:《雕饰如生——故宫藏隋唐陶俑》, 北京: 紫禁城出版社, 2006 年 12 月,
页 159/ 图 106。

图17　中原地区唐墓出土背猴骑驼三彩俑　　　图18　洛阳邙山北魏节愍帝墓
　　　（故宫博物院藏）　　　　　　　　　　　　　　出土彩绘载猴骆驼残片

从而透露出北朝晚季洛阳一带流行胡人豢养宠物的习俗（图18）[1]。

　　洛阳近年出土垂拱四年（688）的韦师墓志，志盖四周十二生肖动物装饰纹样雕刻中，其"申猴"一相所刻之猕猴，项部见有一条斜向垂落的锁链（图19）。石刻文物中的这一美术形象，无疑显示了唐代中原现实生活中流淌着西域蕃客动物娱人的外来时尚。

　　关于猴与畜相伴的图像，邢义田先生研究认为，猴与马常常相伴而出，在西域胡人的旅途中，能起到防止畜类生病的作用[2]。此处骆驼与猴相伴是否也有此寓意，尚待相关的深入研究，但此类图像确为西域胡人习见的母题却是毋庸置疑的。

[1]　资料来源：光明网—《光明日报》2013年10月29日报道。摄影：高虎。
[2]　邢义田：《猴与马的造型母题——一个草原与中原艺术交流的古代见证》，见氏著：《画为心声——画像石、画像砖与壁画》，北京：中华书局，2011年1月，页514—544。

图 19　洛阳出土唐韦师墓志盖所见系猴美术图像

图 20　洛阳邙山开元二年（714）戴令言墓出
土的单峰粉彩骆驼

文物遗迹中除了以上人们习习常见的双峰骆驼外，洛阳唐代墓葬中尚出土有单峰骆驼的美术形象，从中可以看出古代洛阳与西域不同地区均有人际交往的存在。

20 世纪初叶，洛阳邙山开元二年（714）戴令言墓出土陪葬明器中，有红陶粉彩骆驼两件。其中一件单峰（图 20）[1]，高 103.5 厘米；另一件双峰，高 104 厘米，其脊背椭圆形鞍鞯上，装盛"刻毡为形，盛于皮袋"的祆神造像及成捆的丝卷与水壶，从中折射出盛唐时代洛阳地区中亚胡人络绎丝路、东来中原的生活情节。前件单峰骆驼的出现，至少反映出当时这一托载动物的流行地区——印度、北非及阿拉

---

[1]　图版采自故宫博物院编：《雕饰如生——故宫藏隋唐陶俑》，北京：紫禁城出版社，2006 年 12 月，页 158/ 图 104。

伯世界与洛阳一带已有陆运交通的开展。

有关单峰骆驼的产地之一，中国古典文献早有相应的披露："大月氏国，治监氏城，去长安万一千六百里。……土地风气，物类所有，民俗钱货，与安息同。出一封（峰）骆驼。"[1]可见两汉时代中原对于一峰骆驼已有普遍好奇的视觉感受。

与外来牲畜输出、引进有关的史例，魏唐时期洛阳地区的墓葬明器中亦有另外的显示。如洛阳北魏晚期的元邵墓、杨机墓，均已出土过以牛车为中心仪仗的陶俑行列。两墓中驾车的陶牛，俱为出自南亚、中亚一带的瘤牛。洛阳博物馆近年收藏的唐代墓葬陶塑中，亦有此类文物标本的陈列（图21）。

这种肩胛部位生长肉瘤的动物，自古在南亚一带即有图像崇拜的身影，这在南亚次大陆印度河流域哈拉帕文化中的板状浮雕中有着丰富的显示（图22）。由此可见，域外传输中国的这类动物资源，自来与"汗血马"的引进一样，都是人类自然资源合理流通的必然。

图21　洛阳唐代墓葬中出土的瘤牛（右）
　　　（洛阳博物馆藏）（张乃翥摄）

图22　印度河流域哈拉帕文化
　　　中的浮雕瘤牛崇拜

在东西方货币转输领域，洛阳魏唐墓葬文物中亦有考古成果的揭示。

1981年洛阳龙门考古发掘的安菩萨夫妇合葬墓出土遗物中，曾有金质东罗马帝国福克斯（Focas，602—610）铸币一枚（M27：1）（图23）[2]，从中透露出这一粟特家族与西

---

[1]　（汉）班固：《汉书》卷九六《西域传》，北京：中华书局，1962年6月，页3890。

[2]　洛阳文物工作队编：《洛阳出土文物集粹》，北京：朝华出版社，1990年，页111/图106。

域文明渊源有素的历史情节[1]。

1955 年，洛阳北郊邙山唐墓（M30）出土波斯萨珊王朝银币十六枚（图 24）[2]，其中有两枚为卑路斯（Peroz，459—484）时代所造，这是迄今所知在流入数量上仅次于库斯老二世（Chosroes Ⅱ，590—628）银币的一种货币，估计当时它们在中国内地具有"硬通货币"的价值，从中显示出魏、唐时代中原与萨珊王朝等中亚国家社会经济丛仍往来的事实[3]。

图 23　1981 年洛阳龙门东山北麓唐安菩萨墓出土东罗马金币

图 24　洛阳北郊邙山唐墓（M30）出土的波斯萨珊王朝银币

---

[1]　洛阳市文物工作队：《洛阳龙门唐安菩夫妇墓》，《中原文物》1982 年第 3 期，页 21—26+14。

[2]　赵国壁：《洛阳发现的波斯萨珊王朝银币》，《文物》1960 年第 8、9 期，页 94。图版采自洛阳市文物工作队编：《洛阳出土文物集粹》，北京：朝华出版社，1990 年，页 111/ 图 106。

[3]　参见夏鼐：《综述中国出土的波斯萨珊朝银币》，《考古学报》1974 年第 1 期，页 91—110+ 图版壹 / 图版贰。

2013 年，洛阳邙山南麓北魏墓出土拜占庭阿纳斯塔修斯一世（Anastasius，希腊语 Αναστάσιος A'，约 430—518）金币一枚，其铸造时间为公元 491 至 518 年（图 25、图 26）[1]，这反映出中古时期洛阳以丝路交通之畅达，在经济领域与西方保持着友好的往来。

图 25　洛阳邙山南麓北魏大墓出土拜占庭阿纳斯　　　图 26　洛阳邙山南麓北魏大墓出土拜占庭阿纳斯
　　　　塔修斯一世金币一枚　　　　　　　　　　　　　　　　塔修斯一世金币（背面）

关于中原地区与西域异邦发生货币往来的史实，可由洛阳一带出土的域外钱币一窥全豹。此将这一文物案例列表展示（表 1），以期看出其间透露的历史信息。

由表 1 可知，洛阳地区与域外诸国的货币交流，发生在公元 5 世纪中叶至 18 世纪的一千多年间。其中最为集中的年代，则出现在 5 世纪中叶至 8 世纪中叶这一历史时期内，这与中古一代丝绸之路的畅化贯通有着年代的一致性。

1970 年，洛阳隋唐城南郊关林 118 号唐墓中出土了一件细颈玻璃瓶（图 27）。这件器物，细颈球腹，圜底略微内凹，高 11 厘米，最大腹径 11.5 厘米，整体呈透明翠绿色，外表附着一层锈蚀的金黄色的风化层。研究者认为，这件生活用品，"就是地中海沿岸以及伊朗高原普遍使用的香水瓶"[2]，"是罗马后期至伊斯兰初期在叙利亚海岸流

---

[1]　资料来源：光明网—《光明日报》2013 年 10 月 29 日报道。摄影：高虎。

[2]　安家瑶：《莫高窟壁画上的玻璃器皿》，见北京大学中国古史研究中心编：《敦煌吐鲁番文献研究论集》，第二辑，北京：北京大学出版社，1983 年 12 月，页 440。图版另见洛阳市文物工作队：《洛阳出土文物集粹》，北京：朝华出版社，1990 年，页 106。

表 1　洛阳一带出土域外钱币举要（依时代顺序）

序号	名　称	时代	出土时间	出土地点	尺寸大小	钱币重量	出土数量
1	波斯萨珊朝卑路斯时期银币	457—484 年	1955 年 5 月	洛阳邙山南麓岳家村	径 2.7—2.8 厘米	3.7—4 克	16 枚
2	波斯萨珊朝卑路斯时期银币	457—484 年	1991 年 4 月	伊川县水寨镇司马沟村	最大径 2.53—2.94 厘米	3.55—4.1 克	314 枚
3	波斯萨珊朝卑路斯时期银币	457—484 年	1994 年 5 月	洛阳老城区邙山南麓砖厂	未详	未详	（残）
4	阿纳斯塔修斯一世金币	491—518 年	未详	洛阳北郊马坡村	径 1.68 厘米，厚 0.13 厘米	2.7 克	1 枚
5	波斯萨珊朝卡瓦德一世银币	499—531 年	1955 年 5 月	洛阳邙山南麓岳家村	最大径 2.7 厘米	3.85 克	1 枚
6	波斯萨珊朝卡瓦德一世银币	499—531 年	1991 年 4 月	伊川县水寨镇司马沟村	最大径 2.81 厘米	4 克	1 枚
7	高昌吉利铜币	499—640 年	1992 年	洛阳东郊金村一带	径 2.61 厘米，穿阔 0.55 厘米	10.1 克	1 枚
8	查士丁尼一世金币	527—565 年	未详	洛阳市郊区	径 2.09 厘米，厚 0.1 厘米	4.2 克	1 枚
9	波斯萨珊朝库思老二世银币	590—628 年	1990 年 7 月	洛阳东郊马沟村	径 3 厘米	3.45 克	1 枚
10	福克斯金币	602—610 年	1981 年 4 月	洛阳龙门东山北麓安菩萨墓	径 2.2 厘米	4.3 克	1 枚
11	赫拉克留斯金币	610—641 年	未详	洛阳市郊区	径 2.3 厘米，厚 0.07 厘米	3.2 克	1 枚
12	突骑施铜币	718—739 年	1993 年	洛阳市东郊金村	径 2.4 厘米，穿阔 0.75 厘米	5 克	1 枚
13	尼泊尔银币	16—18 世纪	1998 年	洛阳市北郊 40 千米	最大径 2.54 厘米，厚 0.14 厘米	4.9 克	1 枚

图 27　1970 年洛阳隋唐城南郊关林
　　　118 号唐墓中出土细颈玻璃瓶
　　　（张乃翥摄）

行的"生活器物。经化验，这件器物属于钠钙玻璃，含镁、钾较高，品色上属于萨珊玻璃[1]。

洛阳地区这类西域玻璃器皿的出土，正是中外社会之间物质传输、资源流通的一种物象体现。

与物质领域以上种种事态相映照，丝绸之路上的人际转输似乎另有一些悲欢离合、引人深思的境况包含在其间。

人们知道，两汉以降，我国的墓葬文物中常有一种胡貌风格的侏儒陶俑的出土。这实际上显示出中古时代以来，中外之间即已发生着人口贸易的事实。就洛阳地区而言，至少在北魏一代，墓葬明器中已有南洋肤色偏黑的"昆仑奴"人物形象的出土。

如前引洛阳邙山北魏晚期的元邵墓，即出土有一件抱头思乡的昆仑奴陶俑（图28）[2]。近代洛阳古墓出土胡人陶俑中，亦有这类人物形象的发现（图29）[3]。

唐人张籍《昆仑儿》诗对此尝有贴切的叙述："昆仑家住海中州，蛮客将来汉地游；言语解教秦吉了，波涛初过郁林洲；金环欲落曾穿耳，螺髻长卷不裹头；自爱肌肤黑如

---

[1]　参见安家瑶：《中国的早期玻璃器皿》，《考古学报》1984 年第 4 期，页 413。

[2]　图版采自洛阳市文物管理局编：《洛阳陶俑》，北京：北京图书馆出版社，2005 年 5 月，页 105。

[3]　图版采自王绣主编：《洛阳文物精粹》，郑州：河南美术出版社，2001 年 8 月，页 147/ 图 14。

图 28　洛阳北魏元邵墓出土的昆仑奴俑　　　图 29　洛阳北魏墓出土的昆仑奴俑

漆，行时半脱木棉裘。"[1] 从中应该透露出当年中原一带南海人士的行踪。

与此同时，近代中原地区的考古发掘，尚且向我们揭示出一些更加具有生态文化意义的丝路转输信息。

1957 年，中国社会科学院考古研究所发掘了坐落于西安市三桥镇南何村西北的葬于开元十一年（723）的唐右领军卫大将军鲜于庭诲墓，墓中出土了一尊雕饰精美的胡人乘驼载乐俑唐三彩（图 30-1、图 30-2[2]）。这件唐三彩雕塑作品的题材构图显示，有唐一代的西域诸胡，曾以享誉中亚绿洲的传统文艺节目，向东方国家输出着文化领域的无形资源。

---

[1]　（唐）张籍：《昆仑儿》，见（清）彭定求等：《全唐诗》卷三八五，第十二册，北京：中华书局，1960 年 4 月，页 4339。

[2]　图版采自林淑心总编：《唐三彩特展图录》，台北："国立"历史博物馆出版，1995 年 6 月，页 100。

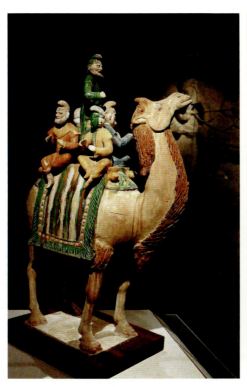 

图 30-1　胡人乘驼载乐俑一　　　　　图 30-2　胡人乘驼载乐俑二

图 30　西安考古发掘唐鲜于庭诲墓出土胡人乘驼载乐俑

　　以上列述的种种异彩纷呈的文物遗迹，无一不从物象视域透露出古代丝绸之路上带有资源传输意义的物流信息。应该说，这些形诸视觉的出土遗物，为我们复原丝绸之路已逝岁月的人文情节，提供了丰富而真实的认识依据。文物考古工作之推动丝绸之路历史文化的研究，无疑有着极为值得人们刮目相看的学科空间。

三

　　2007 年春夏，文物部门在洛阳隋唐城定鼎门遗址的考古发掘中，在城楼门前广场唐代地层中揭露出大面积的骆驼蹄印痕迹（图 31-1、图 31-2[1]）！现场分析表明，这一文

[1]　洛阳博物馆编：《唐代洛阳》，郑州：文心出版社，2015 年 5 月，页 129 下。

图 31-1

图 31-2　骆驼蹄印特写

图 31　唐洛阳定鼎门考古发现的大规模骆驼蹄印

化遗迹的产生，发生在都城南郊两起暴雨冲积之间一次庞大驼队的穿行过程中[1]。这一考古成果的珍贵价值在于，它以一项大遗址文物揭露的形式，确凿无疑地表明，中古时期的洛阳，的确承载着丝绸之路驼马运行、远程转输的国际性都会的职能。正是这些络绎不绝的驼马运行，承载了古代东西方世界资源沟通的历史使命。洛阳之发挥古代丝绸之路国际都会的光荣使命，也因这一文化遗迹的揭露，再次得到了证实。

回溯洛阳地区魏唐时代墓葬中出土的以上形态各异、取向不同的众多文化遗产，人们可以看出，这些几乎囊括了各种生活领域的物象遗存，实际上从文化视域传达了丝绸之路畅通年代东西方世界沟通生存资源并从事余缺调剂的必然运作。

围绕丝绸之路万里转输的已有研究表明，人类因地域条件的差异，在生活资源的支配观念中，自来即有调剂资源余缺、拓展生存领域的主观精神诉求。丝绸之路上风霜寒暑之间络绎不绝、前仆后继的驼马奔波，端的承载了人类积极用世的使命职业和精神意志。

这样看来，促进丝绸之路沿线各国在物质领域和精神领域相互交流的持续发展，进以繁荣世界各地继往开来的人文生活，无疑是人类发扬丝绸之路优秀交通传统的永恒命题。

---

[1] 详情参见《洛阳日报》《洛阳晚报》2007 年 8 月 27 日的报道及 CCTV 2007 年 10 月 30 日晚间新闻报道。

张乃翥先生与 2006 年洛阳出土
唐代景教经幢

往事并不如烟：

记 2006 年洛阳出土唐代景教经幢石刻的发现者、研究发轫者——张乃翥先生

张成渝

本书的封面背景，是 2006 年 5 月出土于洛阳隋唐故城东郊[1] 的唐代景教经幢，它是本书立论的关键性论据之一。

2008 年，针对此件经幢的发现，中山大学历史学系林悟殊教授指出，"有关发现的最早报道见张乃翥《一件唐代景教石刻》，《中国文物报》2006 年 10 月 11 日 7 版"[2]（附录图 1）。文章开篇指出，"就景教石刻而言"，这件洛阳唐代景教经幢的面世，"是为继西安景教碑之后的最重大发现。"

林悟殊教授强调，"就该石刻的研究，以张乃翥先生的《跋河南洛阳新出土的一件唐代景教石刻》为发轫之作"（见《西域研究》2007 年第 1 期，页 65-73。另参本著附录图 2），"是文著录石刻的文字，发布拓本照片，并就经幢有关的问题发表诸多灼论"[3]。张乃翥又于《西域研究》次期发表《补正说明》，就石刻的文字录文做了若干修订（见《西域研究》2007 年第 2 期，页 132。另参本著附录图 3）。

2009 年 5 月出版的《景教遗珍——洛阳新出唐代景教经幢研究》[4] 一书中，张乃翥先

---

[1] 此件洛阳唐代景教经幢石刻的出土地点，家父多识为"洛阳隋唐故城东郊"，亦见进一步识为"洛阳隋唐故城东南郊"（见本著页 269）。2023 年 11 月 3 日洛阳博物馆该经幢解说牌上标注，"2006年洛阳李楼乡城角村东北出土"。感谢家母林润娥女士专程赴洛阳博物馆现场协助拍摄、反馈该经幢展览有关信息。

[2] 引自林悟殊、殷小平：《经幢版〈大秦景教宣元至本经〉考释——唐代洛阳景教经幢研究之一》，《中华文史论丛》2008 年第 1 辑 / 总第八十九辑，页 326，脚注 2。

[3] 引自林悟殊、殷小平：《经幢版〈大秦景教宣元至本经〉考释——唐代洛阳景教经幢研究之一》，《中华文史论丛》2008 年第 1 辑 / 总第八十九辑，页 326 段 1 及脚注 4。

[4] 《景教遗珍——洛阳新出唐代景教经幢研究》，北京：文物出版社，2009 年 5 月。顺便指出，该书两文分别谈及有关部门堵截走私、追回经幢的过程。针对经幢追回地点，"有人"称，2006 年 "9月 14 日终于从江苏无锡藏匿地找到了景教经幢"，见页 2《前言》段 3；罗炤先生称，2006 年 9 月 "经幢原件在上海追回"，见页 34《洛阳新出〈大秦景教宣元至本经及幢记〉石幢的几个问题》脚注 1。同一书，二人二说。

生的论文《跋河南洛阳新出土的一件唐代景教石刻》(Note on a Nestorian Stone Inscription from the Tang Dynasty Recently Unearthed in Luoyang ）[1]，作为"发轫之作"，位居首要。

2009 年 6 月 4 日至 9 日，奥地利萨尔茨堡举办第三届"中国与中亚景教研究国际学术研讨会"（ The 3rd International Conference on the Church of the East in China and Central Asia, June 4-9, 2009, Salzburg, Austria ）（附录图 4-1）。作为此件经幢的发现者和首位研究者，张乃翥先生受到了会议主办方和国际学者们最真切的期待和最热烈的欢迎，并于会议首日的"洛阳石刻经幢"（ The Luoyang Stone Pillar ）专题板块，做了题为 On the Excavated Location of the Nestorian "Dharani" Pillar of Luoyang （《洛阳景教经幢石刻的出土地点》）的主旨发言（附录图 4-2）。

忆及往事，不由想起家父当年提到，"有人"曾于私下坊间阔论"发现"，试图抹煞家父的发现者身份。大意是说，早于家父《一件唐代景教石刻》之见诸《中国文物报》，某甲某乙更早知道此幢之流出。以笔者愚见，这纯属无稽之谈——倘依阔论者逻辑，最"早"之"发现"者，非盗掘走私客而无他！恰如梁思成、林徽因先生之发现五台佛光寺东大殿，张乃翥先生之发现洛阳唐代景教经幢与梁林之发现，其质一也！渔樵客之晓知东大殿与卖浆流之旁听景教经幢，较之前者，相距何止霄壤！要言之，知识领域的发现，端的应该基于学术维度的理性衡量，而绝非任何其他——因为，此乃最质性的衡量。

身为洛阳女儿，感谢北京大学考古文博学院宿白先生[2]、国家文物局、公安等有关部门在景教经幢几近流失海外的千钧毫发时刻，及时奔赴，终使国宝重返故乡！身为洛阳女儿，代家乡父老由衷感谢此功德壮举中各方诸君所付的一切努力！

这件唐代景教经幢，今藏洛阳博物馆珍宝馆，向游客开放。

2023.11.16 叙于北京大学燕园红一楼辞父半岁时

---

[1] 《景教遗珍——洛阳新出唐代景教经幢研究》中，张乃翥《跋河南洛阳新出土的一件唐代景教石刻》一文页 6 行 9 经幢录文"物象緘揩"应为"物象咸揩"，此为书稿后期编辑阶段繁简体转换之疏忽。书中同文英译本页 19 行 20 "物象咸揩"无误。

[2] 2006 年 10 月洛阳景教经幢石刻出土经家父之笔披露时，笔者已供职北京大学考古文博学院三年有余。宿白先生闻知此端，特嘱同事向我转达希望看到家父手上更多经幢确切图文信息的意愿。怀着对泰斗的巨大好奇，笔者代父登门拜访先生于北大蓝旗营寓所。此为我与宿先生的一面之缘，缘牵家父之发现洛阳景教经幢。

2014 年 8 月 12 日张乃翥先生与唐莉博士留影于洛阳博物馆唐代景教经幢前

　　感谢唐莉博士[1]惠允发表此照。她在 2023 年 11 月 4 日的回信中说："您可以使用我们的合影，以此纪念您父亲在发现洛阳经幢过程中的重要贡献。"

---

[1]　唐莉博士（Dr. Li Tang），奥地利萨尔茨堡大学（Universität Salzburg）东方基督教研究所高级研究
　　员。2009 年 6 月 4—9 日萨尔茨堡第三届"中国与中亚景教研究国际学术研讨会"主要组织者之
　　一，研讨会"洛阳石刻经幢"专题板块主持人。博士在 2023 年 11 月 4 日的回信中称，"正因他
　　（张乃翥）发表的经幢拓本，我才可以对经幢文做首次英文翻译和解读"。

中国文物报 CHINA CULTURAL RELICS NEWS

国家文物局主管
中国文物报社主办
国内统一刊号：CN11—0170
邮局发行代号：1—151
国外邮发代号：D1064

2006年10月11日　总第1460期　周三、五出版　零售价：1.6元

投稿邮箱：wenwubao@vip.sina.com
总机：(010)84078838　传真：(010)84079560
采编统筹电话：(010)84079707
广告发行电话：(010)84079511
中国文物信息网 www.ccrnews.com.cn

社址：北京市东城区东直门内北小街2号楼　邮编：100007　订阅：全国各地邮局　印刷：法制日报印刷厂

责编 金妹　电话(010)84078838—8136　美编 王桂萍

鉴定　2006年10月11日　收藏鉴赏周刊　中国文物报 7

一件唐代景教石刻

张乃翥

2006年5月，洛阳隋唐故城东郊出土了一件珍贵的唐代景教石刻，这是继天启五年（1625年）陕西出土"大秦景教流行中国碑"及近代敦煌石窟出土景教经典写卷以来，国内又一宗教文物的重大发现。

洛阳出土的这件景教遗物，在文物形制上系一橦仿佛教陀罗尼经幢的同类石刻。其整体为一面宽14厘米的八面体石灰岩楼柱，残高84厘米，水平截面外接圆直径40厘米。经幢之中段，为一明显受到激烈撞击的断面，从而可知这件宗教石刻的后期，曾经受到人为的破坏。

这一石刻经幢顶端的立面上，分别影雕有极富装饰效果的十字架符号及其左右配置的"天神"形象。而其幢身之中段，则每面刊刻汉文楷书文字2至6行。

第一面至第四面第一行，刻《大秦景教宣元至本经》一部。第四面第二行至第八面，刻《大秦景教宣元至本经幢记》一篇（图1）。（现依行文次第，迻录全文如下第）

经幢刊刻的《大秦景教宣元至本经》，清末李盛铎藏敦煌遗书中即有同名之写卷。虽然因经幢残毁过半石刻经文无从观察其全貌，但仍可以此刻本与敦煌写卷互为校勘。

具有异常珍贵价值的，是这一经幢的题记内容。依据题记残存的文字，我们大致可以概括出这一幢主群体的一些行事要点：

1.景僧清素弟兄与从兄少诚、屈氏安少连及义叔上都左龙武军散将某某等人，在和九年（814年）十二月八日在"保人"某某参与下，于洛阳县感德乡柏仁里地主薛行本名下地一所，为其亡妣"安国安氏太夫人"及"亡师伯"某修建茔墓。与此同时，又于墓所神道旁侧树此幢石，刊刻《大秦景教宣元至本经》一部并以"幢记"记其始末。从中透露出唐代洛阳地区正有景教传播的存在，这为研究景教弘法史中原提供了直接的考古学证据。

2.主持并参与、见证此事的景教神职人员，有"大秦寺寺主和玄应——俗姓米"氏、"威仪大德玄庆——俗姓米"氏、"九阶大德志通——俗姓康"氏与"检校茔及庄家人昌儿"等等，可见当时洛中景教信士与祆教信众一样，多为西域东来粟特之部落成员。其中"大秦寺寺主"的出现，尤可印证韦述《两京新记》、元《河南志》卷一有关唐时洛阳修缮仿有景教"波斯胡寺"记载的可靠。

3.树幢刊约15年之后的大和三年（829年）二月十六日，这一景教群体又于当地举行称为"迁举大事"的行为，这无疑反映出当时东来景教社团法事活动的存在。

另由经幢下段残毁之迹象，结合晚唐社会史迹的考察，我们推断这一宗教文物的破坏，应与会昌五年（845年）"武宗毁法"有着直接的关系。

按东来景教之史踪，向称渺漠朦胧、难为裁制。这与景教史料之阙如难觅铙有关系。往由历史文献提供的有限信息，我们知道景教远于贞观九年（635年）传至长安。贞观十二年（638年）长安义宁坊所建之"大秦寺"，即为东来景教寺院之盗觞。唐高宗时代，唐廷敕准于管内诸州建立景教寺院，以为东土弘教之根基。盛唐以降，景教信仰随国家政治波动流布中原以外，以致地处河西的敦煌地区，8世纪前后亦有景教与经的传播。而以上文物之外的景教信息，仅于《贞元释教录》、《僧史略》、《佛祖统纪》、《佛门正统》等佛教内典中偶有零星的透露。如是，则洛阳此次景教石刻文物的出土，无疑为中古景教史迹的研究，增添了一则无比宝贵的资料。

现在，参考这一经幢石刻的文物形态与文献之记事，我们得以知道唐代洛阳建春门外曾有东来胡人墓葬区域的存在——晚清时期当地著名的阿罗憾墓志的出土，与此幢记的叙事背景可谓一事之两呈。

参考历史文献的有关记载及两京城坊研究的成果，我们知道东都建春门之内的里坊近缘正有"南市"的存在。随着唐代丝路交通的拓展，毗邻"南市"的思顺坊、福善坊一带多有西域胡商的聚居。因此，与"南市"接近的城东"感德乡"一带，出现这些西域胡人的墓葬遗物也就不足为奇了。

不仅如此，这一幢记文献中披露的东京"大秦寺"事迹，更与历史资料中记载"南市"一带建有"祆祠"这类西域宗教场所的情形，共同反映了洛阳胡人聚居地景，流淌着胡人部落传统文化生态遗风的事实。中古洛阳域外人文行事的从仿与斑斓，此次新出景教石刻可以折射一管之细丽！

此外，审察这一石刻文物的形态构成，可知这一景教遗物在外在器物形制和内在意识形态上都有模仿佛教文化的迹象。例如，这种八面棱柱的经幢结构，即直接仿照了唐代佛教陀罗尼经幢的形制特点。而刊泐上端部至于"十字架"图徽明显带有西方基督教装饰意念之外，其对称两侧的飞翔天神的刻画，并非洛教景教旧邦习习常见的带翼"天使"的模样。这两对天神除了头顶发式略有自身的个性外，其曲折婀娜的身躯及身质腰间凌空飘逸的披帛、裙下流荡的祥云，将这类画面人物刻画得与佛教造像中的"飞天"极其接近。

其次，幢记末尾"清净阿罗诃，清净大威力……"等等带有唱诗意味的"祝"词，从文体章法角度透露出效仿佛经"偈语"功用的痕迹。

由此人们不难看出，公元9世纪初叶的洛中景教刻经文物，明显从佛教同类文物中汲取了营养！回想起同期流布中国的摩尼教经典，其经文用语中不乏见佛教概念的出现，这就不能不使我们认识到中古一代的东方，各展其能的诸多宗教之间，确实存在着相互吸收、相互融会的现象。尤其在中外各族人民熔融聚会的中原，其博大精深、含纳百端的文化氛围，无疑给各种异质文化的交流融合提供了广阔的互动平台。

图1　经幢发现首次报道版面

张乃翥：《一件唐代景教石刻》，《中国文物报》2006年10月11日，7版

图 2-1　经幢首篇研究论
　　　　文发表期刊《西
　　　　域研究》2007
　　　　年第 1 期封面

跋河南洛阳新出土的一件唐代景教石刻

张乃翥

内容提要：2006 年洛阳出土的唐代景教石刻残幢，刊有《大秦景教宣元至本经》一部及景僧清素等人的建幢题记。经文中采用的若干佛教用语，反映出唐代景教意识中融汇汉译佛教概念的情势。至于建幢题记披露的这个景众群体，从姓氏构成上考察，即为一个东来粟特的亲族部落。而东都洛阳之建有景教寺院——大秦寺，亦因这一经幢题记的记事，得到确切的证实。

关键词：唐代　洛阳　景教　经幢　粟特　大秦寺

中图分类号：K877.44　文献标识码：A　文章编号：1002—4743（2007）01—0065—09

一

2006 年 5 月，河南洛阳隋唐故城东郊出土了一件珍贵的唐代景教石刻，这是继明天启五年（1625 年）陕西出土《大秦景教流行中国碑》及近代教煌石窟、吐鲁番古城遗址等地出土景教经典写卷以来，国内又一景教文物的重大发现。

洛阳出土的这件珍贵石刻遗物，在形制上系一模仿佛教陀罗尼经幢的同类石刻，为一面宽 14 厘米的八面体石灰岩棱柱，残高 84 厘米，水平截面外接圆直径 40 厘米。经幢之中段，为一明显受到激烈撞击的断面，据此推断这件石刻曾经受到人为的破坏。

这一石刻经幢顶端的立面上，分别影雕两组极富装饰效果的十字架符号及其左右配置的"天神"形象。而其幢身之中段，则每面刻划汉文楷书文字 2 至 6 行。

第一面至第五面第一行，刻祝文及《大秦景教宣元至本经》一部（图 1）。第五面第二行至第八面，刻《大秦景教宣元至本经幢记》一篇（图 2）。现依行文次第，逐录石刻全文如下：

祝曰／
清净阿罗诃，清净大威力，清净……／
大秦景教宣元至本经／
时景通法王在大秦国萨罗城和明宫宝法云座持与二见，了决真源，……／
王，无量觉众及三百六十五种异见中民。如是族类，无边无极，自嗦空□……／
念，上观空皇，告诸众曰：善来法众，至至无来，今可通常，启生灭死，各圆……／
常旨···无量无□，无道无缘，妙有非有，湛寂常然。吾闻大阿罗诃……／

图 2-2　经幢首篇研究论文发表版面首页

张乃翥：《跋河南洛阳新出土的一件唐代景教石刻》，
《西域研究》2007 年第 1 期，页 65—73

图 3-1　张乃翥经幢录文《补正说明》（2007）发
　　　　表期刊《西域研究》2007 年第 2 期封面

补 正 说 明

　　《西域研究》2007 年第 1 期刊发的拙文《跋河南洛阳新出土的一件唐代景教石刻》一文，经本人重新校勘，石刻录文有以下几处更改：

　　65 页：最后一行："无量无□"中，"量"字应改为"元"。

　　66 页：第 1 行："三生七□"，应改为"三生七低"。

　　　　　第 6 行："化终，迁唯匠帝"，应改为"化终迁，唯帝匠"。

　　　　　第 8 行："遂不法……"，应改为"逐不法……"

　　　　　第 14 行："灭名证大"，应改为"灭各证太"。

　　　　　第 15 行："大秦景教宣元至本经幢"，"幢"字后应补一"记"字。

　　　　　第 18 行："有路亡者"，应改为"有终亡者"；"承会无遗"，应改为"孑会无遗"。

　　　　　第 23 行："建此幢记"，应改为"建兹幢记"。

　　　　　第 25 行："朗明暗府"，应改为"朗明闿府"；"即景姓也"，应改为"即景性也"。

　　　　　第 27 行："次叙，立茔买兆之内"，应改为"次叙立茔买兆之由"；"柏仁里……"，
　　　　　　　　　应改为"柏仁（里）……"

（张乃翥）

图 3-2　图 2-2 论文之张乃翥录文《补正说明》（2007）发表版面
《西域研究》2007 年第 2 期，页 132

3RD INTERNATIONAL CONFERENCE ON THE CHURCH OF THE EAST IN CHINA AND CENTRAL ASIA

Cross on the *Jingjiao* Stone Pillar, Luoyang/China (9th century)

June 4-9, 2009 Salzburg, Austria

第三届中国和中亚景教研究国际学术研讨会

图 4-1　2009 年 6 月奥地利萨尔茨堡第三届"中国与中亚景教研究
　　　　国际学术研讨会"会议手册封面

11.15 – 12.30 Session 2 (chair: Li Tang)

IIa.　**The Luoyang Stone Pillar**

Li Tang, University of Salzburg, Austria
A Brief Introduction to the Jingjiao Stone Pillar of Luoyang

Naizhu Zhang, Longmen Grottoes Institute, China
On the Excavated Location of the Nestorian "Dharani" Pillar of Luoyang

Chengyong Ge, China Cultural Relics Publishing, China
A Comparative Study of the Nestorian Stone Steles Unearthed in the Two Capital Cities of the Tang Dynasty: Xi'an and Luoyang

12.30 – 14.30 Lunch

14.30 – 15.45 Session 3 (chair: Max Deeg)

IIb.　**The Luoyang Stone Pillar**

Matteo Nicolini-Zani, Monastery of Bose, Italy
The Christian Clergy Mentioned in the Jingjiao Pillar from Luoyang

Yuanyuan Wang, Zhongshan University, China
Doubt on the Viewpoint of Extinction of Nestorianism after the Tang Dynasty

图 4-2　2009 年 6 月奥地利萨尔茨堡第三届"中国与中亚景教研究国际
　　　　学术研讨会"之"The Luoyang Stone Pillar"（2006 年洛阳出
　　　　土景教经幢）专题研讨安排一览

图版索引

洛阳北魏永宁寺遗址出土雕塑艺术的比较美学研究

洛阳魏唐墓葬镇墓明器造型艺术中的西域文化元素：
"格里芬"美术样本的东渐与西方神话勇士的意象转身

洛阳出土隋突厥彻墓志读跋——以中古汉籍记事为中心

基于丝绸之路视阈的洛阳安菩萨墓葬文物再解读

洛阳唐代文物与西域夷教之东传

洛阳唐宫遗址出土铺地方砖装饰雕刻的文化学解读

洛阳唐墓陶俑造型中的西域文化元素

洛阳唐王雄诞夫人魏氏墓出土"马球"俑与西域时尚的东传

洛阳出土隋唐酒具与东西方物质文化的交流

洛阳唐墓出土文物与丝绸之路上的交通运载

附录　张乃翥先生与 2006 年洛阳出土唐代景教经幢

后　记

　　学界悉知，向称"九朝古都"的洛阳，地上地下遗存着无比丰富的历代文物遗产。这些富有历史原真意义的文化瑰宝，在在彰显着古代岁月中当地历史文明的生态演绎场景。

　　考古发掘与研究表明，洛阳业已面世的既有文物，或从政治视域传达出当年国家对相关历史资源的行政管控，或从物质文明视域折射出当年"中国工艺"在这些生活资料的创制领域发挥着多么高超的智能投入。洛阳出土文物中一些极具世俗化情态的生活模板用具，不仅从可视域度上给我们复原已逝岁月的世风人情提供了场景道具，而且，另一些生产技术明显带有域外工艺色彩的生活器物的持续出土，无疑让我们感受到过往时代中外人际交流的真实存在。这种具有国际背景意义的历史资料，更从洛阳地区出土的诸胡石刻文献中所见"中外亲族"的人文叙事，揭示出当年内地常驻居民与东来胡人民族血缘融合的客观存在。

　　凡此无比珍贵、论域不一的文物信息，值得我们从多维视域上予以分门别类的学术关注。现今奉献给读者的这部专题研究著作，正是我们这些年来对分散于洛阳文博单位的一组涉外文物初步探讨的结集。

　　感谢为本著出版付出努力的各位同仁。书稿杀青付梓之际，向你们致以最诚挚的谢意！

张乃翥

2022 年 12 月 18 日

叙于洛汭草堂砺谨书屋

致　谢

张成渝

　　本著为家父张乃翥先生遗稿的第一部，家父心心念念之"丝绸之路视域下的古代洛阳与中外文化交流"书系的第六部。书名应有关要求进行了调整，遗稿原名见副标题，主标题为笔者所加。"附录"中所有内容，悉为女儿蛇足之作，以致敬父亲身为学者的一生——唯"砺谨"二字而无他。

　　感谢敦煌研究院樊锦诗先生对家父学识、学品的欣赏与推崇——后者，尤其为我们所珍视。从 1994 年 8 月 8 日纪念敦煌研究院成立五十周年"敦煌学国际研讨会"，到 2016 年 9 月 7 日北京大学考古文博学院新生开学典礼，我都在场，注目并祝福于您。晚近那次，得与彭金章先生一面之缘，亦为我所珍视。

　　感谢北京大学外国语学院王邦维教授、敦煌研究院张先堂研究员、浙江大学历史学院冯培红教授、洛阳博物馆前馆长谢虎军先生、加拿大麦克马斯特大学宗教学系博士生李澜在书稿后期所给予的帮助。所助或涓滴，或潺潺，皆映故人往昔友谊之美，今人感念、温暖在心。

　　感谢北京大学考古文博学院博士生蒋子谦，新长征路上不期而遇，获益良多。感谢考古文博学院图书资料室一年来的温馨陪伴，谢谢刘易珈，谢谢北京大学图书馆古文献阅览室杨芬老师、左玉波老师。感谢北京大学城市与环境学院武弘麟副教授，缘起九八，不辍至今；何止题签，铭记于心。谢谢上海古籍出版社吴长青先生、宋佳、董瑾女史，和文物出版社杨冠华先生，几位襄助此著在家父去世后一年内问世——没有你们，此事不可想象。

　　特别鸣谢前国务院参事、中国社会科学院环境与发展研究中心徐嵩龄研究员。我自 2002 年以来的遗产研究一直得到他的持续鼓励与支持，并在与他长期的论题研讨中，深受教益。感谢他对拙著《丝从东方来》独特视角下的悉心反馈，家父若得聆之，必心有所慰。呜呼，父女至憾！感谢他对家父学识超拔于唱和之上的认可，更要感谢他对家父一介书生、半生心曲的懂得——君子之交，其淡如水，其懂竟至深！

谢谢徐老师赐序。

特别鸣谢北京大学考古文博学院孙华教授、雷兴山教授。又，怀念遥寄刘绪教授；歉意近呈沈睿文教授，日日奔命的脚步声，承您默忍，谢您默许。

深深的怀念与拜谢遥寄恩师，北京大学城市与环境学院谢凝高教授、中国地质大学（武汉）校长办公室朱新国老师——难忘你我的南望山、百望山。

谢谢小聂（惠芬）。"入洛城"之思，灵感原初于她。物理千岁，友谊万岁；何意为然，懂者你我。

生为成渝，最该感谢的，最最是父母。

感谢家母林润娥女士。感谢母亲的生养、哺育，我愿陪她至垂垂之老。洛阳博物馆几次雪炭之访，是本书后期所获最意外之惊喜。所助虽微，但最有意义。

感谢家父张乃翥先生。感谢父亲潜移默化我为人之真诚，处世之不阿，治学之砺谨。感谢父亲对我从初中转学、高中选科到大学转系、升本、考研的一路引领，此引领直至我的从业、他的离去、我的一生。这一切的意义于我，在父离去后，渐渐浮现，直至清晰。

谢谢齐格非，姥爷祝你 2025 鱼跃龙门；

谢谢齐明非，姥爷说：

　　　　"你是落入凡间的天使"；

谢谢齐子鑫，所遇皆是缘，应是天注定。

爸爸，离开后，您的第一部著作终于问世了，真心祝贺！如您稍得慰藉，请入女儿梦中一聚。

愿父在天之灵安息！

愿母得享健康长寿！

2024 年 5 月 16 日 23：30 北京西山个抱庐父去一周年记

2023 年 4 月 13 日女儿伴双亲赏花于洛水之南、聂湾村北中国国花园

敬　告

　　本书之成稿，除了利用家父多年积累的资料素材外，另取采了诸多前贤著作中业已发表的图版。这些图版的刊布，无不包含着前人科研岁月中的辛勤劳动和信息传递的奉献精神。由于种种原因，书中仍有个别图版回溯不到具体的原著信息，笔者为此深感抱歉。为了表达对相关作者的感谢，笔者期待有关前贤学人与我取得进一步的联系、沟通。

联系方式：

北京大学考古文博学院（100871）

zhangchengyu@pku.edu.cn

感谢你们为本书增辉添彩！

张成渝

2024 年 5 月 16 日

张乃翥 "丝绸之路视域下的 古代洛阳与中外文化交流" 书系
– 已出版 –

1. 张乃翥著：《龙门石窟与西域文明》，郑州：中州古籍出版社，2006 年 12 月。
   国家"十五"规划重点图书出版项目；河南省重点图书出版项目。2007 年 9 月荣获"全国优秀古籍图书"出版二等奖。
2. 张乃翥、张成渝著：《洛阳与丝绸之路》，北京：国家图书馆出版社，2009 年 8 月。
3. 张乃翥、张成渝编：《丝路纪影——洛汭草堂藏拓撷英》，北京：国家图书馆出版社，2017 年 10 月。
4. 张乃翥、张成渝著：《丝绸之路视域中的洛阳石刻》，上海：上海古籍出版社，2018 年 1 月。
5. 张成渝、张乃翥著：《丝从东方来——隋唐洛阳城东运河两岸的胡人部落与丝绸之路的东方起点》，北京：文物出版社，2022 年 12 月。
6. 张乃翥、张成渝著：《火树入洛城——文化人类学视域下的洛阳遗产考古与丝绸之路人文交流》，上海：上海古籍出版社，2024 年 5 月。

◇ 张乃翥先生著作·书系外 ◇
– 已出版 –

1. 张乃翥、洛阳市文物工作队等辑：《洛阳出土历代墓志辑绳》，北京：中国社会科学出版社，1991 年 6 月。
2. 张乃翥著：《龙门佛教造像》，台北：艺术家出版社，1998 年 7 月；北京：文物出版社，2009 年 1 月再版。
3. 张乃翥辑：《龙门区系石刻文萃》，北京：国家图书馆出版社，2011 年 10 月。
4. 张乃翥著：《佛教石窟与丝绸之路》，兰州：甘肃教育出版社，2013 年 4 月。
5. 张乃翥辑：《龙门地区佛教寺院史料辑绎》，北京：国家图书馆出版社，2013 年 9 月。